情动、物质
与
当代性

汪民安 著

图书在版编目（CIP）数据

情动、物质与当代性/汪民安著.--济南：山东人民出版社，2022.10（2023.4 重印）

ISBN 978-7-209-13696-9

Ⅰ.①情… Ⅱ.①汪… Ⅲ.①文化思想-研究 Ⅳ.①G0

中国版本图书馆 CIP 数据核字（2022）第 043262 号

情动、物质与当代性
QING DONG、WUZHI YU DANG DAI XING
汪民安 著

主管单位	山东出版传媒股份有限公司
出版发行	山东人民出版社
出 版 人	胡长青
社　　址	济南市市中区舜耕路 517 号
邮　　编	250003
电　　话	总编室（0531）82098914
	市场部（0531）82098027
网　　址	http://www.sd-book.com.cn
印　　装	山东临沂新华印刷物流集团有限责任公司
规　　格	32 开（880mm×1230mm）
印　　张	10
字　　数	190 千字
版　　次	2022 年 10 月第 1 版
印　　次	2023 年 4 月第 3 次
书　　号	ISBN 978-7-209-13696-9
定　　价	55.00 元

如有印装质量问题，请与出版社总编室联系调换。

目 录

I 情　动
何谓情动 …………………………………… 003
友谊，语言与沉默 ………………………… 021
真理与犬儒主义 …………………………… 041
论俯视 ……………………………………… 067
培根与当代艺术的肉身转向 ……………… 089

II 物　质
物的转向 …………………………………… 099
符号价值与商品拜物教 …………………… 129
论垃圾 ……………………………………… 151
巴洛克：弯曲的世界 ……………………… 173

III 当代性
什么是当代 ………………………………… 199
游荡与现代性经验 ………………………… 221
何谓赤裸生命 ……………………………… 239
从国家理性到生命政治 …………………… 263
再现的解体：福柯论绘画 ………………… 289

后　记 ……………………………………… 311

I

情 动

何谓情动

一

斯宾诺莎对身体有特殊的理解。他不单纯是从身体内部来讨论身体,而是将身体放在和其他身体之间的关系中来讨论。这是身体(物体)和身体(物体)之间的关系:"一个物体(身体)之动或静必定为另一个物体所决定,而这个物体之动或静,又为另一个物体所决定,而这个物体之动或静也是这样依次被决定,如此类推,以至无穷。"[1] "人体自身,在许多情形下是为外界物体所激动。"[2] "人身能在许多情形下移动外界物体,且能在许多情形下支配外界物体。"[3] 人甚至能被不同的外界身体(物体)所同时激动。在另一个地方,斯宾诺莎更加感性地说道:"我们在许多情形下,为外界的原因所扰攘,我们徘徊动摇,不知我们的前途与命运,有如海洋中的波浪,为相反的风力所

---

1 斯宾诺莎《伦理学》,贺麟译,商务印书馆1998年,第57页。

2 《伦理学》第60页。

3 《伦理学》第61页。

动荡。"[1]

这就是说，人的身体总是被外界的身体（物体）所扰攘、所挑动、所刺激。人的身体总是同外界的身体（外界的人或者物）发生感触（身体并非一种独立的自主之物，它总是处在一种关系中）。斯宾诺莎就将情感理解为这种"身体的感触"，正是这种身体的感触产生了情感。比如，我碰到了一个人，或者我遇上了一件事，就是一个感触，一个遭遇产生了感触。这就是情感的诞生。情感诞生于身体的感触经验。

这种感触产生了什么样的情感呢？情感的形式多种多样，但斯宾诺莎说，大体上来说主要有两种类型：快乐和悲苦。我碰到了一个人或一个物，我感到快乐；我碰到了另一个人或者物，我感到不快乐，我感到悲愁或痛苦。这就是身体感触引发的情感——大体上来说，不是悲苦，就是快乐。或者说，悲苦和快乐同时兼备，有时候悲苦的比例大，有时候快乐的比例大，有时候二者旗鼓相当。痛苦和快乐这些情绪的变化，"随人的身体的状态的变化而变化，甚至常常是互相反对的，而人却被它们拖拽着时而这里，时而那里，不知道他应该朝着什么方向前进"。

但是，感到快乐的时候，会发生什么呢？或者说，感到痛苦的时候，又会发生什么呢？快乐或痛苦是这样的情感："快乐与痛苦乃是足以增加或减少，助长或妨碍一个人保持他自己

---

[1] 《伦理学》第 149 页。

的存在的力量或努力的情感。"[1] 这是快乐或痛苦的力量实践，具体地说，"一切情绪都与欲望、快乐，或痛苦相关联，痛苦乃是表示心灵的活动力量之被减少或被限制的情绪，所以只要心灵感受痛苦，则它的思想的力量，这就是说，它的活动的力量便被减少或受到限制"[2]。相反，只要心灵感到快乐，则它的活动力量、行动的力量、存在的力量就增加。"我把情感理解为身体的感触，这些感触使身体活动的力量增进或减退，顺畅或阻碍，而这些情感或感触的观念同时亦随之增进或减退，顺畅或阻碍。"[3] 这是斯宾诺莎和德勒兹所反复宣称的，情感和身体的力量密切相关。快乐的时候，身体之力增加；痛苦的时候，身体力量受限制，就受到贬损。这种力量的增加也可以说是一种主动，主动的心灵是没有痛苦的，只有快乐。在主动之中，在施与之中，在对他物（身体）的施与力量中，能感受快乐。快乐、主动、施与和活动力量的增加是一体的。反过来，被施与和受影响、悲苦、被动和活动力量的减弱是一体的。一旦处于受影响的状态，身体就会无能为力，毫无肯定性，"代表着我们的奴役状态，易言之，这是我们行动力量的最低级状态"[4]。一个明显的例子是，足球场上的运动员，当攻破对方球门的时候，他们是主动的，他们感到快乐，同时，他们会跳跃，他们像火

---

[1] 《伦理学》148 页。

[2] 《伦理学》148 页。

[3] 《伦理学》97 页。

[4] 德勒兹《斯宾诺莎与表现问题》，龚重林译，商务印书馆 2013 年，第 224 页。

球一样跳跃起来——他们的活动力、他们的存在力就增加。他们的主动性、活动力和欢乐就会同时爆炸。而被攻进球门的一方呢？他们充满被动，脸色愁苦，垂头丧气，步履蹒跚，运动的能力和存在的活力一扫而空。每一场足球比赛的结局都是这样一个生动的场面。这是情动的两种形状不同的力，强力和无能为力，主动力和被动力，欢乐之力和悲苦之力。实际上，德勒兹早就在尼采那里发现了这两种力。对尼采来说，权力意志就是力和力的斗争关系，就是主动力和被动力的永恒斗争关系。

二

　　快乐和愁苦这两种情感，本身并非是静态的。它们都是一个过程。用斯宾诺莎的说法是，快乐是一个人从较小的圆满到较大的圆满的过程，痛苦是一个人从较大的圆满到较小的圆满的过程。痛苦和快乐都是一个运动过程，它们本身充满着变化，痛苦的过程是力的缩减的过程，快乐的过程是力的增加的过程。不仅如此，快乐和痛苦之间还存在着一个等级落差。快乐会向痛苦转化，痛苦也会向快乐转化，正是这个落差导致了流变，也一定会产生流变。没有一个球队永远只是攻入对方大门，它也会被对方攻入大门。它们总是会被来回攻入。因此，情感，存在的活力也会来回变化。就此，没有一种情感是固定的，这就是情感的变化。一个人的情感总是根据不同的际遇而发生不同的变化，他总是在悲苦和快乐之间发生变化——德勒兹就是把这种情感的流变称之为 affect：我这节课上的老师是我暗恋的对象，我上他的课我感到快乐，我充满力量，但是下一节课是我讨厌的老师，是故意刁难学生的老师，我在他的课上充满悲愁，我无精打采。我在这两节课之间因为同不同老师发生遭遇而产生情感变化和身体之力的变化。——我们反复说过了，情感的变化，同时意味着存在之力或活动之力的变化。这种变化就是德勒兹理解的 affect（我们姑且将它翻译为"情动"），"情动：存在之力（force）或行动之能力（puissance）的连续流变"[1]。情感因为际遇，因为同各种各样的对象发生感触而变化。这种情感的变化或者运动，既可以是痛苦的持续强化，也可以是快乐的持续强化；既可以是从痛苦到快乐的运动变化，也可以是从快乐到痛苦的运动变化。总之，从快乐到痛苦到快乐再到痛苦，情感一直处在不停的变化中。快乐和痛苦这两种相反的情绪甚至常常混淆、交融在一起，它们有各种各样的组合关系，有无限多的组合关系。痛苦或快乐有时候存在于同一种际遇之中——巴塔耶生动地分析过这种矛盾情感：相互抵触的情感——比如吸引和厌恶，狂喜和痛苦——同时存在于一种经验中。而斯宾诺莎的给的例子是：痒。痒就是痛苦和快乐交织在一起的经验。

这个 affect（情感，情动）既是心灵的（悲愁或者快乐，也即思想之力），毫无疑问也是身体的（活动之力）。或者说，它将身体和心灵融合在一起了（痛苦和身体之力的衰减是同时

---

[1] 德勒兹《德勒兹在万塞讷的斯宾诺莎课程（1978-1981）记录》，姜宇辉译，见《德勒兹与情动》，《生产》第十一辑，汪民安编，江苏人民出版社 2016 年，第 6 页。

发生的,快乐和身体之力的强化也是同时发生的)。斯宾诺莎说:"心灵的命令不是别的,而是欲望本身,而欲望亦随身体情况之不同而不同。因为每一个人所做的事,都是基于他的情感……这一切足以明白指出,心灵的命令,欲望和身体的决定,在性质上,是同时发生的,或者也可以说是同一的东西。"[1] 欲望、心灵的命令和身体的决定,三者是同一的。这就是情动(感)行为。情感行为将身心统一在一起。斯宾诺莎认为欲望是人的本质本身。何谓人的本质?本质"被认作人的任何一个情感所决定而发出某种行为"[2],人的本质就是一种情感决定的行为,这也就是欲望。欲望意味着情感驱使去做,欲望就是情感行为。"所以欲望一字,我认为是指人的一切努力、本能、冲动,意愿等情绪,这些情绪随人身体的状态的变化而变化,甚至常常是互相对立的,而人却被它们拖曳着时而这里,时而那里,不知道他应该朝着什么方向前进。"[3] 欲望是人的本质,这就是说,affect(情动)乃是人的本质。如果说,"欲望的意义可以把人性中一切努力,即我们称为冲动、意志、欲望或本能等总括在一起"的话,那么,"欲望就是人的本质",因为,情感所驱动的行为,就是欲望,就是人的本质。

这样,我们可以从 affect(情动,或者情感行为和情感变化)的角度来界定一个人。一个人的存在方式,就是他的情感变化,

---

[1] 《伦理学》第 102 页。

[2] 《伦理学》第 150 页。

[3] 《伦理学》第 151 页。

我们可以从情感，情感运动，情感变化的方式来确定一个人的存在。我们甚至可以说，人是一个情感存在，一个始终在发生变化的情感存在。人的存在就是情感活动，affect 是人的生存样式（存在之力）。而这个情感既是身体性的（活动之力），也是心灵的（思想之力）。欲望和情感行为是人的本质，这意味着，人不应该被还原为一种对象和观念，就是说，人不应该被确定和还原为一个存在者，就如同海德格尔所说的，人应该从存在而非存在者的角度去断定，人应该从他的冲动欲望，从他的情感活动去判定。而不是像柏拉图主义那样将它纳入到更高一级更抽象的概念系统中，它不是一个被表象之物或者被派生之物。在此，斯宾诺莎和德勒兹要讨论的，不是人（身体）是什么？而是人（身体）做什么？能做什么？我们应该从人的动作和谓语，应该从人的存在方式的角度来断定人。

三

17世纪的斯宾诺莎讲这些意味着什么呢？这是对他的同代人笛卡尔的批评。笛卡尔认为心灵和身体可以分开，心灵可以管制身体，心灵是决定性之物。对笛卡尔来说，人是一个心灵的存在。人"只是一个在思维的东西，也就是说，一个精神，一个理智，或者一个理性"[1]。但是，对斯宾诺莎来说，情感则

---

1 笛卡尔《第一哲学沉思集》，庞景仁译，商务印书馆1998年，第26页。

将身体、心灵合二为一，情感之中包含身体，情感是身体的感触。因此，一个生命，一个主体，不再是一个笛卡尔式的心灵主体（"我思故我在"），而是一个情感主体，一个将身心融合在一起的主体。这是对笛卡尔身心二分的批评。此外，我们只能从情感的角度（而不是心灵的角度）来看待一个主体，一个生命，或者说，只能从情感（或欲望）来给人下定义，来确定人的本质。人的本质是欲望，是情感行为和经验，是行动，是生存——而不是笛卡尔那种安静的"我思"。这样，斯宾诺莎除了破除笛卡尔的二分法之外，他还破除了笛卡尔有关人的存在者的定义（我思），人的本质只能从它的行为和作为中去界定，而不是"我思"这样的静态的存在者的角度去下定义。在此，情动（affect）取代了"我思"。简单地说，我们要从人的行动来界定人，而不是从人的特性来界定人，或者说，对于斯宾诺莎或德勒兹而言，人的特性（本质）就是它的行动。因此，"身体的结构（组成方式）是什么"这样的问题，实际上就等同于："一个身体能够做什么？""一个身体的结构就是在其之中诸多关系的组合。一个身体能做什么符应于这个身体可被影响的能力之界限与本性。"[1] 身体，只能在诸身体的关系中，只能在同其他诸身体的相互影响中，只能在它对其他身体的行动中，去寻找它的组织和结构。身体，不应该囚禁在身体内部。

　　人的本质就是他的所作所为，也就是欲望的冲动，是动态的情感活动。斯宾诺莎的这一论断，在尼采那里，就变成了生

---

[1] 《斯宾诺莎与表现问题》第216页。

命就是权力意志；权力意志就意味着权力总是和权力处在斗争和对抗之中，权力总是关系中的权力，权力总是有它的反动力，权力总是力图战胜其他的权力。而在德勒兹那里，就变成了生命就是"欲望机器"，欲望机器的特征就是欲望之间永恒的连接，永恒的生产，永恒的创造和永恒的流动，欲望通过流动而同其他的欲望发生关联——这不就是斯宾诺莎的情感运动（affect）的特征吗？它们都永恒流变，毫无中断；这也是尼采权力意志的特征：力和能量永恒轮回，此消彼长。就此，情动（斯宾诺莎），权力意志（尼采），欲望机器（德勒兹），有一种令人吃惊的亲密谱系：它们都是对生命的描述，并由此界定了存在的特征，界定了人的本质。它们的共同特征在于：身体和心灵并未彼此分离。斯宾诺莎明确地说，心灵不是对身体的管控，身体也不是对心灵的管控，它们谁也控制不了谁。[1] 这与其意味着它们的相互分离，毋宁说意味着它们的相互同一。身心的活动是同一的，它们统一在力的概念中；最后，生命就是力的无穷无尽的变化。这种力（存在之力或活动之力）在斯宾诺莎那里是跟情感结合在一起，在尼采那里，是跟意志结合在一起，在德勒兹那里，是跟欲望结合在一起。也可以说，情感、意志、欲望都是力，或者说，它们都是力的内容，是力的具体化形式。这一由斯宾诺莎开拓的彻底的唯物主义和经验论是对意识哲学和理性主义的强大偏离。

这是斯宾诺莎—尼采—德勒兹对人的定义。这也是对笛卡

---

[1] 《伦理学》第 99 页。

尔（我思故我在）、康德和现象学的回应。如果说，斯宾诺莎的哲学是为了对抗他的同代人笛卡尔的话，我们可以将德勒兹和他同时代的结构主义对立起来。德勒兹的这个时代，正是列维－斯特劳斯和阿尔都塞的结构主义时代。对列维－斯特劳斯这样的结构主义者来说，主体当然和意识、心灵无关——这是他对笛卡尔传统的摆脱，但是，主体也与力无关，主体没有力，没有意志，没有情感，没有欲望，主体被结构吞噬了，是无所不在的结构在决定和操纵主体，主体是深陷结构牢笼中的主体，是野蛮而超验的结构的一个效应——这和德勒兹沸腾的欲望主体，和那个永恒变易四处串联充满勃勃生机的欲望机器是多么的南辕北辙！对阿尔都塞来说，主体是意识形态国家机器的产物，是意识形态国家机器（学校、媒体、各种意识形态的宣讲和神话）塑造出来的。在阿尔都塞这里，主体虽然不是结构主义的效应，但是，主体是意识形态的效应——阿尔都塞仍旧置身于笛卡尔的传统，他相信主体是一个意识的存在，控制了意识就控制了主体。同样，我们也可以说，德勒兹这是对福柯的回应，或者说，是对福柯的补充和呼应。如果说，阿尔都塞相信控制了意识就控制了主体的话，福柯则更多地相信，控制了身体就控制了主体。我们可以以学校为例来简要地指出福柯和阿尔都塞的差异。阿尔都塞认为学校的教育知识，教育课本，可以对学生进行控制，这就是意识形态的操纵，这是对学生的大脑统治，统治了这些意识和大脑，就能统治学生的主体性，或者说，就能打造出学生的主体性。而福柯则认为，学校的体制、学校的管理方式、学校的纪律，即是学校对学生身体的各种各样的规训——而不仅是学校课堂上的知识灌输——可以控制学生。通过纪律控制学生的身体，就可以造就学生的主体性。在此，主体被认为是身体的存在。如果说，阿尔都塞倾向于认为是意识决定身体的话，福柯则倾向于认为身体决定意识。如果说，阿尔都塞相信人仍旧是一个意识存在的话，福柯更多地相信，人是一个身体存在。在阿尔都塞那里，是意识形态召唤出一个主体，在福柯那里，是权力塑造一个主体。但无论是阿尔都塞，还是（早期的）福柯，都承认，人是一个被动之物，他要么是被意识形态塑造，要么是被权力塑造。

我们已经看到了，斯宾诺莎和德勒兹不是在意识和身体之间做出非此即彼的抉择，而是将意识（心灵）和身体融为一体，融入情感之中。情感行动（欲望）同时囊括了意识和身体。人既不是一个心灵（意识）存在，也不是一个身体存在，而是一个情感存在。更重要的是，人不是一个被动的效应，不是一个被塑造出来的寂静之物，而是一个情感的流变过程，是一个永恒的流变过程——这进一步地同形形色色的结构主义者、福柯和阿尔都塞区别开来。后三者都强调主体的静态性和被动性。而德勒兹强调的是情感的流变，强调的是人和人（物），身体和身体（物体）之间的平行感触。正是这种身体之间的感触和际遇，才形成了一个身体的状态。如果说，福柯的权力／身体和阿尔都塞的意识形态／主体都是在一种不对称的构架中发生关系，是支配和抵抗，是统治和被统治的关系的话，斯宾诺莎和德勒兹则强调一个内在性关系，一个贯通性的平面关系。身体和身体（物体）之间没有等级，没有操纵，没有统治，相反，它们是相互的感触，是一种内在性的没有缝隙的接壤，是接壤的刺激和招惹，是关联性的一波一波的煽动，是触碰之后的回音和共鸣。主体（身体）的情态（affection）来自这种相互之间的触碰和感染。这种情感关系并不寄托在权力的对抗技术和意识形态的询唤技术中，它仅仅是身体和身体触碰后的厌恶和吸引，是夹带痛苦的憎恨和充满魅力的吸引。我们再举一个家庭教育的例子。如果父母总是跟孩子灌输各种各样的"意义"，从而让孩子理解和接受这些意义，并且根据这些意义来自觉行事的话，这就是阿尔都塞的意识形态的再生产方式；如果父母制定规则，违反这些规则就给予严厉的惩罚，通过体罚的方式来管教孩子从而让他们不得不驯服的话，这就是福柯的规训方式；如果父母通过自己的情感触动，也即是所谓言传身教来打动孩子和影响孩子的话，这就是德勒兹的情动方式。人们可以在金庸小说里面的丐帮中，在《三国演义》的桃园结义或者是三顾茅庐的故事中，在水泊梁山的草寇兄弟中，在各种类型的非法黑帮江湖中（我们有大量的香港黑帮片为证），都可以看到是情动（情感）在构造主体，主体正是在人和人之间的情感感染中形成的。是情动（情感）在发挥主导作用，是情动（情感）构造了主体性，是情动（情感）最初串联起了一个共同体。这个共同体构成了一个内在性平面，一个非等级性的平滑空间。这个空间无关意识形态，无关权力，甚至无关利益。或者说，意识形态，权力和利益是奠定在这种情动（感）根基之上的。这个共同体的组织者是个充满魅力之人，他的组织技术是以情动人，他有强烈的感染力（无论是刘备还是宋江都是感染性的超凡魅力之人）。事实上，许多大选中的政治家并非依靠理念获胜的，而是依靠他的情动（情感）魅力获胜。这是一个情感共同体。反过来，我们也会看到相互排斥的身体，每个人都会遭遇到敌人的身体，令他莫名地厌恶的身体，令他想与之战斗的身体。很多情况下，我们不是因为意识形态的对立，不是因为利益的对立而反对敌人，而是因为身体的对立而反对敌人。或许因为身体的对抗和情感的排斥而产生了战斗。

四

如果我们都是对外的随时敞开的情感主体的话，那么，我们可以说，我们都是情感自动机（auto-affection），"作为情感自动机，在我们之中始终存在着接续的观念，伴随着此种接续，我们的行动能力或存在之力也在一条连续线上以一种连续的方式得以增强或减弱。这就是我们所谓的 affectus，这就是我们所谓的生存（exister）"[1]。这种接续的连续线正是生成（becoming）之线。生成意味着绵延，没有任何中断的绵延。情感在生成/流变，行动力和存在力也在生成流变，我们也可以说，生成不再是抽象的宇宙大法，它获得了具体的内容。什么在生成/流变？是情感在生成/流变，是存在之力在生成/流变，是欲望在生成/流变。这到底还是回到了生命本身。这个

---

[1]《生产》第十一辑，第8页。

主体/生命的存在是情感，而情感则在流变，是永恒的生成流变，是一条连续线上的生成流变。情感和力和欲望就在这种柏格森式的绵延不绝的线索中流变。情感既在时间中流变，也取代了在柏格森那里的时间的主角位置。这种流变和生成，使得情感永不确定，它将过去，现在和未来聚集于一身，它们同时是过去，现在和未来，它们处在从潜能向现实的永恒转化中，它们在过去，现在和未来之间保有一种持续的撞击。也就是说，情感的流变中既有着趋势，也充满着强度。"斯宾诺莎关于情感的问题，提供了将运动、趋势和强度这些概念交织在一起的方式：在什么意义上，身体和它自身的变化一致，在什么意义上它的变化与它的潜在可能一致。"[1]

因此，情感的生成/流变，并非一种空洞的生成。它们有一种内在的张力和强度。尽管不存在着时间的终点，但是，它存在着强度的限度。快乐能够无限地增加吗？活动之力生存之力能够无限地强化吗？反过来，悲苦能够无限地强化吗？有没有一种无限度的悲苦？或者无限度的快乐？这是德勒兹跟随斯宾诺莎提出来的问题。情感总是一种感染和被感染，承受和被承受的过程。但是，一个人有自己的情感的承受限度，跨越了这个限度，就是失败，终结或者死亡。所以，一个人务必认识自己的情感极限，也就是说，最大的情感强度。只有这样方可称得上明智。根据斯宾诺莎，我们是从情感活动来界定人的本质，但是，情感活动有它的强度，有它的承受能力，因此，德

---

[1] 马苏米《虚拟的寓言》，严蓓雯译，河南大学出版社 2012 年，第 20 页。

勒兹更进一步地补充说，"每个事物，无论物体还是灵魂，都是由某种承受情感的力量所界定"[1]。情感不仅在活动在流变，它还有其强度和极限，它有影响和承受的极限。我们要明确这点，这至关重要：嗑药会令人产生巨大的快乐，高强度的快乐，但是，无限量的嗑药就是情感强度极限的突破，它会令人气绝身亡，存在之力超出自己的极限就会崩溃。一顿美食，令人胃口打开，但是，如果狼吞虎咽，放纵自己的嘴巴，就会让胃爆炸。同样，不幸的遭遇，比如我们碰上了病毒，我们的身体之力就会衰减，存在之力和活动之力就会急剧下坠，直至衰竭。我们接二连三地遭遇不幸，就会被悲愁所感染，被痛苦所吞噬，深陷忧郁，直至从高楼坠毁——我们可以想象德勒兹晚年所遭遇的痛苦，他的身体痛苦，肺的痛苦，难于呼吸的痛苦超过他了情感耐受的极限，以至于他从楼上坠落。痛苦和悲愁最终毁灭了一切，不仅是身体，而且是当代最伟大和最奇诡的哲学——德勒兹的经验和他的哲学有一种悲剧性的吻合。因此，重要的是我们必须明确我们情感强度的极限何在。我们不能越过这个极限——无论是快乐的极限还是痛苦的极限。

但是，人在什么情况下会悲苦，在什么情况下会快乐呢？"不难理解，那个物体／身体之所以能令你产生悲苦的情动，唯一前提是它对你的作用处于一种关系之中，而后者与你自身的关系不合。"[2] 相反，一种快乐的情动，即是施与你身体情动的

---

[1] 《生产》第十一辑，第13页。

[2] 《生产》第十一辑，第17页。

身体/物体与你相吻合相适应。这样，我们可以看到独裁者和神父是如何发挥他们的作用的，他们站在绝对高位，影响你，打动你，甚至是抚慰你，但你完全没有和他们相和相协调的机会。他们站在那么高，就是试图让你垂头丧气、低沉、下坠，从而失去生命活力和存在之力，让你彻底失去主动性，让你处在一种被奴役的状态。这就是"地狱般的同伴，暴君和神父，生活的可怕的'判官'"之所为。"他们创立了对悲伤，对束缚或无能，对死亡的崇拜。他们不停地抛出悲伤符号，并将其强加给别人，他们将这些符号视为理想和欢乐，呈现给那些病入膏肓的灵魂。"[1] 但是，我们已经反复地说过了，快乐和悲愁这两种对立的情感往往交织在一起。我们同时承受不同的身体（物体）的影响，因此，我们常常会同时感到快乐和悲愁。我们在一个瞬间同某一个身体（物体）相适应，同另一个身体（物体）不适应。或者，这样的情况也不少见：一个身体（物体）作用于我们，但是它会给我们同时带来快乐和忧愁，它在某方面和我们的身体相合，在另方面和我们的身体不相合。

因此，重要的事情就是我们该如何去做？也就是说，身体该如何做？身体应该同身体做斗争，"在这斗争中，符号与符号相互对抗，情感与情感相互碰撞，好让一点点欢乐能得到保存，而这欢乐能让我们走出阴影，改换类型。符号语言的喊叫声铭刻下了这一激情的斗争，欢乐和悲伤的斗争，力量的强化和弱

---

[1] 德勒兹《批评与临床》，刘云虹、曹丹红译，南京大学出版社 2012 年，第 319 页。

化的斗争"[1]。应该让积极的情动同消极的情动做斗争，让快乐战胜悲愁，让喜悦的光明驱散痛苦的阴影。让我们坚持一种快乐的唯物主义伦理学。这是从斯宾诺莎到尼采到德勒兹的伦理学要求。何谓伦理学？伦理和道德的区别在于，道德是法则、是教义、是规范，它逼问我们应不应该去做，它拷问我们这样做合乎道德吗？而伦理则是技术、是行为、是实践，它不是逼问我们该不该做，而是逼问我们，如何去做？怎样行动？斯宾诺莎、尼采、德勒兹告诉我们如何去做？去驱赶悲苦，保持快乐，强化力量，放声大笑，让爽朗大笑压倒那些令人心碎的啜泣。

或许，这就是德勒兹对海德格尔的隐秘回应。尽管他们都关注生存和存在（而非存在者），尽管都关注情感，尽管都将情感作为人的存在方式，但是，海德格尔难道不是一个悲苦哲学家吗？他不是对畏、烦、焦虑更着迷吗？在他那里，死亡一直盘踞在人们的心头成为下坠的重负。但是，对德勒兹（以及尼采）来说，"唯一重要的，就是生活的方式。唯一重要的，就是对生命的沉思，而哲学只能是一种对生命的沉思，而远非一种对于死亡的沉思。它的操作旨在令死亡最终仅影响到我身上相对最微小的成分，也即，仅将其作为一种有害的际遇来体验。众所周知，当一个身体疲惫之时，陷入有害际遇的可能性就增加了。只要我还年轻，死亡对于我就确实是身外之物，确实是一个外源的偶发事件，除非是那些内发的疾病的情形"[2]。而对

---

[1]《批评与临床》第319页。

[2]《生产》第十一辑，第20页。

海德格尔来说，死亡对我们的纠缠无穷无尽，那里没有快乐只有悲苦。对德勒兹说，我们需要快乐而无需悲愁。阿甘本在德勒兹离世之际所写的极其简短的纪念文章中，敏锐地指出了这两位二十世纪最伟大的哲学家的区别："两人用一种极端的勇气思考了生存，以及作为此在的人，此在只是其存在的方式罢了。但海德格尔的根本调音属于一种紧张的、几乎金属一般的苦恼，在那里，一切的本己性和每一个瞬间缔结起来，成为了有待完成的使命。相反，没有什么比一种感受更好地表达了德勒兹的根本调音，德勒兹喜欢用一个英文词来称呼这一感受：自我享受（self-enjoyment）。"[1]

---

[1] 阿甘本《除了人和狗》，白轻译，原文载法国《解放报》1995年11月7日。中译文见 https://www.douban.com/url/2525007

友谊，语言与沉默

一

福柯和布朗肖见过一次吗？对于福柯来说，答案是否定的。对于布朗肖来说，答案则是肯定的。1968年五月风暴期间，福柯和布朗肖在索邦大学的校园内相遇了。在那个风起云涌的日子里，陌生人之间的讨论并不突兀。布朗肖认出了已经大名鼎鼎的福柯，并和他讲过几句话。但是，福柯并不知道同他讲话的这个人就是他的偶像布朗肖。尽管布朗肖名声显赫，但二战以后几乎从未抛头露面。他只通过写作的方式在场。除了他的著作，人们对他一无所知。只是在五月风暴期间，他才唯一一次以匿名者的身份出现在公开场合。福柯当然不会认出他来。布朗肖不接受记者采访，不暴露自己的照片，也不参加学术会议，甚至也极少同自己的朋友（包括最好的朋友列维纳斯）见面，他和朋友的交往方式就是不间断地写信。他过着隐居而隔绝的生活，就像他一再在书中所表达的那样，他赋予了沉默、孤独和距离以独特的价值。不和人面对面说话，布朗肖就采取尼采的方式，自己和自己热烈地谈话，一个孤独者和他的影子在说话。他常常在书中自问自答，自己和自己进行"无限的交谈"。

到2003年他去世之前，人们并不清楚，这个被称为法国二十世纪最著名的失踪者，到底是否还在人世。

在二十世纪五十年代，福柯读过布朗肖的大量著作。布朗肖成为福柯最迷恋的作者之一。福柯在各种不同的场合多次毫不掩饰地表达对布朗肖的敬意。他曾对他的朋友说，他年轻的时候，梦想成为布朗肖。他在文中大量引用布朗肖的话，仿照布朗肖的风格，他在《知识考古学》后面所采用的自问自答的方式就是对布朗肖的模仿和致敬。布朗肖、巴塔耶、克罗索夫斯基，这三个人同时是哲学家和作家，他们也是福柯在二十世纪五六十年代迷恋的三个作者。正是他们决定性地把福柯引向了尼采。"对我来说，尼采、巴塔耶、布朗肖、克罗索夫斯基是逃离哲学的途径。巴塔耶的狂暴，布朗肖既诱人又恼人的甜蜜，克罗索夫斯基的螺旋，这些都是从哲学出发，把哲学带入游戏和疑问，从哲学中出来，再回到哲学中去。"[1] 他们都打破了哲学和非哲学的界线——这也正是福柯的风格。不过，他和他们并不来往。他只是在罗兰·巴特的引荐下同克罗索夫斯基见面并建立了牢靠的友谊。而巴塔耶1962年就过早地去世，隐居者布朗肖则从不见人。对福柯来说，他也愿意保持着对布朗肖的神秘崇拜。或许，保持距离，正是他们之间的内在默契。有一次，一个朋友邀请福柯同布朗肖共进晚餐，被福柯婉言谢绝了：只通过读他的文章来认识他和理解他。两人刻意地不见面。但是，用布朗肖的说法，他们"都惦念着对方"。

---

[1] 福柯《权力的眼睛：福柯访谈录》，严锋译，上海人民出版社1997年，第91~92页。

福柯是通过萨特的文章发现布朗肖的，但是，他很快就站在布朗肖的一边来反对萨特。如果说，萨特是二十世纪六十年代法国思想界的太阳，而隐匿的布朗肖则是思想界的暗夜。但神秘的布朗肖是如何发现福柯的？经过一个出版界朋友的推荐，布朗肖看到了福柯尚未出版的博士论文《古典时代的疯癫史》的手稿，就对这个默默无闻的年轻人大为赞赏。在本书出版后，布朗肖最早地为这本书写了热情洋溢的评论文章。福柯1984年去世之后，布朗肖写了《我想象中的米歇尔·福柯》，对福柯的所有重要著作，对他的整个学术生涯作了全面的评价——显然，他在持续地阅读和关注福柯。为什么是想象中的米歇尔·福柯？就是因为从未谋面。这是一种从未见面的保持距离的友谊。何谓保持距离的友谊？布朗肖在他出版的《友谊》一书中作了这样的解释：

"我们必须以一种陌生人的关系迎接他们，他们也以这种关系迎接我们，我们之间相互形同路人。友谊，这种没有依靠、没有故事情节的关系，然而所有生命的朴实都进入其中，这种友谊以通过对共同未知的承认的方式进行，因此它不允许我们谈论我们的朋友，我们只能与他们对话，不能把他们作为我们谈话（论文）的话题，即使在理解活动之中，他们对我们言说也始终维持一种无限的距离，哪怕关系再为要好，这种距离是一种根本的分离，在这个基础上，那分离遂成为一种联系。这种分离不是拒绝交谈知心话语（这是多么俗气，哪怕只是想想），而就是存在我和那个称为朋友的人之间的这种距离，一种纯净的距离，衡量着我们之间的关系，这种阻隔让我永远不会有权力去利用他，或者是利用我对他的认识（即便是去赞扬他），然而，这并不会阻止交流，而是在这种差异之中，有时是在语言的沉默中我们走到了一起。"[1]

这是布朗肖独特的友谊观。自亚里士多德以来，友谊总是同分享和共存联系起来。友谊就是要共同生活（罗兰·巴特曾经在法兰西学院的一年课程中专门讨论过这个问题：如何共同生活？）。如果长时间不来往，友谊就渐趋熄灭。友谊正是在共享中得以持久和维护：共同享受美好的时光，共同享受彼此之间的快乐和福音，正是在这种分享中，友谊得以深化。而蒙田还不满足于共享这个概念。对他来说，真正的友谊不仅是分享和相互理解，而是两个人灵魂的完全交流，真正的朋友其内心深处是一模一样的，两个灵魂复合在一起毫无差异。此刻，朋友之间不存在所谓的感激、义务和责任。因为好的朋友就如同一个人，一个人不过是另外一个人的影像，他们之间达成了彻底的重叠。也就是说，完全没有距离。蒙田说："我这里要说的友谊，则是两颗心灵叠合，我中有你，你中有我，浑然成为一体，令二者联结起来的纽带已消隐其中，再也无从辨认。"因此，"他们间所有的一切，包括意志、思想、观点、财产、妻子、儿女、荣誉和生命，都是共同拥有的。他们行动一致，依据亚里士多德的定义，他们是一个灵魂占据两个躯体，所以他们之间不能给予或得到任何东西。"

---

[1] 布朗肖《论友谊》，何卫华译，见《生产》第二辑，汪民安编，广西师范大学出版社2005年，第152页。

我们看到，布朗肖是对这种漫长而根深蒂固的友谊观念的一个拒绝，他扭转了友谊讨论的方向：友谊不是无限地接近。相反，友谊就是不见面，就是保持距离，就是对距离和差异的刻意维护，就是朋友之间的沉默以对。或许，正是因为有这种差异和沉默，友谊才会更加纯净，朋友之间的友谊纽带不会成为羁绊，或者说，朋友之间不存在着纽带，"分离遂成为一种联系"。

而福柯对沉默和友谊的关系也有一种特殊的感受，在一次访谈中，他说：

"某些沉默带有强烈的敌意，另一些沉默却意味着深切的友谊、崇敬甚至爱情。我深深地记得制片人丹尼尔·施密特造访我时的情景，我们才聊了几分钟，就不知怎的突然发现彼此间没有什么可说的了。接下来我们从下午三点钟一直待到午夜。我们喝酒，猛烈地抽烟，还吃了丰盛的晚餐。在整整十小时中，我们说的话不超过二十分钟。从那时起，我们之间开始了漫长的友谊。这是我第一次在沉默中同别人发生友情。"[1]

或许，在布朗肖和福柯之间发生的就是这类友谊：不见面，保持纯净的距离，没有世俗的任何污染，从而让朋友处在绝对的自由状态。与此同时，以写作和阅读的方式，关注对方，评论对方，和对方彼此交流。这种友谊不存在"私交"。这就是布朗肖所说的"知识友谊"。但是，这种友谊从不轻易地说出来，这种友谊需要以沉默的方式来维护，对这种友谊的言说和宣称，

---

[1] 《权力的眼睛：福柯访谈录》第1页。

不是对它的肯定，而是对它的损耗。朋友，只有在朋友永远地离开的时候，只有朋友永远听不到朋友这个称呼的时候，才可以被宣称。也正是在福柯永远无法倾听的时候，布朗肖才开始公开地宣示这种友谊。是的，福柯是他的朋友。"友谊是许诺在身后赠给福柯的礼物。它超越于强烈情感之外，超越于思索问题之外，超越于生命危险之外……我坚信，不管处境多么尴尬，我仍然忠实于这一份知识友谊。福柯的逝世令我悲痛不已，但它却允许我今天向他宣示这份友谊。"[1] 尽管福柯不能向布朗肖宣称这种友谊了——两个朋友，总是有一个人要先走的，总有一个人不能向另外一个人公开地宣示友谊——但是，我们仍旧可以想象福柯会认同布朗肖的做法。因为，在罗兰·巴特逝世后，福柯在他的追悼致辞中所表达的对友谊的看法，同布朗肖所说的具有惊人的相似性。也是在巴特去世后，福柯才宣示这种友谊。福柯说，罗兰·巴特"二十多年不懈的努力获得了社会的公认，并具有独创性的重要研究成果，这使我无须借助我与他的友谊……请允许我在今天下午披露这唯一的友谊。这种友谊与它所痛恨的死亡至少在寡言少语上是相似的"[2]。同样，友谊只能在死后披露；友谊只发生在沉默寡言之中；友谊不是任何务实的工具。这不就是布朗肖对逝去的福柯所说的吗？

布朗肖在他的这篇纪念文章的最后引用了亚里士多德的名

---

[1] 布朗肖《我想象中的米歇尔·福柯》，萧莎译，见《福柯的面孔》，文化艺术出版社2001年，第33~34页。

[2] 迪迪埃·埃里蓬《权力与反抗：福柯传》，谢强、马月译，北京大学出版社1997年，第110~101页。

言："朋友啊，世上是没有朋友的。"通常，这是一个令人奇怪的矛盾修辞：怎么能称呼一个人为朋友，怎么能对着一个朋友的面，但同时又对他说世上根本就没有朋友呢？但是，在布朗肖这里，这句话完全没有任何的悖论：是的，世上已经没有福柯这个朋友了。所以，现在，我可以称他为我的朋友。这是"没有私交"的朋友，沉默的朋友，是纯粹的"知识友谊"。

二

这种生前从未宣称的也从未见面的"知识友谊"，对福柯来说，到底意味着什么？这就是布朗肖的"外界思想"（the thought of outside）。什么是"外界思想"？

在福柯看来，这种外界思想的核心是："语言的存在随着主体的消失而自为地出现。"[1] 语言和主体的关系就是这种思想的关注对象。语言不再是主体说出来的，"说话的主体不是话语（什么控制着它，什么用它去主张和判断，又是什么通过设计好的有效的语法形式借助于它时不时地自我表述）负责任的发出者，而是一个非存在，在其空无中，语言的无尽之流在不间断地持续"[2]。主体正是在语言中解散，它消失在语言的地平

---

[1] 福柯《外界思想》，史岩林译，见《福柯读本》，汪民安编，北京大学出版社2010年，第30页。

[2] 《福柯读本》第30页。

线后。这个趋势的隐秘开端是萨德和荷尔德林。他们针对的对象是康德和黑格尔的内在化思想。从19世纪下半叶开始，尼采、马拉美、阿尔托一直到巴塔耶、克罗索夫斯基和布朗肖，它们推进了这一外在思想。对于布朗肖来说，他不仅是这一思想的推进者和见证者，他就是这一思想本身。但是，用语言来使得主体消失，绝不是布朗肖的唯一工作，或者说，有诸多人通过语言来宣布主体的消失。用福柯的话说，"主体消失在文化的各个方面都是一个被欢呼的经验"[1]。

而布朗肖又怎样以他自己的方式通过语言来消除主体呢？布朗肖最醒目的方式是将沉默引入到语言中，他反复地谈论语言和沉默的关系："在这种话语中，世间在退却，目的已全无；在这种话语中，世间保持沉默；人在自身各种操劳、图谋和活动中最终不再是那种说话的东西。在诗歌的话语中表达了人保持沉默这个事实。"语言不是证实人的存在，不是人的发声，不是人的显赫在场的标志，恰好相反，语言表明了人的沉默和缺席。人正是通过语言而不存在，而不会讲话。因此，"诗歌的话语不再是某个人的话语：在这种话语中，没有人在说话，而在说话的并非人，但是好像只有话语在自言自语。语言便显示出他的全部重要性；语言成为本质的东西；语言作为本质的东西在说话，因此，赋予诗人的话语可称为本质的话语。这首先意味着词语由于具有首创性，不应用来指某物，也不应让任

---

[1] 《福柯读本》第30页。

何人来说话，而是，词语在其自身有自己的目的"[1]。这就是词语和语言的本体论。词在自我做主，它斩断了和主体的关联，而变成了一种纯语言，在诗歌中，这样一种纯语言得以体现；在诗歌中，这种词语回到了其本质；在诗歌中，词语获得了纯粹的有尊严的存在感；在诗歌中，词再也不是对事物的反映，而是要消灭事物，它唯一的反映就是词，它唯一剩下的就是词的无声的本质。而诗歌中最后的剩余之物，这最后的词，这所有词的基础的词，当一切都停滞和消失时，它就像是"潜在的火花"，突然显示为"闪电的瞬间"和"闪电的爆发"。这就是诗的高潮。由于诗滞留于这一刻，它也是诗的全部，但是，它置身于这一高潮，也意味着诗的解体，它在完成的同时，也在消失。它在闪电的瞬间耗尽和摧毁了诗和作品，也正是这闪电的瞬间，这语言的战栗，它显示的是一切可见物的碎片化，是非存在，是虚空，它使得作品变得不可能，使作品永远无法抵达一个终点，无法获得一个稳定的形象，作品处在持续的解体和耗散中，也就是持续地处在向外部的流变中。这种写作的语言，就"是那种永不停歇，永无止境的喃喃之声，倘若人们终于想要让人听到自己的声音，就必须要它沉默"[2]。这也正是福柯在《词与物》中所说的："词静静地小心翼翼地淀积在空白的纸面上，在那里，它既无声响又无对话者，在那里，它要讲的全部东西仅仅是它自身，它要做的全部事情仅仅是在自己

---

[1] 布朗肖《文学空间》，顾嘉琛译，商务印书馆 2003 年，第 23 页。

[2] 《文学空间》第 31 页。

的存在的光芒中闪烁不定。"[1]

在此，语言和词获得了彻底的自主性，它们自己在说，但是在说着虚空。布朗肖这种关于文学语言的思想，来自"马拉美的亲身体验"。但是，他同样也来自海德格尔的启发。实际上，布朗肖以及他的朋友列维纳斯，是法国最开始重视海德格尔的思想家。他们持续地处在同海德格尔的对话中。海德格尔关于语言的思想对布朗肖有着决定性的影响。对海德格尔来说，他也是从对流俗的语言观的批判开始他对语言的思考的。所谓流俗的语言观认为，说，就是人的发音器官在说，就是人对自己心灵运动的有声表达，它是人类的表述和再现活动，是对物的表述，它是一种概念化的表达——这就是亚里士多德以来所常见的语言之说和语言观念。海德格尔对此提出了质疑。对他来说，这样的说（Sprechen）并非语言的本质。语言的本质在于道说（Sagen），道说和说迥然不同。人们不断地说，但并无道说；人们沉默，却能道说许多。

那么，什么是海德格尔意义上的道说？"'道说'意味：显示，让显现，让看和听。"[2] 如果说，通常意义上的"说"意味着有一个物存在在那里，不顾语言、先于语言自在地存在在那里，而"说"不过是人对那物的再现，对它的事后命名、捕捉和追加，是人对那物的清晰而逼真的指代，那么，"道说"则完全相反。道说和物的关系不是这种再现关系。恰恰相

---

1 《文学空间》第113页。

2 海德尔格《海德格尔选集》，孙周兴选编，上海三联书店1996年，第1132页。

反，没有"道说"，就没有物。用斯蒂芬·格奥尔格（Stefan George）的诗《词语》的最后一句来说，就是"词语破碎处，无物存在"。物之所以能显现，或者说，之所以存在，就是因为有词语。是词语让它存在，让它显现，让它在场。不是物自在地在那里，让词语去追逐它和表现它，而是词使得物成其为物本身，显现它本身，词使得物显现和在场，使得物如其所是地在场。"作为这样一个词语，它持有并保持一物在其存在中。"[1] 词语在自身中扣留着物。也就是说，不是词向着万物靠拢，而是相反，是"万物向着词语聚拢"。词语在聚集万物。正是语言的道说，它的显示，它的"让看"，使得在场者得以在场，不在场者得以隐匿。而语言在无声地聚集万物，语言的道说，"既澄明着又遮蔽着把世界显示出来"[2]。而这个世界的诸要素天、地、人、神，正是因为语言的道说，正是因为这种道说开辟的道路，才相互面对、相互嬉戏、相互应答、相互转让、相互映射、相互开放，从而组成了一个总体的亲密的纯一性。语言的道说，正因为它为这样一个纯一的世界开辟了道路，它是大道（Ereignis）的运作，它是它们之间的关系的关系，"语言表现、维护、端呈和充实世界诸地带的'相互面对'，保护和庇护世界诸地带，因为语言本身，即道说，是自行抑制的"[3]。它也意味着，它不仅显示了这个世界，聚集了这个世界，它也庇护着

---

1 《海德格尔选集》第 1071 页。

2 《海德格尔选集》第 1118 页。

3 《海德格尔选集》第 1119 页。

和保护着这个世界。它在显示和遮蔽的张力中来保护着这个世界。而人，这种终有一死者，正是栖居在这个四维一体的世界（welt）中而得到保护。

就此，道说正是因为它的显示，它让物和世界的在场，而导致了"看"。道说让"看"。当然，语言的道说也一定会被听。也正是因为语言的道说，我们听。听，就是听语言的道说。"我们是通过让语言的道说向我们道说而听从语言。"[1] 语言不是追逐物进而对物进行命名，而是在自行和自主地道说，而我们正是听语言的自行道说之后才能说。说，在这个意义上，首先是一种听。我们要顺从语言而听。我们听了这语言才能说。说的前提是听。"人之说的任何词语都从这种听而来并且作为这种听而说。"[2] 因此，人通过听之后而来的说，就是一种应合，是对道说语言的应和。就此，说和听的关系也发生了转变。听不是针对一个他人的说而听，说，也不是针对一个他人的听而说。说和听，不是两个人在一起一方在说一方在听的相互关系。说，是听语言的道说之后的说，是迎合这种道说而说，也就是说，是在语言中说。"我们之所以能够说话，无非是因为我们应和语言。"我们再也不是说语言了，而是相反，我们是在回应语言，而语言借助我们在说，语言在说我们。我们总是被动地在说。语言不是我们说的中介，我们是语言在说的中介。这正是人和语言最本质的关系，对海德格尔来说，这也是人的定义："人

---

[1] 《海德格尔选集》第 1135 页。

[2] 《海德格尔选集》第 1002 页。

之为人，只是由于人接受语言之允诺，只是由于人为语言所用而去说语言。"[1]人并不掌握语言，它只是语言的工具。一旦这样去理解语言和人的关系，那么，语言就不单纯是人的手段，语言言说的手段。在海德格尔这里，语言开始摆脱了人的操纵，而变成了对人的操纵。语言迫使人从那个主宰一切的掌控者位置上退位。这不正是福柯所说的"语言的存在随着主体的消失而自为地出现"？这同样也是布朗肖所说的，"语言作为本质的东西在说话……不应让任何人来说话……从此说话的不是马拉美，而是语言在自言自语"[2]。

对海德格尔来说，语言是显示的，是让看和让听的，它让万物显现，并且让它们进入一个纯一性的世界中。但与此同时，它也是庇护性的，它是自行抑制的。也就是说，它敞开物，将物带入天地人神四维世界并促成这个世界的诸要素彼此相互面对时，它又使之归隐在这个纯一性中。语言让物归于宁静，也让这个多维世界宁静。作为显示，它让大地和万物敞开；作为抑制，它让大地和万物归于沉默。它在敞开的同时，也保持着闭锁。它让这个世界发生，但是也让这个世界归于寂静，这个世界一发生就归于宁静。这个世界一显示，就得到庇护和掩藏。语言内在地就包含着这种显隐的张力。正是在这个意义上，语言在说，但却是沉默地说，它一开口就沉默。它同时兼具世界的敞开和大地的闭锁这样的双重特征，它让敞开和闭锁同时发

---

1 《海德格尔选集》第1099页。

2 《文学空间》第23页。

生在自己身上，从而具有一种特有的张力：说和沉默的张力，语言在说，但是，"语言作为寂静之音说，寂静静默，因为寂静实现世界和物入其本质"[1]。世界和物在敞开的同时就进入寂静。说，也就意味着说的沉默，说，消失在沉默中。

海德格尔对语言的哲学思考来自诗，他是让语言和存在、和存在的赠予发生关系，让语言和那个天地人神的四重世界发生关系（就此，语言是关系的关系），而布朗肖则将海德格尔对语言的沉思重新返回到诗和文学作品中。他是从文学和语言的角度，不是从存在的角度，再次强调语言和作品的寂静，"作品强制一种寂静，他把一种寂静的内在性给予这个无内在性也无闲息的外部，即原初的体验的话语"。话语最终归于寂静，正如海德格尔所说的说归于沉默。布朗肖称"作品所封闭的东西也正是将它不停地展开的东西"[2]。这正如海德格尔所宣称的，语言在对世界敞开的同时，也在对世界进行闭锁。文学作品不是再现了什么，而是隐藏了什么，而正是在文学作品中，"在这种话语中，世间保持沉默"。海德格尔的寂静之说，就这样进入到布朗肖的沉默之说中。

但是，布朗肖终究不是海德格尔。福柯在对外界思想的谱系勾勒中甚至没有提到海德格尔的名字（他在此前曾熟读海德格尔）。布朗肖放弃了海德格尔式的语言和存在的关系。存在并不处在语言的核心。福柯对此心领神会："语言，在它对存

---

[1] 《海德格尔选集》第 1001 页。

[2] 《文学空间》第 36 页。

在的关注和遗忘中，具有一种掩饰的力量，这种力量抹去了每一个确定的意义、甚至抹去了言说者的生存；语言的灰色的中性，组成了所有存在的基本的藏身之地，进而使形象的空间得以解脱。"[1] 语言，消除了言说者（这同海德格尔一样），消除了任何的再现形象。但是，它也是对存在的遗忘。它不是存在的运作，它以一种不可穿透的灰色的中性来对待存在——存在不再包孕在语言的富于张力的诗意庇护之中。布朗肖的沉默不是对存在的秘密看护。对布朗肖而言，说，是在说着沉默，但不是说着存在的沉默，而是说着虚空的沉默，是"灰色的中性"的沉默。在海德格尔放置存在的地方，布朗肖诉诸的是虚空。海德格尔的沉默是对存在的庇护和隐藏，是无声的嬉戏，这种沉默是无声的聚集，它反倒有一种内在的充满激情的涌动。但是，布朗肖的沉默是纯粹语言的沉默。沉默既是说话者的沉默，也是一种无中心的沉默，一种匮乏的沉默，一种不是向内部凝固获得饱和意义而是向外界无声地侵蚀的沉默。语言始终是一种运动，一种沉默的运动，但这种运动不是指向一个焦点，一个可见性和可靠性的根基，相反，它指向外部，指向一种永远逃脱焦点和摆脱自身的外界，正是在对这个外界的不间断的逃脱中，它不断地进入自己的虚空：意义的虚空，说话者的虚空，一切指涉的虚空。正是对外界的持续逃脱和侵蚀，语言总是处在进一步的对虚空的等待之中，总是处在自己跨越自己的解散之中，总是处在摆脱各种意义和外物的束缚之中。如果说对于海德格

---

1 《福柯读本》第 45 页。

尔来说，语言之沉默是一种聚集和一种充实，那么，对于布朗肖而言，语言之沉默是一种解散和虚空。在此："没有反思，只有遗忘；没有矛盾，只有抹擦性的争论；没有和解，只有不断地低吟；没有语言整体的艰难征服中的心智，只有无穷无尽的外界的侵蚀；没有最终使自己真相大白的真理，只有始终已经开始的语言的溪流和伤悲。"[1]就此，语言在否定自己的虚空中，在自我的沉默中，在对内在意义的逃逸中，在向外界的永恒奔波中，自行解散。

这样，词和语言脱离了存在的捆绑。对于海德格尔来说，语言是存在的给予也是存在的庇护，语言是存在之家；但是，对于布朗肖来说，语言就是存在，语言就是自己的孤独存在，语言是自己的家。对于海德格尔来说，语言在敞开了物和世界的同时也让它们进入寂静之中，对于布朗肖来说，语言与物没有关联，语言的寂静是自身的寂静，语言进入自身的寂静之中。尽管布朗肖的沉默和寂静的概念来自海德格尔，但是，他根除了存在的概念，根除了海德格尔自己并不承认的形而上学残渣。对于海德格尔来说，总是有一个大道（Ereignis）在牵挂，一个救赎性的"存在的赠予事件"的牵挂；对布朗肖来说，没有这样一个存在，或者说，词唯一的存在就是它本身。词在捆绑自身时，"消除了任何真理的可能性"。词被一种彻头彻尾的孤独所充斥。

---

[1] 《福柯读本》第32页。

三

或许，对于整个二十世纪下半期的法国哲学来说，同海德格尔的对话和争辩是最重要的思想事件。布朗肖借助马拉美将自己从海德格尔那里解脱出来——马拉美的"词在说"同海德格尔的"词在说"有根本的不同。而列维纳斯提出了"他者"概念来打破海德格尔的此在的封闭性；巴塔耶、克罗索夫斯基和德勒兹都是借助于尼采来拒绝海德格尔。所以，福柯在他开列的一串的外界思想的名单中并没有海德格尔，对他来说，海德格尔或许仍旧待在外界的反面，待在一个内界，待在一个以"存在"为旨归的被语言所覆盖的内界之内。

而福柯通过布朗肖，通过布朗肖笔下的马拉美看到了语言的另一面，尤其是现代文学的语言一面。正是在现代文学中，语言开始了不及物写作，开始了自我显示，"它所要做的全部事情将仅仅是在一种永恒轮回中一次一次地折向自身，就好像它的话语可能具有的全部内容仅仅是去讲述它自身的形式"[1]。说话的主体被这种语言杀戮了。

但是，这种杀戮又并不等同于结构主义的杀戮。对结构主义而言，语言同样杀死了说话的主体。如果说，海德格尔的语言在说，是物的敞开，最终是存在的赠予事件的发生，它要求人去谦恭地听和回应，人们听这种语言，并且作为这种语言的

---

[1] 《福柯集》杜小真编，上海远东出版社1998年，第113页。

工具而说；那么，对于结构主义而言，语言同样是迫使人去说，人同样是语言的说话工具，但是，人是遵照语法在说，人陷入了语法的先天陷阱而被动地说。语言存在着一个稳固的语法结构，人只是在这个结构中而说，是语法在借用人在说。整个结构主义就来自于这样一种判断，它的直接后果就是主体消失在非历史化的稳定的结构之中。因此，语言的出现引发人的消亡，对于海德格尔来说，是人在听语言而后说；对于结构主义而言，是人陷入语言的结构而在说；对于马拉美、布朗肖和福柯而言，是语言在自言自语地说，是语言在自我展示，是语言在自我振荡和自我发光。人在这里根本没有自己的位置，人从来不是一个说话的主体。语言的自主存在就一定意味着说话主体的消失。

既然语言斩断了同外界的联系，既同说话主体的联系，也同外物的联系，那么，这种自我指涉的语言将采用怎样的方式来展开自己的运动？"它只会在等待的纯粹性中展开。等待不会指向任何事物：任何满足它的客体都将会把它抹去。然而，它不只局限于一个地方，它不是顺从的静止；它有运动的耐力，而这运动永不停止，并且永远不会许诺用休息犒赏自己。"[1]语言一直在运动，一直在逃避式地运动，一直在同内聚相反的方向在运动，一直在奋力解脱主体和物的约束而播撒式地运动。我们看到，这既像是德勒兹的根茎的运动模式，又像是德里达的能指的滑动模式。对于德勒兹而言，所谓的外界思想就是摆

---

[1] 《福柯读本》第45页。

脱一切的中心而无规则地向外逃逸的运动，只不过他并非专指的语言，而指的是一种更加普遍化的思维。对于德里达来说，语言是在差异的轨道上运动，是在自我否定和解散的轨道上运动，这种语言的运动将运动的时间空间化，同时又将运动的空间时间化，这种运动将时空处在一种永恒的撕扯和翻卷之中。对于布朗肖而言，这种运动的语言是那种"永不停歇，永无止境的喃喃之音"[1]，它有其高潮和闪电。而对于德里达而言，这种运动来自于词与词的差异，一个词之所以是它自身，不是来自它和外物的关联，而是来自它和其他词的差异，来自它相对于其他词的独异性。词并不孤独，但它的伴侣不是物，而是另外一些词，另外一些前后相续的词。在此，语言既无低语，也无高潮；既无闪电也无寂静；语言在播撒式地无休止地嬉戏。语言在玩弄着自身的刻苦游戏。这也正是德里达的语言风格。他让语言和字词挖掘自己的深渊的同时也不断地填满这深渊。而写作《外界思想》的福柯，正处在他的文学生涯中，对他来说，现代文学正是语言获得自主性之后的一个重要补偿。正是在这里，词是一种"野蛮而专横的实在"。这是福柯在说吗？这是词在说，词在自言自语。它是不及物的单纯的语言展示。《外界思想》正是这样一种不及物的语言实践：一种文学诗意的展开，一种纯语言的展开。在此，语言的字词、节奏、句式创造了自己的旋律在自主地跳舞，无论是所指，还是主题，无论是写作者自身的面孔，还是读者的面孔，都被遗忘了。人们

---

[1] 《文学空间》第 31 页。

在这篇奇妙的文章中看到了什么？对读者来说，是等待的虚空；对作者来说，是主体的消失；对主题来说，是透明的遗忘。语言摆脱了再现的王国，摆脱了曾经拉扯它、纠缠它、折磨它的一切外物，摆脱了那个千百年来禁锢它的老套体制，它剩下的就是它的赤裸自身，它仿佛溪流一般吟唱着自身的伤悲和欢快。在此，语言吞噬着它的全部孤独。

　　这难道不是评价布朗肖的最好方式吗？这不也是对布朗肖那些喃喃低语的回应？这难道不是对布朗肖的"神秘"的神秘致敬？是的，它不是展开了布朗肖的真相，而是试图在打开布朗肖的秘密时又隐藏这种秘密，它对布朗肖一开口就让布朗肖陷入了沉默，它让布朗肖的沉默归于沉默，最终，它在布朗肖的黑夜中看到了黑夜。

真理与犬儒主义

一

福柯在晚年回顾自己的研究历史时说，他试图勾勒出这样一个历史脉络，即人类是通过怎样的方式发展出各种各样的有关自我的知识的。比如说，经济学知识、生物学知识、医学知识，等等。这些知识都是对于自我的表述。福柯要探究的不是这样的知识到底包含怎样的内容和主题，而是这样的知识是怎样形成的？它们诞生的机缘是什么？它们是如何以真理的形式存在和运转的？福柯强调，这些知识不是在孤立地运转，它们"都与特定的技术相关联而成为人类了解自身的工具"[1]。知识总是有一种特定的运作技术。福柯总结出与知识相结合的四种技术：生产技术、符号技术、权力技术和自我技术。生产技术和科学知识相关，符号技术与语言学知识相关。但这两种技术不是福柯所关注的；他关注的是权力技术和自我技术。[2] 如果说，他直

---

[1] Michel Foucault, "Technologies of the Self". In Paul Rabinow(ed.). *Ethics: Subjectivity and Truth (Essential Works of Foucualt,1954~1984,Vol.1)*, London: Penguin Books,2000,p.224.

[2] "Technologies of the Self". *Ethics: Subjectivity and Truth (Essential Works of Foucualt,1954~1984,Vol.1)*,p.225.

到1970年代中期一直是在思考权力技术的话（《古典时代的疯癫史》《规训与惩罚》《求知意志》），那么，他最后几年关心的则是"自我技术"。我们也可以说，福柯通过对现代时期大量的权力技术进行考察后，终于进入到古代，进入到这些现代权力技术尚未发明出来的古代。对福柯而言，现代的权力技术是塑造主体性的重要方式，同样，古代的自我技术则是以另一种方式来塑造主体。

但什么是"自我技术"（technologies of the self）呢？"它是个体自己采用方法，或者是在他人的帮助下，来对他们自身的身体及灵魂、思想、行为、存在方式等产生影响，从而改变自己，以求达致某种幸福、纯洁、智慧、完美或不朽的状态。"[1] 这种自我技术因此是一种旨在改变自己的行为实践，"希腊人把这些行为实践视作是一种训诫：epimeleisthai sautou，也即'自己照看自己'（to take care of oneself），'关注自我'（the concern with self），自我照看'（to be concerned; to take care of yourself）"[2]。这个照看自己，关心自己的自我技术，这种自己改造自己的行为实践，对于希腊人而言非常重要，它属于更广泛层面的生活技术的范畴："希腊人普遍关心的问题不是自我技术，而是生活的技术，即如何生活的问题……他们并不关心死后生命，死后会怎么样，也不关心神存在与否……他们关心

---

[1] "Technologies of the Self". *Ethics: Subjectivity and Truth (Essential Works of Foucualt,1954~1984,Vol.1)*,p.225.

[2] "Technologies of the Self". *Ethics: Subjectivity and Truth (Essential Works of Foucualt,1954~1984,Vol.1)*,p.226.

的是，为了如我所愿地生活，我必须采用哪一种技术？依我看，在古代文化其中一个重大演变就是这种生活技术逐渐演变成了自我技术。"[1]从苏格拉底和柏拉图时代开始，这种照看自己的自我技术就开始出现了。但是这种自我技术的目标和范围也在变化：在柏拉图那里，是为了城邦的目的而要照看自我；而在伊壁鸠鲁那里，就是为了自我而照看自我。先前是青少年要照看自我，后来则进一步变成了每一个人都要照看自我。

这种照看自己，是希腊人的首要的生活道德原则。但是，今天的人们对此已经非常陌生了。对今天的人来说，希腊的道德原则更多是德尔菲神庙中的"认识你自己"（gnothi sauton），而非"照看你自己"。福柯力图还原这个照看自己的优先原则，他认为，希腊人最重要的原则本是照看自己，而"认识自己"这个主题则从属于照看自己，它不过是照看自己的后果。因为只有关心自己和照看自己，你才能了解和认识你自己。之所以照看和关心自己被后世所遗忘和忽略，首先是因为在基督教时期，重要的是要认识自己，认识自己的结果就是彻底摒弃自己，将自己完全交付给上帝；而自己照看自己则需要强烈的主动性。但此时，因为上帝的存在，自我没有能力也没有意愿照看自己，自己是被上帝照看的对象，上帝是照看所有人的主体，人无法自我照看和自我关心。因此，自己主动照看自己和关心自己在基督教时期就从欧洲的地图上根除掉了，它也被后世所

---

[1] Michel Foucault. "On the Genealogy of Ethics". In Paul Rabinow(ed.). *Ethics: Subjectivity and Truth (Essential Works of Foucualt,1954-1984,Vol.1)*, London: Penguin Books,2000,p.260.

遗忘。还有一个原因是，从笛卡尔开始，对世界和自然的认知成为一个重要的哲学任务，而要完成这个哲学任务，务必要将焦点放在对自我的认知方面，只有认识自我，只有对自己有全面的了解，才可能确定如何去认知世界、能认识世界到何种程度，因为自我是认知世界的基础和条件。就此，认识自己、关于自我的知识在现代变得日益重要。而照看自己和关心自己，或者说，自己改造自己，自我的生活技术，开始在哲学中被忽略了。[1]

但是，与现代相反的是，希腊和罗马文化中到处布满着照看（关心）自己的主题。苏格拉底式的"照看你自己"的观念非常流行。福柯着重讨论的是柏拉图两部对话篇：《阿尔西比亚德》（Alcibiade）和《拉凯斯》。正是在前者那里，epimelesthai sautou 这个词组第一次出现。这两个对话篇中关心自己的内容比较接近，都是关于照管（epimeleia）的主题，也即是关于年轻人的教育问题。但是，两篇对话也有明显的差异——《阿尔西比亚德》强调的是对灵魂的照管，[2]而《拉凯斯》强调的则是对生活的照管，它主要讨论的是勇气问题。对灵魂的照管这样的主题，是去探讨灵魂是什么、灵魂的存在原则、灵魂的本体论，当然最终就是灵魂的神性问题。也就是说，照

---

[1] "Technologies of the Self". *Ethics: Subjectivity and Truth (Essential Works of Foucualt, 1954~1984, Vol.1)*, p.228.

[2] 在柏拉图《阿尔喀比亚德前篇》中，苏格拉底明确指出，人是灵魂，"我们说不出还有什么比灵魂之于我们更具有决定性"（162页）。因此，我们要认识自己就是要认识灵魂，而不是身体或者财物之类的东西。所谓照看身体和财物，根本上不是在照看自己，"对身体和金钱的关心（照料）要转交给别人"（第168页），我们应该做的"就要关心灵魂"（168页）。在这里，灵魂和身体区分开来。见梁中和译疏：《阿尔喀比亚德》，华夏出版社2009年。

管自己就是对自己的灵魂的照管。福柯认为这开启了西方哲学的一个发展方向，它后来通向了晚期柏拉图的主题，甚至是新柏拉图主义的主题——我们甚至可以说，它也是基督教主题的最初起源。

而《拉凯斯》同样讨论的是照管，但是，它照管的对象不同，它要照管的不是灵魂而是生活，即如何生活的问题、生活方式的问题，过一种怎样的生活才是恰当的和适宜的？尽管生活方式和灵魂并不截然对立，但它们还是存在着明显的差异：灵魂更多的是通向自我的本体论，讨论灵魂实际就是讨论自我，自我就是自我的灵魂，因此，讨论灵魂是什么就是在讨论自我是什么？而生活更强调生命的行动、实践和检验。如果说，《阿尔西比亚德》和《拉凯斯》的共同主题都是在讨论照顾自己、培养自己和认知自己的话，那么，按照苏格拉底的意见，前者的照顾自己主要是对灵魂的照看，认知自己也是去认知自己的灵魂，是灵魂对灵魂的静观。而灵魂则被看作是与身体分离的现实，一种不同于身体，和身体对立的现实。自我就是以灵魂的形式出现的，灵魂是不变的，永恒的同时也是隐匿的；而在《拉凯斯》那里，认知自我不再是对灵魂的认识，而是对自己的行为、生存、生活方式的认知，即如何过好这一生的认知，也就是对自己的生活方式进行考验、检查、检验。自我的表现形式就是生活和行为。因此，有两种认知自己的方式，一种是将自我等同于灵魂，认知自己就是认知自己的灵魂，自我存在于灵魂深处；另一种是将自我等同于生活、生活方式，自我体现在自我如何生活方面；认知自己就是认知自己的生活方式和生活实践。

这实际上也开启了西方不同的哲学探讨方向：一种是关于灵魂的哲学，它致力的是灵魂的存在；另一种是关于生命/生活（bios）的哲学，它致力的是生活的风格和形式。"一方面是一种置身于认识灵魂氛围中的哲学，把对灵魂的认识转变为关于自身的本体论。另一方面是一种考验生活的哲学，考验作为道德材料和自身艺术的 bios（生活/生命）。"[1] 实际上，这两种倾向不同的哲学形式在苏格拉底那里是统一的。苏格拉底的生活实践方式和他的哲学灵魂理论是合二为一的。也就是说，他身体深处的灵魂和他身体外在的日常生活实践融为一体。他的生活实践是他的道德灵魂的切近表达。苏格拉底被宣判死刑后，他本可以承认错误免死，或者逃离监狱免死，但是，他最后还是选择了服药自尽。为什么他拒绝逃生，就是因为逃生这样的实践行为不符合他的哲学教义。他是知行合一的实践者，是思想和实践的完美结合体。"做一个真正的哲学家，就是要在生活中践行某种教派的教义，就是要在行动上（甚至服装上）与其（哲学教义）保持一致；如果有需要，甚至为他而死。"[2] 也就是说，存在着一种属于观念和教义的理论性哲学，还有一种属于生活方式的哲学。哲学既是一种纯粹的理论，也是一种生活方式，生活方式本身就是哲学的表述。苏格拉底将这两点合二为一。但是，他死后，哲学马上发生了分化，苏格拉底的哲

---

[1] 福柯《说真话的勇气》，钱翰、陈晓径译，上海人民出版社 2016 年，第 106 页。

[2] 威廉·B. 欧文《生命安宁》，胡晓阳、芮欣译，中央编译出版社 2013 年，第 14 页。

学被一分为二。柏拉图发展了他的理论哲学,他在学园中充满思辨性地探讨纯粹的理论,而对人的生活方式毫无兴趣,这就是苏格拉底—柏拉图主义;另一种就是生活哲学,它的创始人是安提西尼(Antisthenes),他建立了犬儒主义,犬儒主义对探讨纯粹的哲学理论并无兴趣,它强调的是如何具体地去实践一种生活。安提西尼推崇和效法的是苏格拉底的个性,他宣称自己是发疯了的苏格拉底,他之所以发疯,大概就是因为他不屑和轻视任何的理论理性,尤其是柏拉图的理念论。对他来说:"美德只是一个行动的问题,并不需要许多的学问,也不需要多费口舌。"[1]——这就是苏格拉底—犬儒主义的开端。柏拉图发展的是苏格拉底关于灵魂的哲学。在这个基础上发展出了西方的形而上学、理论、思辨和教义,也即是创立一种关于学说和教义的哲学传统。[2] 这种关于灵魂的理论哲学最终要探讨的是,这个自我到底是什么?这个灵魂到底是什么?那灵魂到底是什么呢?归根结底,这个灵魂自我处在另一个世界,一个纯净的真理世界之中;因此,探讨自我实际上是要探讨和建立另一个世界,一个超出现实世界之外的另一个真的世界。

---

[1] E·策勒尔《古希腊哲学史纲》,翁绍军译,山东人民出版社1992,第117页。

[2] 这也正是尼采在《悲剧的诞生》中对苏格拉底进行严厉斥责的原因。苏格拉底—柏拉图的理性主义,或者说所谓的理论哲学,打断了希腊悲剧活生生的酒神精神。尼采是将柏拉图主义当作审美和感性的反面来看待的。而福柯等人则更愿意将柏拉图主义当作是生活哲学的反面来看待。尼采没有特别注意到苏格拉底—犬儒主义这个生活哲学线索。实际上,在法国,福柯、保罗·维尼(Paul Veyne)和皮埃尔·阿多(Pierre Hadot)都强调了这一面。阿多甚至认为,整个古代哲学都是作为一种生活方式的哲学,即便是柏拉图的哲学。对他来说,生活方式的一面吞噬了理论教义的一面,后者从属于前者。而福柯则有意将二者区分开来。

而苏格拉底—犬儒学派则发展出了第二种哲学：关注生活、关注实践、关注行动。可以将后者归结为关于生活的哲学传统——也正是因为这个学派过于强调生活和实践，它的哲学意味非常淡薄，人们在犬儒主义那里看不到多少理论教义。阿多说："在古代，一个历史学家会对犬儒主义是否可以被叫作一种哲学学派而感到困惑……人们往往把犬儒主义看作一种哲学，但是它的哲学话语被减至最低限度。"[1] 它更多的是在践行一种特殊的生活。它靠行为和实践来表达主张，这是一个有趣的事例："当有人宣称运动不存在时，第欧根尼立刻就会起身走动。"[2] 这是通过实践来表达主张。第欧根尼"与其说是以自己的作品不如说是以自己本人的榜样产生影响，他以此显示自己对一切文明的蔑视"[3]。总的来说，它要探讨的是过一种怎样的生活才能认知自己和操心自己。因此，对他来说，存在着一种别样的生活，才是值得一过的生活。这种生活的哲学传统致力和构想的是"另一种生活"。这另一种生活本质是与众不同的，它与传统生活和普通生活截然断裂，它才是一种真的生活。犬儒主义如此强调生活本身和生活方式，以至于他们的"生活方式不仅明显地同那种非哲人的生活方式相对立，甚至也同其他哲人的生活方式相对立"[4]。

---

[1] Pierre Hadot, *What is Ancient Philosophy*, Cambridge & London: The Belknap Press of Harvard University Press, 2002, p.109.

[2] *What is Ancient Philosophy*, p.109.

[3] 《古希腊哲学史纲》第 120 页。

[4] *What is Ancient Philosophy*, p.109.

因此，苏格拉底—柏拉图模式和苏格拉底—犬儒主义模式可以说是两种完全不同的传统："一条走向另一个世界，另一条走向另一种生活"，"一个通向柏拉图式的静观，新柏拉图主义和西方的形而上学，而另一条在某种意义上仅仅只通向粗俗的犬儒主义"[1]。如果我们说，灵魂的形而上学模式是强调"另一个世界"，而生活哲学模式是强调"另一种生活"的话，那么，在基督教中，这"另一种世界"和"另一种生活"之间还存在着联系：过另一种生活（与日常生活完全不同的禁欲生活和宗教生活），才可以通向另一个世界（与日常生活世界完全不同的天国）。而新教对传统基督教颠覆性的意义就在于，不去过另一种生活（仅仅过日常生活，过尘世生活），也可以通向另一个世界（与日常生活世界完全不同的天国）。另一个生活和另一个世界的必然联系在新教这里被打破了。福柯就此断言说："从这个时候开始，基督教才变成是现代的。"[2]

学说（灵魂的形而上学）传统意味着存在着一种学说的核心，当它被丢失的时候，人们可以激活它，让它重新成为思想的出发点、权威、依据和参考。而生活传统的目标"不是激活原始思想的核心，而是重新记忆生活中的要素和情节"，这些生活的要素和情节，在人们道德衰落的时候，应该被唤起从而成为他们生活的榜样和范例。大体上来说，"学说的传统是人可以在遗忘之后保持或重新获得意义，而生活的传统则相反，使人

---

[1] 《说真话的勇气》第 204 页。

[2] 《说真话的勇气》第 204 页。

在道德衰落之后重新建立起做人的力量"[1]。前者将实践隐没了，突出的只是各种各样的理论，理论决定性地压倒了实践生活。而这些理论一定是来自哲人的，只有哲人才会产生形而上学的理论，才会认真思考灵魂的本体，只有哲人才会产生非凡的洞见和教义。后者反过来，理论极其薄弱，凸显的则是实践的传奇，事迹的榜样和姿态的楷模，是英雄般的实践生活，是生活方式和风格的美学化和英雄化，因此，这些生活的榜样并非一定来自哲人，它可能来自英雄，来自日常人物，来自艺术家或者革命者。（这类生活哲学的最恰当的中国例证就是《世说新语》这样的书所记载的各种怪诞行为。这些行为也没有发展出一套教义，它甚至是打破教义，打破各种经典礼教。正因此，他们是以事迹和行动榜样流传于后世而激励后世的。）如果说，前者是通过理论知识来教导人，后者则是通过行为榜样来引导人。

需要指出的是，这两种传统尽管存在着重要的差异（学说理论和生活实践的差异），但不是完全没有联系。生活风格总是同灵魂（理论）的存在有着或明或暗的联系。但是，这种联系不是唯一的、稳定的、决定论的，也即是说，一种灵魂的存在模式并不能直接决定一种生命（生活）模式。在基督教这里，上帝的理论学说和禁欲主义的生活方式密切相关；但是，同一个灵魂和上帝的理论，却产生了多种多样的禁欲主义生活方式。反过来，不同的灵魂模式有时候共享一种生命（生活）方式，在斯多葛主义这里就是如此，尽管理论不同，但他们全都在追

---

[1] 《说真话的勇气》第174页。

求平静和安宁的生活。而且，在古代，还存在学说传统和生活传统之外的另外一种哲学传统，在这种传统中，生活和学说，生命和灵魂达成了某种平衡，它是对前两种传统的一种调节。这明显地体现在斯多葛主义和伊壁鸠鲁主义当中：他们既关注某种核心性的学说，也关注生活的要素和情节。既关注理论的要义，也关注生活的榜样。这一点在儒家传统中也非常明确，对孔子而言，仁是理论要义，是灵魂本体和存在原则，是自我的根本核心。但是，孔子从未放弃对生活方式的关注，《论语》既是儒家的教义所在，也是一部生活实践的大全。对于他来说，二者同等重要，或者说，过一种特殊的生活方式，进行反复地自我修炼，才达到这种仁的本体，才能抵达理想的灵魂存在。这类似于苏格拉底的生活和理论的合一。

在福柯看来，西方探讨灵魂的存在的哲学压倒性占据统治地位，而探讨生活风格的哲学一直遭到灵魂（理论）的形而上学的遮蔽——人们正是在这个意义上说哲学史乃是柏拉图主义两千多年的注解史。何谓生活风格的哲学？或者说，这种生活哲学有没有一种取向或标准？福柯指出，这就是"生命作为美的作品……主体性把生命构建为审美形式的对象……对于人来说，其存在的方式、他的行为、他的生命在其他人和他自己的眼中所表现出来的外观，他的生命可能留下的印迹，以及在死后可能在别人的记忆中留下的印迹，这种生存方式，这个外观，这个印迹曾经是美学考虑的对象"[1]。简单地说，这就是赋予生

---

1 《说真话的勇气》第135页。

命以一种特殊的风格,让生命风格化,生命像一件作品那样有自己的风格和美学形式。而事实上,人们通常是把事物、颜色、空间、声音、词语等等视作是美的对象,人们通常将外物作为美的对象,而很少将自己的生命、生活本身作为美的对象,很少赋予后者以美的形式和风格。"让我惊讶的是这样一个事实,在我们的社会,艺术仅仅与物相关而与个体或者生命(生活)无关。它越来越专业化了,它是专由艺术家这类的专业人士制作而成的。但是个人的生活(生命)就不能成为一件艺术品吗?为什么一盏灯,一幢房子可以是艺术品,而我们的生活(生命)却不是?"[1]也就是说,生命风格的哲学探讨,在哲学史上通常受到双重的压制:灵魂本体论的压制和一般意义上的艺术美学的压制。不仅如此,生活(生命)的问题,在西方历史中被宗教和科学所强征、吸收和吞没,生活(生命)依附于宗教和科学,它服从于宗教话语和科学话语,而缺乏自己的自主性,这样,生活的问题、生活风格的探讨、生活与真理的问题,在西方哲学领域中不断地被弱化、消散、边缘化。不过,"即使西方哲学确实忘记了生活的问题,而且这种遗忘使形而上学成为可能,哲学生活的问题也没有完全消失"[2]。它只是受到了忽视,它还能隐秘地表达出来。

---

1 "On the Genealogy of Ethics". *Ethics: Subjectivity and Truth (Essential Works of Foucualt,1954~1984,Vol.1)*,p.261.

2 《说真话的勇气》第 195 页。

二

这种赋予生命以美和风格的思想在希腊文化中出现得很早（在荷马时期已经非常重要了），但只是到了苏格拉底时期，它发展出一个新的特征：即生命美学和说真话连接在一起了，希腊文化中早先的美的生命、闪光的生命思想，和说真话，真实的生命，现在是在苏格拉底这里开始联系起来的。它们在苏格拉底式的"自我的操心"中连接在一起。[1]

说真话和生活风格，真实生活和美的生活最根本和最显赫的连接表现是在犬儒学派这里。犬儒学派前所未有地将真的生活和美的生活统一起来。犬儒学派的生活实践非常极端，他们生活的重要原则即是毫无畏惧地说真话，他们生活最重要的标志，最稳定的特征，最显著的特点，最确切的原则，就是直言（parresia），就是勇敢地，坦率地甚至不顾羞耻地说真话。而正是这种说真话的生活方式，赋予他们的生活一种风格，一种形式，一种美学。在这里，美的生命就是说真话的生命。说真话的生命（生活）也就是美的生命（生活）。生存美学的实践，就是直言实践。对于犬儒主义来说，生命因为说真话而美。

犬儒学派是如何说真话的呢？或者说，犬儒主义的生活方

---

[1] 福柯在《性史》第二卷中同样讨论的是生存美学的问题。但是，在那里，福柯将生存美学置放在性行为领域。对部分希腊人而言，他们节制自己的欲望和快感，为的是获得美的名声，为了让自己的生活成为一个美的作品。美的生活恰恰是通过性欲望的主动节制而完成的。在福柯看来，在希腊，将生活（生命）变成美的作品，在不同的领域，由不同的人根据不同的方式来实践完成。说真话的行为是美的生命，性方面的快感节制同样也是美的生命，它们都是"生存的艺术"（*The Art of Exsitence*）。

式是怎样和直言实践相联系的呢？他们是如何过一种说真话的生活方式的呢？我们看犬儒主义的生活方式，"犬儒者，就是拿着棍子，拿着褡裢的人，穿着斗篷，穿着拖鞋或赤脚的人，留着大胡子的人，肮脏的人。他也是到处游荡的人，他不属于任何社会，他没有房子、家庭、家乡和祖国，他是乞丐"[1]。"他四海为家，是一个世界公民；他们脑子里的理想状态是一种自然的存在，在这种状态里，整个人类就像一个畜群那样生活在一起"[2]，"他会使用任何地方来做任何事情，如吃饭，睡觉和谈话"[3]。因此，要根除任何的羞耻感，蔑视习俗，忍受凌辱，视财产为粪土。犬儒者一无所有，了无牵挂，这意味着他可以勇敢地说真话，他无所顾忌地真话，他可以大胆地说出事物的真相。这是他说真话的前提性条件：没有负担、没有拖累，因此不用瞻前顾后。另外，这种生活方式也是一种缩减和还原。它不仅是对所有负担的根除，也是对责任的根除，对习俗的根除，对各种浅表意见的根除，对各种生命之外物的根除，它因此还原到直接的生命本身，因此是对"生命整体地除垢"，从而让生命的真相显露出来。也就是说，犬儒的这种生活本身就是（生命）真相的直接展示。最后，正是因为剥光了所有这一切，这纯粹生命之外的一切，才能检验什么是人类真正的需求，基本的需求？也才能检验生命的真相是什么？生命的本质是什

---

[1] 《说真话的勇气》第141页。

[2] 《古希腊哲学史纲》第118页。

[3] 拉尔修《名哲言行录》，徐开来、溥林译，广西师范大学出版社2010年，第264页。

么？什么才是真正的生活？"总之，犬儒学派使生活、生命、bios 成为人们所说的 alethurgie（真理的发生），真相的表达。"[1] "犬儒主义这种哲学形式不断提出的问题是：怎样的生活形式是可以实践说真话的？"[2] 也就是说，在犬儒学派这里，赤裸、还原和缩减的生活方式既是说真话的条件，同时也是暴露生命真相的场所，最后，也是检验生命本质的地带。也即是，真话，真相以及笼而统之的真理都能在此发生和显现，这种生活方式是真理发光之地，是真理的见证和检验地带。对犬儒主义而言，真实的（实际的、现实的）生活就是真理（说真话）的生活。他们缩减和还原式的现实生活，就是显现真理的生活，就是为了真理、奉献给真理、检验真理和践行真理的生活。"在生活中，通过生活，实践骇人听闻的真理，这就是犬儒学派的核心。"[3] 生活方式就此与说真话关联起来，并因为这种无所顾忌地说真话，坦率而勇敢地说真话而成为美的生活。最终，真实生活，真理生活和美的生活在此统一起来。

作为学说的犬儒主义很早就消亡了（它本身的理论成分就很薄弱）。但是，如果将犬儒主义作为一种生活方式（而非学说），如果认为犬儒主义的核心和实质是将这种贫困、一无所有的生活方式作为真理的显示场所，如果认为他们的生活方式就是对真理践行、信奉和检验的话，那么，它实际上并没有在

---

[1] 《说真话的勇气》第143页。

[2] 《说真话的勇气》第194页。

[3] 《说真话的勇气》第145页。

后世中消失，而是一直持续到现在。这是福柯创造性的洞见，他指出了犬儒主义在后世的几种变形：中世纪的基督徒、19世纪欧洲革命者和艺术家。在中世纪的不同时期，都有众多的犬儒式的基督徒，他们一名不文，衣衫褴褛，四处漂泊，沿街乞讨。他们通过这种赤条条的生活方式，来同教会的堕落，贪婪和腐化作战，从而展示基督教的真正教义，展示他们信奉的真理，展示被教会所遮蔽的真理。也就是说，这种生活方式，这种一无所有四处漂泊的生命"成为在肉体上建构真理的展示剧院"。在19世纪，同样的情况出现在欧洲的革命中。在福柯看来，革命既是一种政治规划，也是一种生活形式。而"生活被定义为、视为、组织为、规定为一种革命活动，或者说，革命活动被当作生活"[1]。也就是说，存在着一种革命生活：革命即是生活，生活即是革命。生活奉献给了革命，因此，它是对革命、革命真理，也即是对真理的直接展示，生活就是革命真理的践行。我们可以以阿根廷的切·格瓦拉为例，他一辈子从事革命斗争，先后在危地马拉、古巴、刚果、玻利维亚进行革命战斗。除了战斗的生活，革命的生活，没有其他的生活。他无法在一个没有战斗和革命的地方待着，无法在一个舒适和和平的环境中待着，他的生活方式就是扛枪穿梭于丛林，四处游击、偷袭和战斗。简单地说，他的全部生活就是革命，他的生活就是践行革命的真理，或者说，他就是为了革命的真理，为了共产主义的真理而生活，他为此抛弃了一切。他在玻利维亚被捕的时候衣衫褴

---

[1] 《说真话的勇气》第152页。

褛，一无所有。他坦然地面对死亡，他被枪毙后的公开报道的遗体既是它死亡的证明，也是他追逐真理的证明，是他的革命真理的终极展示。这就是福柯所说的革命者："为了真理而死，它转向了戏剧性和疯狂的极限，这种为了真理的极限勇气，这种勇气是希腊人和哲学所提出的，是一种真实生活的根本原则。走向真理，表现真理，使真理闪光，直至为此丧失生命或者杀死其他人，在欧洲思想的漫长源流中，可以找到这种东西。"[1]生活就通过革命的形式而奉献给了真理，或者说，革命生活就是真理的展示。

除了宗教和革命之外，在艺术领域中，尤其是19世纪以来的艺术中同样可以发现这点。艺术家有一种特殊的不同于常人的生活方式，这种生活方式同艺术有密切的关联，它是艺术作品的条件，是艺术真理的保障、显示和证明。在此，我们可以以梵高为例。梵高抛弃了一切，一个人来到法国南部的一个孤独的地方，没有朋友、没有金钱、没有家庭，他把自己变成了一个一无所有者。也正是通过这种还原、缩减式的生活，他展示了自己的艺术真理。没有这种生活，就不会有这种艺术。同样，他那漩涡般的蓝色星空、近乎燃烧的向日葵、孑然独立的破旧鞋子，以及大量焦虑而严峻的自画肖像，全部以这种孤独而单调的生活作为条件。他自己的生活就是艺术真理的展示，也可以说，他的艺术真理就是通过他的生活得以展示出来的。在现代艺术这里，真理在生活中被打开。就此，在19世纪，艺术与

---

[1] 《说真话的勇气》第153页。

现实的联系不再是一种修饰,模仿和再现的关系,而恰好相反,艺术是对面具和装饰的打碎,是一种强烈的还原和缩减,它"剥光和还原为生命的基本状况"[1]。正是还原到极致,才出现了这种没有再现、没有装饰、没有模仿的反柏拉图主义;而这种还原同时也是对各种先前既定风格形式的否定和拒斥因此也是反亚里士多德主义的。艺术作为一个场所,才可能让生存的基本状况涌现出来。就此,中世纪的基督徒,19世纪的革命家和现代艺术家,它们是犬儒主义的延续。生活和生命是真理轰轰烈烈的坦然展示:生活本身展示了宗教的真理、革命的真理、艺术的真理。它们是真理的表现和保障,同时也献身于这种真理。"在生活的形式中表现真理、实践、生产真理。"[2]这就是生活(生命)和真理(真话)的犬儒式关系。犬儒生活因此就是一种真的生活(alethes bios),它是一个献身于真理的西方生活实践传统的母体。

三

那么,何谓"真(理)"(aletheia),何谓"真的"(alethes)呢?福柯分析了希腊思想中"真的"四个含义:1,不隐藏、不掩盖,没有任何部分被遮蔽,这是它最根本的意义;2,不添加任何东

---

[1] 《说真话的勇气》第155页。

[2] 《说真话的勇气》第180页。

西，不与其他东西相混淆、混杂、感染，不被其他东西所改变；3，因为前两种特性，即不隐藏、不混淆，因此，它不是迂回的，不是拐弯抹角的，而是直接的、直的、是正的，从根本上说，是正直的；4，正是因为不隐藏、不混淆、不弯曲（正直），因此，"真的"还意味着保持不变、保持一致、没有损耗。可以柏拉图的"真爱"（alethes eros）为例。何谓"真爱"？即没有什么可以隐藏的爱情，对伴侣对他人都无需隐藏，爱就是坦率的目标。真爱也不混杂其他的东西，爱就是纯粹之爱，除了爱之外没有其他东西混入其中。只有这样的真爱也才是正直的，是符合正义原则的。最后，真爱绝不变化、绝不耗损、永葆青春。

和存在着某种"真爱"一样，也存在着一种"真的生活（生命）"。"真的生活"首先当然是无所隐藏的生活，这种生活可以坦然地面对所有人的注视，它将一切都袒露在阳光之下，它不隐藏任何动机和目的。它毫无城府，言行一致，简单诚实，一目了然。第二，"真的生活"同时也是没有混杂的生活，没有分裂的生活，没有被他物所污染的生活。灵魂和欲望，善和恶，快乐和痛苦都没有分裂。不混杂、不矛盾、不扭曲的生活，才是"真的生活"。第三，"真的生活"是正直的生活，是符合原则、规则和规范的生活。最后，真的生活是保持不变的生活，是不腐化、不堕落、不动摇和不变质的生活。

这是柏拉图所理解的真的生活的概念。那么，犬儒主义如何来运用这个概念呢？犬儒主义并没有完全照搬柏拉图的这个概念，而是利用这个古典的"真的生活"的主题，利用它们的形象，但也改变它们的形象，让"真的生活"这个主题狂欢化，让它推向极端，且以极端的方式保持和延续下来，从而走向了古典"真的生活"的反面，可以说，犬儒生活同时是柏拉图的"真的生活"的延续、改变和翻卷，是对后者极端化的改写。正是这种极端化的处理和改写，使得犬儒生活伴随着没完没了的丑闻。

我们可以看看犬儒主义的生活。我们可以对照古典的"真的生活"的四个特征来看待犬儒主义者的生活。首先，犬儒主义者的生活是公开的，他能在任何地方做任何事。他没有家、没有隐私、没有秘密，他生活在街道上，生活在公开场合，他处在绝对的可见性中，他暴露一切，甚至赤身裸体。他们当众手淫，当众做爱。他们觉得所有这些都是自然的，并且因为这种自然而毫无羞耻之心。对他们来说，自然的生活无所谓廉耻。犬儒者就此将真的生活中的不隐藏性进行了极端化和戏剧化。犬儒主义保留了生活的公开性，但是，也置羞耻于不顾。无掩饰的生活，在犬儒者这里同时也戏剧化地翻卷成了不要脸的生活，不顾廉耻的生活。第二，"真的生活"是没有混杂的生活，也即是独立的纯粹的生活，这种生活与外在的东西没有任何联系，它独立于外在的世界，不依赖外在世界，也不去占有它们，从而使得自身完全保持独立和统一。犬儒者怎样发展这个主题呢？犬儒者试图放弃物质生活，他追求一种没有财富的生活，不依赖财富，不让财富来污染自己，不同物质财富和金钱相混杂的生活。这样，犬儒者过的独立生活实际上也是贫困生活。"犬儒的贫困就是一种实际的、现实的、物质的贫困。犬儒的贫困是真实的、主动的、无限的。"[1]他在现实中一无所有;他放弃了财富的考虑而主动追求贫困;而且是一种无限的贫困,极端的贫困,任何多余的东西都要抛弃的贫困:"他看见一个小孩用手捧水喝,就将口袋里的杯子扔了。当他看见一个小孩在盘子打碎后用面包的中空部分来盛扁豆,于是就将碗也给扔了。"[2]这就是犬儒者的没有混杂的生活,自主的生活形式,但是,它同样推到了极端和戏剧化的效果,即,这种一无所有的绝对贫困导致了丑陋、丑事、肮脏、屈辱、奴役、乞讨和恶名,也即丑的生活。绝对贫困无疑是一种丢脸,而犬儒者恰恰将这些导向一种正面价值。由贫困导致的丑、恶名、丢脸得到了肯定和崇尚,被犬儒者赋予一种正面行为和正面价值。犬儒者追求的就是这种丢脸,他们也因此和既往的一切信仰和习俗相抵牾。正是在对丢脸的追求中,他们感到骄傲和高贵,它们以主动的丑事,以主动的放弃尊严,以对这种丑事的追求为高贵和骄傲。第三,"真的生活"是正直的生活。在古典思想中,正直的生活是与自然相符合的生活,但是,它也符合人的法则、社会的法则、公民的法则。而犬儒主义也追求正直的生活,但是,他们的正直的生活则只符合自然法的原则。只有符合自然法的生活才是正直的生活。任何人的法则,任何约定俗成的法则都不被犬儒者所接受。因此,犬儒者拒绝家庭、拒绝婚姻、拒绝食物禁忌,甚至拒绝乱伦禁忌——拒绝一切人为的法则。因此,

---

[1] 《说真话的勇气》第212页。

[2] 《名哲言行录》第269页。

犬儒者真正推崇的是动物性。动物性的生活才是正直的生活，动物性才具有正面的价值，动物性才是行为的榜样：它是一种锻炼，是对生活的挑战。第欧根尼之所以能够在各种环境下生存下去，就是受到老鼠的启发，他"曾看见一只老鼠，发现它四处游走，既不找一个洞安息，也不畏惧黑暗，他由此找到了适应环境的方法"[1]。"如果是动物不需要的东西，那么对人类也是没有必要的……动物性，这是生存的物质模板，同时也是伦理的模板……对于犬儒者来说，当动物性指向自然，当正直生活的原则指向自然并变成了一种现实的、具体的、物质的生活形式，动物性就是正直的生活所应当遵循的原则。"[2]在此，正直的生活被导向和翻卷成为动物般的生活，以动物为准则的生活——而这同样是古典生活所认为的丑的生活。对于古典思想而言，动物性恰恰是人所应该抛弃的东西，恰恰是人脱离动物所必须克服的东西，恰恰是人所不耻的东西。

最后，"真的生活"是不变质不动摇的生活，也即是自主的生活（vie souveraine）。在古代哲学中，自主的生活意味着"占有自我的生活，生活中没有任何部分能够逃离其自己的权力和对自我的主权。自主，即整个生命都属于我自己"[3]。自主的生活即意味着完全能够自我掌控的生活（它也因此不变质不损耗）。这种自己对自己生命的完全占有，也是一种愉悦，一种自娱自

---

1 《名哲言行录》第264页。

2 《说真话的勇气》第218~219页。

3 《说真话的勇气》第222页。

乐，在自己身上寻找快乐：占有自己，愉悦自己。自主的生活，是一种令自己快乐的生活。不仅如此，自主的生活通过表明自己对自己的完美主宰和控制，从而对他人形成示范作用，并对他人产生帮助。也就是说，自主生活不仅使自己快乐，而且顺便地也有益于他人。但是，犬儒主义是如何将这种古代的自主生活进行极端化和戏剧化地翻卷的呢？古典生活中对自我的绝对掌控并且有益于他人，这个古典真的生活的自主性和有益性，被犬儒者傲慢而无礼地极端化为国王的生活。犬儒者过于强调自己的自主性而认为自己是国王，自己是唯一的真正的国王，而那个现实中的政治国王，则是虚假的、无意义的，犬儒者是真正的反国王的国王。他和现实中的（政治的）国王存在着几个对立。福柯用第欧根尼和亚历山大来做比较（他们有过一次著名的会面[1]）：第欧根尼是一无所有的国王，因此，他没有什么可以失去可以推翻的，他的国王权力因此牢不可破；而亚历山大则有军队，土地，盟友和武器，因此，他可能被推翻，可以失去这一切，因此他实际上是脆弱和不稳固的；亚历山大之所以成为国王，既是因为继承父权，也是因为通过培训和教育来获得管理国家的能力。而第欧根尼之所以成为国王，既不是因为继承，也不需要培训，他生来如是，他生来是一个具有大丈夫气质的男人，生来是一个伟大的灵魂而因此成为国王；亚历山大处在战斗中，总是要打败敌人，他通过战胜敌人才获

---

[1] "一次，他（第欧根尼）在克拉涅俄斯晒太阳，亚历山大走过来站在他旁边，说：'向我请求任何你想要的东西。'他回答道：'请不要遮住我的阳光。'"见《名哲言行录》第270页。

得自己的统治权,但是,他征服不了自己的内心、恶习和缺陷;而第欧根尼则没有恶习,他没有内在缺陷需要征服的;亚历山大可能会遭到厄运、危险和不幸,可能会丢掉他的王朝,而第欧根尼因为不需要任何的外物、装饰和满足,他不会遭遇危险、失败和丧失的痛苦,因此他是永远的国王。

也就是说,犬儒者才是真的国王,尽管是贫困的受人嘲笑的因此也是隐秘的国王。古典的自主生活的特征在这里被他极端化为国王的自主。古典的自主生活的快乐特征和有益他人的特征,在犬儒这里也变成了对他人的国王般的照料:他的本性使他成为国王并照料他人,他牺牲自己照料他人,但是他感到愉快和生命的充实:他照料他人而感到愉快,他愉快地照料他人。但犬儒者对他人的照料是医疗性的,他治疗他人的心灵疾病。他是以开药方的方式来治疗的,而这种药方是苦口良药,是辩论,是谩骂,是口头攻击,是在任何一个地方任何一个角落对他人进行撕咬,进行言语的啃噬,进行永不疲倦的口头肉搏——他们将自己的这种方式称之为战斗,他们自诩为战士或运动员,他们同整个世界作战。这是他们对古典的平静而快乐的自主生活的戏剧化。战斗,只有"通过战斗,个人将赢得对自己的控制,因此也有利于其他人。犬儒的战斗是一场持久的自愿的战斗,带有明显的挑战性,它所针对的是整个人类,现实生活中的人类,其目标或期待是改变人类,改变其伦理态度,与此同时,改变其习惯、惯例和生活方式……犬儒者是苦难的国王、艰苦的国王、忠诚的国王。他也是战斗的国王,他的战斗既为了自己,也为了别人"[1]。因此，犬儒者过的是一种战斗的生活，一种"看门狗"的撕咬生活，一种承受战争苦难而要解放和有益于他人的生活。他是以战斗的方式而不是教育的方式来改变世界和全体人类。"在一个宴会上一些人把他当作一条狗，朝他扔骨头，当他要离开时，他就像狗一样抬起腿朝他们撒尿。"[2] 他攻击的不是某个个人的恶习，而是整个人类的恶习，以及建立在这个恶习基础上的法律和体制。这种放弃享受和财富，这种一无所有者的战斗精神、战斗生活，这种永恒而普遍的战斗意识，这种与整个世界为敌的战斗精神，埋下了西方漫长文化生活的一个隐秘种子。它的核心是勇气，说真话的勇气。[3] 它在基督教的禁欲主义者试图荡涤一切罪恶的苦行中，在19世纪的无产阶级摧毁旧世界的号角声中，绵延不绝地回响。

1　《说真话的勇气》第230页。

2　《名哲言行录》第273页。

3　福柯提到了古代三种说真话的勇气：第一种是臣属对于君主说真话的勇气，臣属说君主不喜欢听的话，批评君主的话，这种真话的特点是直言不讳，不用修辞技巧，想到就说，说真话是臣属的义务和责任；福柯对此的讨论和分析见 *Fearless Speech* (Semiotext,2001)。第二种是苏格拉底式的说真话，嘲讽式说真话，这种真话引发报复，愤怒，反抗乃至诉讼。第三种是犬儒主义式的说真话，他们说真话是以丑闻生活的方式出现的，他们的真话托付在他们的令人觉得无耻的生活方式中，它也因此引发鄙视和愤怒。无论哪种说真话，说真话的危险都在于拿生命冒险，而犬儒主义的冒险不仅在于说真话，而且还在于他们的生活方式，这是它和前两者的不同之处。

论俯视

一

对于古代人而言，登高是最常见的形成俯视的方法。只有登高才能俯视。登高意味着什么呢？一个最直接的意义就在于，登高俯视者是对围绕在他身边的人的摆脱。在某种意义上，也可以说是对世俗生活的摆脱，是对人间生活和市井生活的摆脱。登高者通常是在人烟稀少的地方，在大山上，或者在高台（楼）上，他独自一人，将自己置放在天地之间无限的空旷地带。由于无人环绕在他周围，他的个体性在天地的苍茫中会凸现出来。由于没有俗务阻挡他的目光，他的视野会更加开阔，他会神游万里，会拼命地看见那些日常生活中无法看到和想到的对象，会向无限性展开。抽象的主题会更容易缠绕他，未来或历史（而不是此刻和现在）也会在他头顶盘旋。就此，对人生命运的总体性思考会在登高的时候自发地涌现。在这样的情况下，人们通常会在寂静但又是无限的大地和天空的怀抱中，感到深深的寂寥、忧愁、无助和孤独。他的既往追求，他在脚下世俗世界中的浮沉，现在被他从高处俯视，都显得既真切又渺小。他也因此更加愁苦而孤独。我们来看中国最伟大的诗人杜甫的名作

《登高》：

> 风急天高猿啸哀，渚清沙白鸟飞回。
> 无边落木萧萧下，不尽长江滚滚来。
> 万里悲秋常作客，百年多病独登台。
> 艰难苦恨繁霜鬓，潦倒新亭浊酒杯。[1]

这是登高俯视最有代表性的诗篇。诗人在秋天的风中独自登上了高台，此刻，猿猴在哀鸣，鸟在盘旋，树叶在一片片地落下，而长江之水奔流涌来，无边无际。只有站在高处，他才能在一个较大范围内看到大自然的生命，即大自然在时间中的运动和变化——这些运动和变化既是一体的，也是分开的。疾风，飞鸟，鸣猿，落叶和流水，它们各自在运动，但又在诗人的视野中编织成一个整体。在这幅运动式的整体图像中，没有一个中心性的焦点，没有任何一个形象占据着核心统治者的地位。诗人俯视的目光也没有聚焦，相反，它在漂移，在追逐这些运动的客体，但也同时性地将这些运动要素编织起来，使之成为一个变化的整体，一个直观的变化整体。也正是他目睹到的这种直观变化，令他百感交集，令他不由自主地想到时间在他自己身上的变化。万物在流逝和变化，自己不也在流逝和变化吗？那飘零的落叶和猿猴的哀鸣，不就是自己的处境吗？它们在自然中的存在，不就是自己在人生中的存在吗？人生和自然相互呼应。诗人看到了自然，也融入了自然，自然既是他的客体，也是他的镜像；

---

[1] 仇兆鳌《杜诗详注》卷二十，中华书局1979年，第1766页。

既是他的外在物，也内化进入到他自身。正是这种对自然的内在化，他不由得会想到他坎坷的羁旅命运，想到岁月的无情流逝，想到衰老的无情吞噬，想到亲朋好友的纷纷离去，就像眼前的河水和枯叶无可挽回地离去一样。一种巨大的孤独和伤感扑面而来。一个站在高处的孤苦伶仃的诗人的悲苦形象出现了。

有许多登高者都如同杜甫一样表现出羁旅的孤独和悲愁。如果说，杜甫是因为登上了高处对周遭的俯视才自发地产生这种感受的话，那么，还有人登高就是为了排遣这种孤独和悲愁。登高通常是为了驱散悲愁，但也常常会加剧悲愁。在对家人和故乡思念之情的驱使下，他们登上高处，奋力向远方眺望，似乎只有这样才能越过层层障碍看见远方的故乡和亲友。到底是因为对故乡的怀念而去登高远眺还是因为登高而情不自禁地向故乡眺望？无论如何，登高是和故乡，远方，和有一个遥远的空间距离的地方和人物联系在一起的。登高不是像杜甫那样环顾周遭，而是让目光投向一个遥远之地，让目光越过无数的高山大河，让目光之线尽可能延伸，仿佛自己的身心通过这目光之线能抵达一个遥远的场所。目光最终是消失在无限之地，一个不可能性的空间。尽管知道这实际上不可能，但是柳永在《八声甘州》中还是写道："不忍登高临远，望故乡渺邈，归思难收。"[1] 身体站在此刻的高处，但是，心灵已经随着目光的远眺而脱离了此地，脱离了身体，而被遥远的故乡所牢牢地攫取了。一个不可见的场所（和人物），却强烈地吸引了目光，主导了

---

1 薛瑞生《乐章集校注》卷下，中华书局1994年，第194页。

目光。目光聚焦于一个虚空。它甚至让身体和心灵分离。这个不可见的场所(和人物)如此地具有魔力,以至于人们欲罢不能。目光的真实视野实际上看不了多远,哪怕是黑夜,但还是要看,哪怕是"望尽天涯路":要一动不动地专注地看,要看到无限的遥远之所,要长久地看。晏殊的《蝶恋花》是如此地令人动容:"昨夜西风凋碧树。独上高楼,望尽天涯路。寄彩笺兼尺素。山长水阔知何处。"[1]我不知道对方在哪个遥远的地方,但我的目光要去拼命地搜寻她。目光在此与其说是观看,不如说是思恋!

站在高处,既有因为对日常尘世的摆脱而感叹孤独个体的永恒命运,也有因为视野的开阔而情不自禁地展开对故乡和恋人充满煎熬的思念,同样,站在高处的开阔视野,也会看到大地,民族和历史的纵深,从而表达对国运的担忧。高处俯视,将个体和家国联系在一起。高处的个体俯瞰脚下这片大地,他既从属于这片无限的大地,是它微末的一份子,但同时他也是这片大地的主人,应该操心这片大地,掌握这片大地的命运。他将自己的命运和大地的命运,以及这片大地上的人民的命运结合在一起。高处的目光,略过了具体而琐碎的尘世,但在更抽象的层面回归于尘世:大地和民族的命运。他辽阔而深远的目光看到的是作为一个整体的大地,以及这个大地上不可见的历史和未来。这是注满了历史命运的大地。他俯视的目光对象同时是可见的和不可见的,这目光逡巡在大地上,逡巡在大地

---

1 张草纫《二晏词笺注·珠玉词笺注》,上海古籍出版社 2008 年,第 38 页。

的过去和未来上。正是这大地的历史,这可见的大地和它不可见的历史,激发了他的神圣情感。这情感不同于个体自己在天地间感受到的孤独,也不同于他遥远的思恋目光所表达的愁苦,这情感更多是来自于大地历史所激发的慷慨。这样的登高俯视者有时候有英雄的激情抒发,豪迈而悲壮;有时候却有失败者无解的抑郁,沉痛而悲怆。这都是在高处俯视国运的时候才会产生的激情。他们因为对国事的操心而舍弃了自己,这种激情就有强烈的崇高感,而俯视者因此显得卓尔不群——世俗的平视目光无论如何难以理解他们。正如孤独的感伤者喜欢站在高处排忧抒怀一样,这些对家国命运保有拳拳之心的伟大英雄也喜欢站在高处挥斥方遒。站在高处可以做出重大的决断,可以是崇高意志的流露,可以抒发自己的抱负和野心。站在高处可以吸收高山的雄浑力量。这就是我们在岳飞的《满江红》中看到的:

怒发冲冠,凭栏处、潇潇雨歇。

抬望眼、仰天长啸,壮怀激烈。

三十功名尘与土,八千里路云和月。

莫等闲、白了少年头,空悲切。

靖康耻,犹未雪。臣子恨,何时灭。

驾长车踏破,贺兰山缺。

壮志饥餐胡虏肉,笑谈渴饮匈奴血。

待从头、收拾旧山河,朝天阙。[1]

---

[1] 唐圭璋《全宋词》,中华书局 1965 年,第 1246 页。

在此，站在高处，强大的意志喷薄而出，高傲而孤独的英雄形象只能在高山上被刻划出来，他的历史和全部存在就是和国家山河大地结合在一起的，他奉献于此，因此，这情感的澎湃就如同山河大地一样广袤汹涌。它如此地无私，正义，勇敢。此刻，还有什么不可以征服和践踏呢？还有什么不可以藐视的呢？就如同昔日年轻的杜甫在泰山顶上迸发的豪情，"会当凌绝顶，一览众山小"。[1]

不过，也有相反的情况，站在高处，同样是担忧国家，但是，一股失望和担忧的情绪不可避免地流露出来。如果说，岳飞站到高处是充满信心地对未来进行远瞩的话，那么，王安石站在高处看到的则是过去的历史，他的目光是回顾性的，他往历史的深处眺望，历史的不详吊诡在这种回顾性中涌现，以至于他为此刻的国家命运而黯然神伤。登上高处，金陵的壮观一览无余，瞬间就获得了一个开阔的全景。但是，诗人没有被眼前的景观所吞噬，相反，这景观令他发思古之幽情，他俯视它们的同时，也很快地摆脱了它们——他穿透了此刻的场景，将目光探向历史的帷幕之后。景观千百年来没有变化，但是，历史似流水而逝：

登临送目，正故国晚秋，天气初肃。

千里澄江似练，翠峰如簇。

征帆去棹残阳里，背西风酒旗斜矗。

彩舟云淡，星河鹭起，画图难足。

念往昔繁华竞逐，叹门外楼头，悲恨相续。

---

[1] 仇兆鳌《杜诗详注》卷一《望岳》，中华书局1979年，第4页。

千古凭高，对此谩嗟荣辱。

六朝旧事随流水，但寒烟芳草凝绿。

至今商女，时时犹歌，《后庭》遗曲。[1]

也就是说，高处的目光，既可能像岳飞那样充满信心地指向未来，也可能像王安石这样忧心忡忡地指向历史。高处不仅让俯视的目光超越了眼前的时空，而且，让这种目光深谋远虑。无论如何，高处的俯视目光的焦点并不被现在所控制。只有高处的俯视才能摆脱现在的视角，才能超越现在，抵达未来或过去。就像高处的俯视和眺望能够抵达不在眼前的遥远故乡一样。

但是，还有一种俯视最为阔达和恢弘。他们不是将目光放到自身的命运上面，他们不是探讨高处的孤独和愁苦，甚至也不是将个体和国运相结合，他们甚至超越了大地和家国的层面。在此，高处所特有的全景视角，使得它甚至可以观察和思考无限。就此，他们将一切尘俗的东西都抛弃在脑后，旨在对宇宙时空和人生大限进行沉思。俯视者由此变成一个对纯粹的无限性进行沉思的哲人。如果摆脱了自己，摆脱了历史，摆脱了故乡和国家，他们在高处的俯视沉思会得出什么结论呢？在无限的时空面前，个人是多么渺小啊："前不见古人，后不见来者。念天地之悠悠，独怆然而涕下。"[2] 站在高处，看到的只有宇宙和时空的永恒，其他的一切都消失殆尽。个人面对无限的宇宙，

---

[1] 《王文公文集》卷八十《桂枝香》，上海人民出版社1974年，第864页。

[2] 《陈子昂集》补遗《登幽州台歌》，中华书局1960年，第232页。

所有的抱负都显得空洞而微末。某种虚无主义不禁缠绕了他，以至于志向高远的诗人凄然泪下。但何止是他？即便那些历史上不朽的英雄，那些曾经叱咤风云的历史巨人，在浩瀚的时间面前也不过是过眼云烟。只要我们站在堤岸高处，俯看河水的奔突，就会得出这样的印象，"大江东去，浪淘尽、千古风流人物"[1]，"滚滚长江东逝水，浪花淘尽英雄"[2]。流水总是时间的具体形象。尤其是，当它被俯视的时候，似水年华的伤感就会情不自禁地向俯视者涌来。杜甫正是从高处发现了"无尽长江滚滚来"，时间如同流水一样不可遏制地、不可阻断地奔涌向前。同样，孔子也只是站在河水的上方才发出了他著名的感叹，"逝者如斯夫！不舍昼夜"[3]。

站在高处，不仅能够垂直地接近辽阔而高远的天空，而且能够水平地追逐绵延无尽的时间。不仅能够看到可见的大地，还能看见不可见的历史；不仅能够在白天看，而且能够在黑夜看；不仅能够看到眼前的具体物景，还能看见遥远的不可知的人事，不仅能看到实体，还能看到虚空；不仅能看到有限，还能看到无限——高处观看的客体，囊括了一切，没有一个确定的对象制约着目光。俯视，在这个意义上，没有焦点，没有本体，没有确定性。它不停地在有限性和无限性，确定性和不确定性，

---

1 苏轼《念奴娇·赤壁怀古》，邹同庆、王宗堂：《苏轼词编年校注》，中华书局2002年，第398页。

2 杨慎《临江仙》，《杨升庵丛书》第四册《历代史略词话》卷上，天地出版社2002年，第588页。

3 《论语·子罕》，程树德《论语集释》卷十八，中华书局1990年，第610页。

现在和过去，现实和虚拟之间摇晃。观看，并不追逐和受制于一个确定的本体。

二

对于另外一些哲人来说，站在高处，不是哀叹个人或国家的命运，也不是在无限时空面前感叹个人的渺小。站在高处，则有一种巨大的解脱之感。一旦同底下的尘世保持距离，摆脱了尘世的种种纠缠，高处就是自由的广袤场所。此刻，他不是被宇宙的无限性所震撼，而恰恰能在宇宙无限之中任意地飘游。这就是庄子的理想：他精心地描绘了一个展翅翱翔的大鸟——名之为鹏——来展开他的俯视目光。大鹏虽然巨大无比，但是，在那无限广阔的天空中，他还是能无所顾忌地畅游，"鹏之背，不知其几千里也；怒而飞，其翼若垂天之云"，"抟扶摇而上者九万里"[1]。气势磅礴但毫不滞重，于是，一个无限逍遥和自由的形象出现了。自由，就是要大幅度地肆意飞翔，就是要无所羁绊地运动。"若夫乘天地之正，而御六气之辩，以游无穷者，彼且恶乎待哉。"[2]它宏阔，飞翔，潇洒和飘逸，它在一个无限的宇宙中无所依据地挥洒展开。还有什么形象比这更加舒展奔

---

[1] 《庄子·逍遥游》，王先谦、刘武《庄子集解·庄子集解内篇补正》卷一，中华书局1987年，第1页。

[2] 《庄子集解·庄子集解内篇补正》卷一，第4页。

放？所有的束缚都在飞跃中松绑了。

高处在同俗世脱离进而进入无所待的自由状态的同时，它还表达了同底下的尘世的对照。如果以遨游的大鹏的视角来看的话，下面的人们是多么地微不足道。他们不能不受到来自上面目光的嘲笑。世间的人们劳碌奔波，争来抢去，吵吵嚷嚷，又有何意义呢？如果从高处往下看的话，或者从天的视角来看（"是以圣人不由，而照之于天"[1]），他们都同样渺小，同样模糊，同样微不足道，因此，所有的事物，所有的决断，所有的观点，所有的行动，所有的价值，都没有差别。它们地位平等。也可以说，人和物的界线——庄子甚至更为夸张地说——人和蝴蝶的界线甚至也模糊难辨。这就是庄子最著名的发现。得出这所谓的"齐物论"，只能是采用恢弘而博大的俯视视角。正是在这里，"逍遥游"和"齐物论"建立了联系。[2]齐物论正是通过逍遥游来发现的，没有无限广阔的逍遥游，没有一个阔大的视角空间，又如何能够发现万物平等？我们可以设想，如果我们置身于各种观点之间，置身于各种人事之间，如果我们被它们所簇拥、所包裹、所挤压的话，也就是说，如果我们陷入其中而采用平视的目光去看待它们的话，我们的目光就会被截断，会受到阻止，我们一定会看到差异、距离和沟壑，会看

---

[1] 《庄子·齐物论》，王先谦、刘武《庄子集解·庄子集解内篇补正》卷二，中华书局1987年，第14页。

[2] "逍遥游"和"齐物论"的关系有过许多讨论，不少人认为"逍遥游"和"齐物论"是矛盾的，因为"逍遥游"讲大小之辨，强调的是区别，而"齐物论"讲的万物齐一，恰好是抹去了区别。持这种观点的包括郭象。见郭象、成玄英、曹础基、黄兰发《庄子注梳》，中华书局2011年，第2~7页。

到各种充满条理的细节和组织。也就是说,我们难以获得一种整全性的抹去一切差异的目光——而俯视最重要的特征,就是可以超脱地看到全部。俯视的距离越高远,看到的下面的对象就越是模糊,就越是没有差异。就像从高空中的飞机往下所看到的那样:地面的世界混沌一片,一个无差异的世界就此浮现。齐物论一定是俯视目光所产生的哲学。这就是它开篇通过在高空中展翅的大鹏所表明的。就此,庄子这样的观点只能是在俯视的目光下得出来的:"物无非彼,物无非是。自彼则不见,自知则知之。故曰:彼出于是,是亦因彼。彼是,方生之说也。虽然,方生方死,方死方生;方可方不可,方不可方可;因是因非,因非因是。是以圣人不由,而照之于天,亦因是也。是亦彼也,彼亦是也。彼亦一是非,此亦一是非。果且有彼是乎哉?果且无彼是乎哉?"[1]

我们可以想象,这是一个站在世间之外的人,一个站在无限高处的人,一个脱离了尘世的人,凭借他充分的超越性的俯视视角而得出的结论。在此,逍遥游既是庄子的哲学精神,也是他的哲学视角。这是一个哲学俯视构成的论述,但是,我们还是要说,这也是一幅视觉构图,它直观的画面效果就是:"天地与我并生,而万物与我为一。"[2] 再一次,在这种齐物论的景观中,没有一个类似于欧洲哲学中的绝对的霸权式的本体。本体论的基本特征就是差异和等级:有一个最内核的本体,它占

---

1 《庄子集解·庄子集解内篇补正》卷二,第14页。
2 《庄子集解·庄子集解内篇补正》卷二,第19页。

据了一个基础性的最高级的支配地位。[1] 我们看到，本体在这里，既是中心支配性的，也是和现象保持区隔和差异的。支配和差异是本体论的两个内在的关联性的有机要素，它们缺一不可。抽掉了其中的任何一个，就抽掉了本体论本身。在庄子这里，万物齐一，物我齐一，没有等级，没有中心，没有优先性。这是对差异的消除和抽空。这是通过消除差异而消除了本体论。这样一个本体论的抽空和缺席经验，同欧洲的晚近的反本体论传统存在根本的差异。对德里达这样的解构主义者来说，反本体论不是以消除差异的方式来进行的，而是以消除支配的方式来进行的。德里达肯定万物的差异，但是万物之间的差异关系是游戏和平等的关系而不是一个支配和决定的关系。德里达的"延异"试图让差异之物保持着持续的自主性，差异不是导向支配、中心和优先性而是导向溢出、流动和不可掌控。[2] 也就是说，德里达是通过对支配和中心的消除而不是对差异的消除来废弃本体论。对庄子来说，如果万物同一和平等就抽空了本体论，

---

[1] 尼采在《偶像的黄昏》中，将这个本体称为"真正的世界"。尼采将这个真正的世界和柏拉图的理念结合起来。这个真正的世界、理念构成的本体，同一个假象世界构成的现象形成了对比和区隔。在这个区分中，真实世界（本体）对于假象世界的优先性成为海德格尔所说的柏拉图主义的首要原则。对尼采来说，这个"真正的世界"在欧洲经历了个阶段。先是在现世的层面上区分了这两个世界：一个是有德者占据的世界，一个是无德者占据的世界（柏拉图）；接下来是一个未来的许诺的彼岸精神世界和一个现世的此岸的物质世界（基督教）；一个不可知不可经验的世界和一个可经验可认知的世界（康德）；而尼采自己的工作就是要废除柏拉图，基督教和康德的"真实世界"，即欧洲的形而上学的本体论。见尼采《偶像的黄昏》，卫茂平译，华东师范大学出版社 2007 年，第 62~63 页。

[2] 德里达使得一切固定和在场的东西都保持警惕："根据这种活动，语言或任何符码，任何一般性的指设系统，都被'历史性'构成为差异的编织物。"见德里达《延异》，《外国文学》2000 年第一期，第 75 页。

对德里达来说,恰好相反,如果万物保持绝对的差异就抽空了本体的优先性和决定性。

按照尼采的视角主义的观点,这两种非本体论的不同倾向也许就是他们采用的视角不同。对庄子的高空俯视视角而言,当然就是万物同一。德里达更接近一种平视的视角:不同的能指在一个横轴上无始无终地流淌,横轴的流淌过程也是差异的时间化过程。正是这种平面性的差异,垂直向上的超验和向下的深度都拔掉了,焦点性的中心也在水平的时间化过程中被瓦解了。但是,对庄子来说,这种俯视的视角,不仅导致了万物同一,与自由自在的大鹏相对的,还是尘世的蝇营狗苟,追名逐利,计算比划。所有这些是多么的渺小和琐碎!多么的有限和狭隘!在此,从高处俯视低处,就是以大看小,以自由观束缚。在此,越是高处,就越是大的,就越是广阔的,也就越是逍遥和自由的;反过来,越是低的,就越是小的,就越是狭窄的,也就越是受限制和受束缚的;在这个展翅高飞无拘无束的大鸟下面,是地上的各种小雀,是人间的各种狭小和自大。庄子正是根据这种高低俯视进行了一系列的垂直对照:"小知不及大知,小年不及大年"[1],"大知闲闲,小知间间"[2]。

这不仅是俯视,还是一种移动的俯视。因为高空俯视,它得出了万物齐一的结论,而因为移动,它获得了无限的自由。也许可以说,正是因为万物齐一,没有等级作为强制性的制约,

---

[1] 《庄子集解·庄子集解内篇补正》卷一,第2页。

[2] 《庄子集解·庄子集解内篇补正》卷一,第11页。

没有目的论的期待，才可以自由地游动——没有游动就没有自由。在这里，正是这种逍遥的移动（游），无目的大幅度的移动，使得俯视的视野无限地宽广，它不停地变换自己的视角位置，它可以将一切纳入到自己的俯瞰目光中，世间的一切都被这种目光所收纳，一切都在这里无差别地被对待和观看，这不仅仅是齐一，而且是世间万物齐一，是无限空间中的齐一。俯视的目光就此不再是具体的对象，而是囊括一切的万事万物，是海德格尔意义上的"世界"。当然，它也不是像基督教中的"上帝"那样俯视尘世。后者虽然有无限的俯视和洞察尘世的目光，但是，他本身并不移动，他是一个绝对的中心，他不动的目光是统摄万物的焦点，最重要的是，他有明显的善恶价值判断，他是一个充满责任的救赎者。而庄子展翅的大鹏是一个自由的无拘无束的灵魂，它不做判断，它洞悉一切，它只有嘲弄。这移动的整全性目光，同我们所提到的其他的俯视者都不一样，它不是一个安静的被固定在某个位置的沉默观众。也许正是这种身体和灵魂的自由，正是对各种尘世束缚的摆脱，它在自由飞翔的同时，也向下面的万事万物报以轻蔑的一瞥。

三

但是，还有与轻蔑的俯视相反的充满眷恋的俯视。我们在此可以谈论绘画中的俯视。中国历史上最有名的两幅画《清明上河图》[1]和《富春山居图》[2]都采纳了俯视的视角。这两幅画都是全景式的绘制，它们都试图将一个总体性的场景纳入到绘画中来，因此都采纳了长卷轴的方式来展开。《清明上河图》是对宋朝发达的都市汴梁（现在的开封）进行总体绘制。它力图再现一个城市的逼真场景。这是中国画中不属于主导性的写实风格。显而易见，如果采用平视或者仰视的话，东京的总体图景将无法再现，会有各种建筑和物件相互遮挡，只有俯视可以避免这样的麻烦。一旦是俯视的话，任何高大的建筑物，都可以暴露在人的目光之下，城市中的任何场景和细节都可以在俯视的目光下缓缓打开。这样，慢慢展开画卷的过程，就如同一只低空飞行的鸟在城市上空缓缓地飞翔而俯视下面的过程。因此，同庄子的大鹏一样，这不仅是俯视，还是移动的俯视，飞翔的俯视。但这样空中的移动俯视，并不是像庄子笔下的大鹏那样是以自由的精神对尘世投以藐视，相反，这样的俯视就是为了更好地观察尘世，是为了对世间进行逼真而完整的再现。俯视在此变成了一种观察和记录的技术，而绝无任何嘲笑世俗脱离世俗的精神，也绝非个人的各种抒情喟叹。城市，在俯视

1　《清明上河图》，是北宋画家张择端（1085~1145）唯一流传下来的作品，现藏于故宫博物院。这幅作品宽 24.8 厘米、长 528.7 厘米。作品以长卷形式，记录了中国十二世纪北宋都城东京（今河南开封）繁华的市井生活和街道景观。这幅巨幅杰作绘制了无数的人物，动物，物件，建筑，它们井然有序地不可思议地出现在这幅作品中，编织了一个既细腻又宏阔的史诗般的图景。并以此成为中国绘画史上的杰作。

2　《富春山居图》是元代画家黄公望（1269~1354）于 1350 创作的纸本水墨画。这张画因为一个偶然的原因被烧成了两半。前半卷"剩山图"收藏于浙江博物馆，后半卷"无用师卷"，现藏于台北故宫博物院。这幅中国历史上最著名的山水画作之一，是以浙江境内的富春江为背景，它的内容约 80% 为桐庐境内富春江景色，20% 为富阳景色。

目光的逡巡下如其所是地展示。正是这来自上面的目光旅行，城市的全景才一一呈现。俯视在此是一种严谨的探秘目光，它力求饱览一切。由此促成了这张绘画作品的不朽，一个繁华城市的充满细节的一天被一个俯视者无比耐心地记录下来。在这个意义上，它不仅仅是艺术杰作，同时也是历史巨著。

显然，这个城市不是一览无余地猛然间的全盘呈现（画卷有5米多长，不可能一下子被囊括到视野范围内），人们不可能一下子就把握了绘画的总体性，并且迅速地获得一个构图印象。这里，目光在移动，而且是连续地移动，长时间地移动，在一个横轴上均匀地移动，向一个未知的地带移动。目光移动就是对画面，对城市的未知部分的打开。看画的过程，如同视觉的历险，是一个不停地撞见意外的过程，是一个不停地探索的过程。城市就以复杂、曲折、绵延和幽深的方式在慢慢地敞开。正是这样一个对未知的探索过程，使得画面并没有一个绝对的高潮、焦点和明确预知的结局（我们甚至不确定我们的目光何时会终止。人们甚至难以确定现存的这张绘画是否是当初的完整绘画，是否被裁减过）。绘画没有重心——没有一个统一一切的绝对本体，画面中的每一个场景，每一个片段都可以获得自己的自主性，人们可以切断这一部分作为一张独立的画。它们可以独立地发生，而不受另外场景的影响；事实上，画面中的人物都沉浸在自己和自己四周的世界之中，它和远处的人们，远处的场景毫无瓜葛，对他们来说，画面上的远方场景丝毫不存在。但同时，每个场景，每个人物，即便自我沉浸，但也都是连接前后部分的过渡地带。一个场景和另一个场景有无法切断的空间联系。因此，每个场景同时是画面的中心和边缘：它自己的中心，它作为前后相续部分画面的边缘。没有哪个场景，哪个物件，哪个人物，凌驾于其他场景、物件和人物之上，没有一个场面能够掌控和支配另一个场面——绘画没有绝对的主角，没有唯一的聚焦点，我们要说，没有绝对的本体。绘画是无中心的绘画，城市是无中心的城市，空间是无中心的空间。它是一个均匀而缓慢流动的地带，甚至连时间都缺乏明显的确定性。[1] 在这个意义上，画面的每一个部分都类似于庄子式的万物齐一的，它们没有意义的高下之别；同时，城市是一个无景深的城市，它并不让自己在一个纵向深度上聚焦和消失，它不让城市以深度的方式凝聚起来，相反，它只是在横轴上无尽头地打开。在这个意义上，它又像德里达的"延异"一样，在时间和空间上不停地延搁，它不让任何一个焦点形成，或者说，它在焦点即将形成的时候，马上脱离这个焦点，城市以能指滑动的形式平面地延展，向外部延展。用福柯的说法，这是一个"界外"绘画。绘画在此获得了自己的时间性和运动感——绘画获得了自己的时间宽度，它不是被中心被焦点所统摄所聚焦所收纳的图像——我们要说，这是一张本体缺席的绘画。

在这个意义上，它和《富春山居图》有相似之处。《富春

---

[1] 围绕这幅画中所表达的时间，人们也展开了各种各样的争议。有人认为这幅画的季节是春天（即清明节这一天），也有人认为是秋天，甚至还有人认为是夏天。当然，还有人发现这张画在不同的场景表现的是不同的季节。也就是说，这张画中并没有一个统一的时间点。对此的一个解释是，画家张择端画这幅画经历了很长的时间，他在不同的季节画的时候，就画那个季节的场景，这样导致了画中时间的错位。绘画在这个意义上也是一个时间化的过程，一个没有时间焦点的过程。

山居图》同样也是一张长卷轴的山水画，它同样需要慢慢地展开。只不过，它展开的不是一个人工性的繁华城市，而是一个辽阔深远的自然景观。如果说，汴京这样的城市需要客观地描绘的话（人们甚至试图还原这到底是当年汴京的哪个地带，画中的人物和场景到底符合怎样的历史事实，人们将它既作为艺术品，也作为历史考据），那么，富春江一带这样的自然景观并非追求一种恰当而真实的再现，它几乎丧失了历史考据的功能。这些景观并不充实饱满，它甚至有大量的稀缺和空白。正是俯视的视角既让它保有模糊而暧昧的轮廓，也让它无比开阔，让它在一个有限的尺幅内来展示无限的空间。这是真正的"咫尺千里"。它如此宽阔，如此层峦叠嶂，如此路转峰回，如此疏密相间，如此浓淡交替，如此千秋万壑，如此神采焕然，如此大气磅礴而又如此纤细静谧，以至于人们的目光应接不暇。显然，这样辽阔而丰富的空间同《清明上河图》一样，并没有一个统摄性的焦点。画面有一个连接的整体，但是没有一个绝对的核心和高潮。山陵、沃土、云烟、茅庭、村舍、渔舟、林木、水波、飞禽以及潜隐其中的渔樵耕读，编织了一个和谐，散布和流动的画面，但这个画面没有一个收敛和汇聚的绝对之核。人们的目光无法滞留在画面的某一个焦点上。

缺乏单一的聚焦点，这是中国绘画的重要特征之一。对 15 世纪到 19 世纪的西方透视主义绘画而言，画面设想了一个占据固定位置的观众，这个观众的目光总是指向画面的某个确定的焦点。绘画因此在透视的目光下安静而确切地敞开它的景深。这个不动的观众在盯着一张不动的绘画，画面被单一的目光焦点所统摄。实际上，这个焦点正是绝对的中心，画面围绕着它有规律和计划地展开，我们可以说，这个焦点正是绘画的本体之所在，它是画面的根基，它是哲学本体论的绘画表达。在一个粗略的意义上，这正是中国绘画所缺乏的。就此，缺乏唯一焦点的中国绘画就体现了一种与西方完全不同的缺乏本体论的哲学。我们已经看到了《清明上河图》中的街道上的横向游走不断地对中心点的穿越：目光正是沿着河流和街道的横面而展开，是沿着街道上在发生的场景而依次展开。但这是一个现实场景，是对在场的实录，似乎有一个现实支点在主宰着它。人们通过观看这幅画来观看生动的场面，观看具体的街景，观看一个城市的现实，从而是对具体历史的触摸。但是，《富春山居图》则远不是现实的实录，它是非历史化的，它并不致力于一个确切的历史时刻，这山水风景既是瞬间的，也是永恒的。除了相近的缺乏同一个焦点之外，《富春山居图》和《清明上河图》还有很大的区别，它的画面内部不是像《清明上河图》那样依据逼真的现实而链接在一起，尤其不是依据活生生的事件场景组织在一起。它们甚至很难看作是一种地点和风景的自然延续。那么，这样宏阔的画面中到底存在着什么让人们的目光不停地移动？它如何在省略、空白，中断和各种异质性中编织一个动态和分布的总体性？也就是说，这些风景如果不是客观写实的话，那它们是如何连贯地组织起来的？事实上，这幅画包含了中国山水画中的诸多奥妙。朱利安（Francois Jullien）的研究非常有启发性：画面中的这些异质性和多样性并不归结到一个凝固的一般本质的名义之下。如果是这样的话，风景画就不会有流动的活力。相反，风景本身具有内在的能量，正是这能量贯穿了画面整体："风景作为气息—能量之具体化，在它的种种灵性形式里具象化，任由它的力线贯透，就像宇宙节奏透过世界动脉同样将我们贯透……风景诸形式诞生于气息—能量（气），它们因自身的变化（正是那些变化使得形式多样化并造成它们的丰盛性）而自身携带着作为'意义'—'意向性'的'意'，贯穿其中的特殊张力将它们舒展为多样化的倾向，从而仿佛吐露出某种希望存在于世—活在世上的意态。"[1]

正是这内在的能量使得各种异质性相互贯通、转化，画面仿佛有各种各样的出口和入口，仿佛有各种各样的视角。每一个出入口，每一个视角，每一个侧面，都涌入强烈的生命气息。这样充满流动活力的风景画，就构成一个类似于德勒兹意义上的"无器官的身体"。力的波浪在这绘画的身体里面无阻碍地流动以至于冲毁了任何的既定的器官构造。流动之力（对朱利安来说，是气）让画面成为一个异质性的关联总体。正是气的生机勃勃的流动，任何统摄性的本体都坍塌了，但是，它并没有瓦解成凌乱的碎片。《富春山居图》越是开阔，它的气场就越是硕大，它的流动路径就越是繁复，它的能量就越是充沛，它的异质性和多样性就越是丰饶，它的世界和宇宙因此就越是气象万千。它不仅仅是目光所观看的外在对象，它无限的能量仿佛有一种巨大的吸附力，邀请人们栖居其中，这是应当居住的绘画。最后，让我们回到张择端和黄公望的俯视的目光吧。

---

[1] 朱利安《大象无形》，张颖译，河南大学出版社 2017 年，第 304~305 页。

对张择端而言，《清明上河图》俯视的目光同时是艺术的和史学的：逼真而完美的艺术，客观和公允的史学。这是艺术和史学的双重目光的伟大汇聚。而黄公望的目光，饱含着眷恋和赞叹：对人生的眷恋，对宇宙的赞叹。如果说庄子的俯视是对地面和尘世的蔑视和傲慢的话，那么，黄公望的俯视则是对美和大自然情不自禁的一遍遍地抚摸。

培根与当代艺术的肉身转向

人们对英国画家培根的兴趣与日俱增。其中一个重要原因也许是，培根是20世纪最重要的用绘画的方式来探索身体的艺术家，就像阿尔托最先用戏剧的方式，巴塔耶最先用哲学的方式来思考身体一样。阿尔托和巴塔耶尽管视角和方式不一样，但他们几乎是同等地对20世纪60年代之后的法国哲学产生深远的影响：福柯、德勒兹、德里达和鲍德里亚等人正是以他们为根基打开了哲学一个复杂而丰富的身体维度。但是，有点奇怪的是，法国当代艺术并没有和这条显赫而有冲击性的哲学轨道并驾齐驱，仿佛这些哲学思想被隔绝在法国艺术的大门之外。相反，英国的当代艺术一直在身体领域反复地摸索、尝试和探险，他们在画布上或者行动上进行五花八门的激进的身体实验。他们如此地大张旗鼓，但是，同样奇怪的是，他们这样的实验好像完全激发不起英国哲学（理论）的兴趣。英国哲学（理论）对此也关上了大门。英国这样的身体艺术实验，只是和同时代的法国哲学产生共鸣和呼应。如果说，法国存在着一个以阿尔托和巴塔耶为开端的身体哲学传统的话，那么，在英国，同样存在着一个以培根和他为代表的伦敦画派为开端的身体艺术的传统。

这样说，并不意味着英国的身体艺术（我们姑且这么称呼这一培根式的英国艺术潮流）是法国身体哲学的一个实践案例，是法国哲学的一个附和式的艺术演绎。实际上，我们并不清楚，培根是否了解阿尔托和巴塔耶的著作（培根比这两个人小十多岁，几乎可算作是同代人）。但他们毫无疑问置身于一个共同的后尼采的"身体转向"氛围之中。英国艺术和法国哲学的关系，用本雅明的说法，也许是一个翻译关系。如果说，身体是一种"初始语言"的话，那么，从20世纪四五十年代开始的法国哲学和英国艺术都是对这种初始的身体语言的不同翻译：有一种对身体的英国艺术翻译，有一种对身体的法国哲学翻译。正是因为对这同一种初始的身体语言的不同翻译，这二者之间也达成了一个缝合和互补的关系：身体艺术和身体哲学相互缝补在一起，才构成一个完整的欧洲二十世纪身体转向。德勒兹在1980年代论述培根的书，实际上就是做的这种缝合工作，他让培根和阿尔托相互翻译相互补充相互完善：他们都是对肉体痛苦和欢欣的不同表述，都是同样的"无器官身体"的不同展演。我们也可以把这本书，当作是德勒兹自己对培根的翻译，自己对培根的补充，或者说是让培根来补充、完善和验证自己，让培根成为自己的差异性的重复的一环。我们也可以说，德勒兹是在英国艺术中（正如他在美国小说中一样）发现了同时代的法国哲学，在法国哲学中找到了同时代的英国艺术。

在中国，这个法国哲学的身体转向已经得到了很多研究。但是，英国艺术的身体转向还没有得到系统的考察——这就是范晓楠这本《20世纪的肉身转向》的主旨所在，也是其意义所在。培根在这个肉身转向中是无可置疑的主角。在这本书中,他处在三条线索的交汇点上。第一个是横向的艺术线索。在此,培根和他的同时代艺术家相互交叉,他和第一代伦敦画派的密切关系,他和弗洛伊德的关系,以及与他稍早一点的毕加索和贾科梅蒂的关系得到了澄清和肯定——我们可以说,培根正是在这个线索中发展出自己的绘画风格的。培根自己承认,毕加索对他产生过很大影响。人们可以指出毕加索无数的非凡创造,但是,对于培根来说,毕加索对人体结构的探讨至关重要。毕加索也许是直接画出了人体内在性的画家。如果说,欧洲有一个漫长的肖像画传统的话,这个传统总是试图通过肖像人物的外在性来表达内在性。人们总是画出了人可见性的脸、目光、姿态等外在性从而表达出他不可见的内在性——这种内在性总是关乎他没有形状的情感、灵魂、精神等等隐秘一面。这个传统假定人是灵魂的存在。肖像画的根本目标是要对此进行准确捕捉,要画出一个人的肖像就是要画出他的灵魂——灵魂通过面孔往外涌现。伦勃朗是这种绘画传统的巅峰,他是自我灵魂的绘制大师。在伦勃朗的肖像画这里,面孔是历史的晶体,是将个体整个过去汇聚和浓缩起来的结晶体。一个人的全部过去以及在此基础上形成的灵魂都涌现在那张结晶的面孔上来,这样的面孔就是灵魂一览无余的展示。

但是,在毕加索那里(甚至在更早的塞尚那里已经出现了端倪),这样一个有关灵魂的肖像画传统终止了。毕加索以全新的方式来画人物,他劈开了人物,他拆毁了人的结构,他不是描摹身体的表面,而是让这种身体的结构关系直接暴露出来。

对他来说，存在着一种内在性，但它不是灵魂和心灵，而是被皮肤和肉所隐藏的身体结构。他画出了这种隐蔽的结构，他让这种隐藏的结构和表面的身体并置起来，让它们同时变得可见，或者说，他将内在性和外在性进行并置。他将身体看作是一个机器化的配置，将这个配置打开，拆散，然后又重新摆放和组装在一起。我们不仅看到了表面的配件还看到了里面的配件，不仅看到前面的配件还看到了后面的配件。就此，毕加索将客体从人们的透视暴政中解放出来。如果说，塞尚是通过对客体进行知觉悬置来撬动透视神话的话，那么，毕加索则是以分解客体的方式来摧毁透视的暴政。他拆毁了客体，从不同角度观看客体，重新组装和拼贴客体，这是拆毁和组装的过程。毕加索绘制的是这个过程。

也许正是这一拆毁和组装的过程对培根产生了至关重要的影响。培根同样也将人体看作是一个过程，不过，这不是一个毕加索式的剖析，拆散和组装的机械化过程，而是一个不停地扭曲的过程，是一个展开折叠再展开再折叠的连续不停的过程。这是肉的撕扯过程，是肉的不断遭蹂躏而动荡而起伏而喊叫的过程。在培根这里，人体不再是一个结构，至少不是一个机器化的结构，人体是骨头和肉交织而成的整体，骨头和肉不可被切分，人们的痛苦和快乐就是这样一个整体身体的痛苦和快乐。伦勃朗的内在灵魂被培根的肉身彻底吞噬了——培根剔除了这个内在灵魂，对他来说，一切都是肉身。人的痛苦，它的动荡、起伏和扭曲，是肉和骨头这一身体整体的痛苦，是这一整体的动荡，起伏和扭曲，是全部的肉的扭曲。培根继续了毕加索剔除灵魂和心灵的努力，但是，它在毕加索的基础上添加了肉体这一维度，机械身体变成了肉的身体，可以组装的身体变成了扭曲缠绕的身体。如果说我们在毕加索的身体中看到的是机器，那么，我们在贾科梅蒂那里看到的是骨头。贾科梅蒂这里没有肉，肉从骨头上被剥光了；我们在弗洛伊德那里看到了肉，但没有看到骨头：肉太过肥硕了，它拼命地鼓胀以至于骨头被包裹得太深好像不存在似的——这是肉对世界的显现的敞开；肉是世界的中心。而在贾科梅蒂那里，是骨头和世界的撞击，是世界对没有保护没有缓冲地带的骨头的残忍冲撞。或者也可以说，是这世界剥去了人的肉。在贾科梅蒂和弗洛伊德之间的是培根：肉和骨头是一体化的共在，肉被切割，但是还没有彻底地剥光；骨头被敲击，但还没有彻底粉碎；器官被移位，但还没有彻底地失效。

但，培根的这肉身为什么会扭曲？为什么会像旋涡一样地剧烈地旋转？为什么会破裂和撕开？为什么会布满各种豁口，孔洞和伤疤从而引发人的不安？为什么会让器官失效、变形或者错位而成为"无器官的身体"？这就是因为力灌注其中。这是充斥着力的身体，在这些作品中，我们看到了不可见的力和能量。

正是在这里，我们回到这本书的第二个线索上来。这种灌注力的身体，不就是尼采的身体概念吗？对尼采来说，身体就是一个力和力的对抗战场，是狄奥尼索斯式的对生命的毁灭和肯定的永恒轮回式的悲剧剧场；也是阿尔托以血为标志的恶在努力运转的残酷剧场；也是巴塔耶让亵渎之物侵蚀圣洁之物进而让这二者保持一种奇怪的既充满敌意也充满亲密关系的神圣剧场。这是活生生的肉的世界，也可以根据梅洛-庞蒂的说法，将这说成是世界之肉。这是肉的动荡的世界剧场。这是肉的本体论。正是力在肉中的穿梭、挤压、撞击和斗争，使得肉和骨头不停地扭曲、起伏、翻转、轮回、折叠。内在性和外在性的界线再一次被取消，骨头和肉的界线被取消，头和躯体的界线被取消，器官和器官的界线也被取消，身体失去了其中心性和层次感而变成一个混沌的身体，一个备受折磨但似乎也充满悖论地在享受折磨的身体。一个同时是施虐和受虐的身体。一个完全被力所驱动的充满强度的过程化的身体。培根采用三联画的方式让这个身体过程拉长，让它起着变化，让它的强度、差异和时间得以绵延，最终要让这个肉体剧场获得一个时间和空间的框架，同时也让它们被栅格化和永恒化。这些画面就是这各种力的表演和角逐的混沌场所。培根让各种力自如地不受约束地驱动，从而导致一个极限的疯狂的屠宰世界。在这个世界中，肉是核心。这就是德勒兹所说的，培根画出了可见的肉身，但是，也画出了不可见的力。力和肉成为核心，这个屠宰世界就并不意味着痛苦的充斥，它有时候也布满欢乐。这是德勒兹式的欲望生机论，也是梅洛-庞蒂式的肉的现象学；是阿尔托式的"无器官的身体"，也是巴塔耶式的邪恶之躯。范晓楠就是这样让培根和法国哲学勾连起来——她让法国哲学解释和翻译培根，也让培根解释和翻译法国哲学，正是这样的相互翻译之后，一个完整的身体和生命概念出现了——这是这本书的重点所在。也正是在这里，与身体有关的艺术和与身体有关的哲学牵连在一起了。这是这本书的第二条艺术和哲学的连接之线。

培根这种肉的主题，毫无疑问对后世的艺术家产生了巨大影响——这就是这本书的第三个线索。这些影响有些是直接的，有些是间接的。对血和肉、对死亡和生命，对暴力和残酷，对与一切破碎而扭曲的身体的兴趣在二十世纪后半期的艺术潮流中占据着醒目的位置。我们当然不能说所有这些和培根都有直接的关系，但毫无疑问，培根（以及受他影响的弗洛伊德）是一个至关重要的源头。这本书的后半部分讨论了与此相关的艺术家。其中包括大名鼎鼎的英国的YBA(英国青年艺术家)流派及其中坚人物达明·赫斯特。他们当然是培根的英国传人。培根也罕见地对达明·赫斯特表达过认可(除了毕加索和杜尚之外，培根几乎没有认可什么艺术家)。培根仿佛是将肉身的闸门打开了，年轻的YBA将培根那些混沌肉身的主题和形式夸张性地扩大了，他们对这类残酷的肉身表现出强烈的痴迷。几乎是在培根去世前后的1990年代，YBA开始出现。他们和培根的关系非常复杂：一方面，是培根打开了一扇肉身大门让他们得以在这个领域自由地呼吸；另一方面，培根又构成了一个他们需要去跨越的界线。这些年轻艺术家因此要想尽各种方式摆脱培根。

同样是身体和生命，但是，YBA这里，生命的探讨几乎没有任何禁忌，也因此没有任何张力。在这里，生命得到的几乎是直白的宣示：骷髅、死亡、尸体、残疾、药物、灾异、暴力和战争等主题和意象受到了这些年轻一代的偏爱。对这新一代的艺术家来说，这是生命的暗面，但是更有力量的一面，更具有原发性和创造性的一面——也可以说，是生命更逼真的一面。这当然是从培根和第一代伦敦画派那里学到的重要一课。这就是 YBA 和赫斯特所刮起来的视觉风暴。他们的形式也远不是绘画了，大量的装置、雕塑、行为、表演和影像，更加赤裸更加直截了当也更加触目惊心。反过来，这些作品也更少隐喻、更少隐晦、更少隐私、更少张力和更少禁忌。他们一目了然。他们充满强度，但是撕扯掉了培根画面上的那些忧伤和隐秘的光晕。他们和培根的不同（实际上他们每个人之间也不同）在于，培根的画面上有紧张和收缩的一面，那种扭曲正是收缩和抑制，也正是收缩和抑制这一面让培根的作品获得了充沛的张力和激情。也正是这收缩和抑制，让培根的无声喊叫显得异常地刺耳。他身体的扭曲与其说是死神的光临，不如说是努力摆脱死神的生命挣扎。这是生死之间的大战。我们可以说这是培根的生命意识。我并不是说后来的艺术家没有这样的生命意识，我只是说，YBA 以及其他相关的身体艺术家，更强调身体的表演特征，强调肉身的景观化特征。哪怕是死亡和暴力，也是展示性的死亡和暴力。

为什么会有这样的差异？这或许是当代艺术的迫切律令，一个资本主义表演艺术的律令，在这样一个艺术律令的要求下，牺牲和死亡，暴力和悲剧也不免陷入消费主义的逻辑之中。不过，无论如何，这个与身体相关的艺术潮流终于在二十世纪开启了它的恶之花之旅。培根站在这个艺术潮流的开端，但他不是波德莱尔式的探索现代生活的现代主义英雄，而是尼采式的不倦地探索现代人性秘密的后现代英雄。

Ⅱ

物 质

物的转向

一

探讨知识，实际上就是探讨物的知识。如何去探讨知识？对于唯理论而言，经验并不重要。存在着一种不依赖于任何经验的知识，一种纯粹的知识，一种先天判断。但是，反过来，对于经验论而言，一切知识都只是经验性的，都是从经验开始。没有经验，就没有知识。在唯理论和经验论的持久恶斗的背景下，康德提出了他的先天综合判断。他对二者都提出了批评。他试图要将二者的局限性同时克服掉：知识确实是被经验到的，但也确实是有其普遍性的；也可以颠倒过来说，知识确实是普遍的和先天的，但也确实首先是通过经验的方式体验到的。稍微具体一点地说，在康德这里，经验论者经验到的是知识的内容，唯理论者演绎出的是知识的形式，前者的知识缺乏形式；后者的知识缺乏内容。康德的目标是要让唯理论和经验论相互补充，从而弥补对方的漏洞。反对唯理论，康德认为没有经验的知识是不可能的；反对经验论，康德认为，普遍的先天知识是可能的。他旨在将知识的形式和内容结合在一起：知识既是经验到的，同时也是先天的和普遍的。如果对客体无任何的具体经验，如何获取关于对象的一般知识？同样，如果没有普遍性和必然性，没有先天的判断能力，关于对象的具体经验如何才能构成一种知识？因此，康德的最终发现是，知识是经验到的世界的先天知识；也可以说，先天知识是被经验到的。

但是，到底如何去获取这种客体的知识呢？也就是说，获取客体的知识的路径是什么？在康德这里，问题不再是确定物或者客体到底是什么？物的本质为何？而是要确定我们到底是如何去接近客体或者物的。也就是说，"物的具体知识是什么"这样的问题，被置换成"主体如何去获取物的知识"这样的问题——在探讨物的时候，主体作为一个重要的关联项出现了。因此，讨论主体的问题，更恰当地说，讨论一个认知主体的问题就变成康德的重要问题了。

不过，康德将这个问题高度复杂化了。他同时将客体（物）和认知主体区分为多个面相。就客体（物）而言，可以被划分为两个层面：物自体（Thing-in-itself）和物的现象；就主体的认知能力而言，可以划分为三个层面：感性（sensation）、知性（understanding）、理性（reason）。也就是说，主体的三个认知层面，面对客体的两个层面，它们会发生一种什么样的关系？

在讨论这个问题之前，我们首先要明确，物的现象和物自体是什么关系？在康德看来，物的现象则是由物自体对认知主体感官的刺激而产生的印象。也就是，物自体通过人的感觉呈现了自己的现象，在此，物自体只有刺激作用，它刺激了感官，让感官获得了对象和材料，这就是物的现象的产生。物自体通过刺激感官而产生了现象，但它本身并不是现象。主体的认知总是在现象这个层面上展开，而无法进入到物自体这个层面。不过，物自体不能被认知，但决不意味着它不存在。因为感官是由它所刺激的，现象是它产生的。这就是康德对物自体的一个基本判断：物自体存在着，不能被主体把握，不能被主体赋予和获取知识。我们感觉到的，我们能够认知的，我们的认知结构和能力所能捕捉到的只是物的现象。康德对此说得非常明确："现象领域之外的范围（对我们来说）是空的。"现象"仍是唯一能够被给予我们认识的东西"。"至于物自身是什么样子的，则完全处于我们的知识范围之外。"[1] 在这个意义上，物自体给知识设定了一个限度，知识并非无所不能。对物自体而言，知识无法接近它，抵达它，攫取它。物自体成为一个神秘的渊薮。物自体和现象，也因此同认知之间就此存在着一条巨大的无法跨越的沟壑。

知识只能在现象和经验的范围内驰骋。那么，它到底如何去认知物的现象呢？这正是康德在《纯粹理性批判》中讨论的主要问题。他将主体的认知结构划分为三个层面：感性、知性和理性。什么是感性呢？感性正是和物的现象打交道，它是对现象的认知，因此，它是经验性的。但是，感性却不仅仅是经验的，它也包含着先验的因素，即时间和空间的纯粹直观。也就是说，感性意味着人用他先天的时间和空间去框定现象了。它在同现象发生经验遭遇的时候，不是被动地去感知，而是主动地先验性地赋予现象以知识。而知性更进了一步，它是感性

---

[1] 康德《纯粹理性批判》，李秋零译，中国人民大学出版社 2004 年，第 199 页。

的深化，它拥有各种先验的范畴和概念，它是人心灵中的先验能力。相对于感性而言，它具有因果的推理能力。"感官向我们表现出对象如它们所显现的样子，知性却表现出对象如它们所是的样子。"[1]尽管如此，知性也只能认识现象，而不能认识物自体，也就是说，知性也只能在经验范围内运用，"任何时候只能经验性地运用"。它"不能跨越感性的限制"，"只能阐明现象的一些原则"[2]。这样，感性和知性，都只是在物的现象的层面上展开。就此，知性和感性配合在一起对现象进行认知。感性提供了现象的经验，并赋予它以时空形式使之成为客体。但它没有获得概念，它还构不成知识，而知性则通过它的先验能力，即诸多范畴和概念，对这些经验客体，对这些纷繁杂多的现象，进行加工分类，使之成为确定的知识，使之成为一种经验性规律。知性的先验概念能力和感性的直观经验就此结合起来，因此，"知性和感性在我们这里只有结合起来才能规定对象。如果我们把它们分开，那么我们有直观则无概念，或者有概念则无直观，而在这两种情况下我们所具有的表象都不能与任何一个确定的对象发生关系"[3]。

那么，理性呢？康德将理性视作认识的最高阶段。如果说感性的工具是直观，知性的工具是范畴，那么，理性的工具则是理念。它们是逐步递进的。正如感性是知性的对象一样，知

---

[1] 康德《纯粹理性批判》，邓晓芒译，人民出版社2004年，第233页。

[2] 《纯粹理性批判》（人民出版社2004年版）第223页。

[3] 《纯粹理性批判》（人民出版社2004年版）第234页。

性是理性的对象。知性对感性的现象进行加工，理性则对知性的概念进行整理，从而完成知识的系统化。因为，知性自身并没有统一化，它只是通过概念进行的序列连接。而理性的理念"设定了知性知识的完备的统一，由此这种知识就不只是一个偶然的聚合，而成为了一个按照必然法则关联起来的系统"[1]。因此，理念是一个通盘同一的概念，是一个将知性的概念进行整理从而试图让它们达到通盘统一的概念。因此，它想达到的是一个整体性知识，也是千差万别的知识都可以从中推导出来的共同原则（这或许是福柯的"知识型"概念的一个重要来源）。理性对知性知识起到调节和系统化的作用。如果说感性和知性同时包括经验的和先验的话，它们都是将经验的材料进行先验的处理的话，那么，理性则完全是先验的，它的认知与经验毫无关系。

显然，这样的理念知识是普遍性的，它是具体性知识的基础，也就是说，它超越了具体性，因而是绝对的，无条件，超越任何经验的知识。既然是绝对的无条件的知识，超越了任何的经验，那么，它从哪里来呢？它绝不应该从某一个现象而来，因为凡是从一个现象而来的知识必定是具体的知识，是某一种知性知识。它是有限的知识。那么，这种理性如果要去获得无限和绝对的知识的话，它就只能超越具体的现象，只能去逼近物自体了。它务必要从物自体而来——事实上，也正是物自体决定了现象。但是，康德反复地判定，物自体绝对无法为人们所认知，人们

---

1 《纯粹理性批判》（人民出版社 2004 年版）第 507~508 页。

的知识对象只能是现象,也就是说,只有触及到现象世界的感性和知性才能去认知。物自体在人类的知识面前披上了自己永恒的黑暗面纱。知识不可能揭穿它。感性和知性在它这里止步不前。同样,试图获得绝对知识的理性也在此止步不前。但另一方面,认知的最高层次,作为感性和知性的递进版的纯粹理性,有着强烈的对绝对知识的要求,有强烈的认知无限性的自然倾向,绝对知识对它来说是一个巨大的诱惑,纯粹理性需要得到纯粹知识的彻底满足。因此,尽管物自体拒绝了它,但它还是充满着去探究物自体的激情。物自体和纯粹理性之间就此构成了一个难以调和的矛盾——一个拒绝被认知,一个死活要去认知。为了解决这个矛盾,为了让物自体和理性都得到满足,这二者都要自我改变。既然无法去认知物自体,但又要接近物自体,那么,恰当的方式,就是让知识给信仰腾出地盘。知识达不到的地方,信仰总是可以达到的。就此,理性可以去信仰它,而不是去认知它,这也内在地要求,纯粹理性要向实践理性转化,理性的认知能力转化为理性的实践能力;而反过来,物自体既然不可认知,它绝非知识的客体,但是,它可以配合实践理性成为信仰的客体。它因此由一个知识的范畴而变为一个道德的范畴。尽管它"不可达到,不可证明,不可许诺,但它被看作是一个安慰,一个义务,一个命令"[1]。也就是说,知识的无能,可以促发信仰的效力。只有这样的双重转换,纯粹理性转化为实践理性,认知客体转化为信仰客体,理性和物自体的关系才

---

[1] 尼采《偶像的黄昏》,周国平译,光明日报出版社1996年,第26页。

能达成。物自体就此成为道德范畴和信仰客体，这也正是海德格尔所说的，物自体这一超感性领域"并不是根据哲学上的认识原理而进入康德哲学中的，而是依照未曾动摇过的基督教神学的那些预设而进入康德哲学中的"[1]。物自体难以脱离神学的阴影。尼采对此的评论是，物自体"本质上仍是旧的太阳。但被雾霾和怀疑论笼罩着。理念变得崇高、苍白、北方味儿，哥尼斯堡味儿"[2]。

就此，在康德这里，我们一方面看到物分为物自体和物的现象——现象交给了认知，物自体交给了信仰而"成为一个安慰"。也就是说，物同时成为纯粹理性和实践理性的对象，同时是知识和道德的对象。在知识难以抵达的地方，道德对它进行了观照。就此，知识绝非无所不能。物以其神秘的晦涩抵挡知识的探究。它开放给了宗教般的信仰。

但是，如果单纯回到知识对象，也即物的现象的层面的话（而暂时将晦涩的物自体和实践理性弃之一边），另一个重要的问题即是，康德使得认识过程发生了巨大的变化，即不再承认客观之物的首要地位。康德在《纯粹理性批判》中全力以赴地分析的认知的几个层面，就是要表明认知主体的主动性。也就是说，物（无论是现象还是物自体）之所以成为物，之所以获得它的知识，就取决于主体的先验的认知规律。对康德之前的唯物论而言，物有巨大的自主性，它沉默地沉睡着，等待着认知主体

---

[1] 海德格尔《尼采》，孙周兴译，商务印书馆2002年，第228页。

[2] 《偶像的黄昏》第26页。

小心翼翼的挖掘，等待着认知主体去谦卑地适应它，去接近它。在此，认知主体的知识的获取，就是被动地去适应客观之物。"向来人们都认为，我们的一切知识都必须依照对象；但是在这个假定下，想要通过概念先天地构成有关这些对象的东西以扩展我们的知识的一切尝试，都失败了。因此我们不妨试试，当我们假定对象必须依照我们的知识时，我们在形而上学的任务中是否会有更好的进展……如果直观必须依照对象的性状，那么我就看不出，我们如何能先天地对对象有所认识；但如果对象（作为感官的客体）必须依照我们直观能力的性状，那么我倒是完全可以想像这种可能性。"[1] 康德的意思是：我们关于物先天地认识到的，只是我们自己放进它里面去的东西，只是我们的直观能力的投射。相对于传统的唯物论而言，这是一种主客体关系的颠倒。主体的认知结构具有一种强大的自主力量。它有一个先验的形式，来给自然和物立法，在此，认知的力量来自于主体，也就是说，物的现象，是主体的认知产物。具体地说，感性和知性结合在一起，形成了主体一个强而有力的独特的认知结构，它们内在于主体自身，并且先于一切经验。经验对象必须符合这些先验的知性规则。现在，不是让主体去适应对象，而是让对象来适应主体，让物围绕着主体来转动。这就是康德所谓的哥白尼式的革命。尽管主体和客体之间颠倒了原有的秩序，但是，它和客体之间的对立关系并没有消除，只是物的知识的奠定开始转移到主体身上来。也就是说，对物的认知，必

---

[1] 《纯粹理性批判》（人民出版社 2004 年版）第 15 页。

须遵照主体的规则。自此，物被夺取了自主权，成为主体的受动对象。自此，物总是在主体的参照下来书写自己的命运。

二

这种将主体和物对立起来的趋势愈演愈烈，主体越来越强化自己的主动性，他让自己获得一个强劲的立场，他开始有了自己的地位，他有意识地占有这一地位，并赋予自己特殊能力，从而将对象、将世界、将万物整体赋予一个尺度。他面对着这万物，并且将它们强行地拉到面前，强行与之发生关系，目的就在于支配它——这是康德强调主体原则以来的一个大趋势。到胡塞尔这里愈演愈烈，外物如果没有被主体的意向性所捕捉和投射，它就是一片黑暗和混沌，唯有主体意识才能敞开它，组织它，赋予它秩序和意义。主体和万物的支配和对抗关系达到了一个高潮。这个过程，也是一个现代所特有的历史现象。主体面对客体的这一强势形象，既不同于古代，也不同于中世纪。在古希腊，不是人直观和面对万物，而是相反，是万物直观人，将人引入它的敞开性中，将人扣留，将他接纳，包涵和保存。而在中世纪，人是上帝造出来的某个等级系列中的一员，他不过是造物主的产物。而现代的主体对万物的宰制性表象，用海德格尔的说法，就是把世界把握成为一个图像。人将万物推到了一个对立面，并不断地对它进行表象，不断地为它勾画形象。也就是说，人成为主体，和世界被把握、被表象为一个图像是同一个现代过程。"对世界作为被征服的世界的支配越是广泛和深入，客体之显现越是客观，则主体也就越主观地，亦即越迫切地突现出来，世界观和世界学说也就越无保留地变成一种关于人的学说，变成人类学。"[1] 研究的兴趣也转向了主体。人和客体的距离越来越大，越来越对立，人的优越地位越来越强，结果就是，哲学解释就是"从人出发并且以人为归趋来说明和评估存在者整体。"在这个意义上，客体或者物就遭到了贬损，作为图像的世界遭到了征服。只要人的主体地位越来越专横，客体和世界的地位就会越来越被动。于是，"人施行其对一切事物的计算，计划和培育的无限制的暴力"[2]。而科学和技术深化了这一暴力，是这一暴力征服的最不可缺少的，最迅猛的决定形式。人神气活现地成为地球的主人，物和大地因此惨遭厄运。反过来，这也是主体的厄运——因为人过于自信，以至于它将周围的一切都看作是自己的制作品。"仿佛人所到之处，所照面的还是自身而已……但实际上，今天人类恰恰无论在哪里都不再碰到自身，亦即他的本质。"[3] 这正是海德格尔看到的危险。

这是现代哲学的主体原则膨胀引发的一个后果。它的核心就是将对客体的关注转移到主体身上来了（海德格尔所说的人类学），或者说，让客体去符合主体，让主体为客体立法，让主体去表象客体。这就是康德的哲学革命带来的后果。我们可

1　《海德格尔选集》第 902 页。

2　《海德格尔选集》第 904 页。

3　《海德格尔选集》第 945 页。

以在这个背景下理解海德格尔关于"物"（Thing）的思考。对康德而言，他一方面相信人对物的现象有主动的认知能力，另一方面又相信物自体是外在于人的，是与人的认知无关的对象，是一个自在之物。而无论是将物（现象）看作是人的被认知对象，还是将物（物自体）看作是独立于人的认知的神秘理念，人和物的关系都不是一种切近关系。对海德格尔来说，要克服形而上学的对象化暴力，要扭转世界的图像化这一过程，要将人类中心论根除掉，就要重新思考物。或者说，重新思考物和人的关系。海德格尔通过一个壶来展开他的分析。海德格尔相信，壶的本质不是它的外观，不是它得以构成的材料。壶之所以为壶，或者说，壶的物性因素就在于，它作为容器而存在，"在于有容纳作用的虚空"[1]。

容纳，无非就是对注入壶中之物的承受，也是对注入壶中之物的保持。壶被注入，对注入之物的保持，从根本上来说，就是要倾倒，"壶之为壶，就取决于这种倾倒，作为这种倾倒，容纳才真正地如其所是，从壶里倾倒出来就是馈赠。在倾注的馈赠中，这个器皿的容纳作用才得以成其本质"[2]，而馈赠，既可以是酒也可以是水。而无论是水，还是酒，都将天空和大地连结在一起了。水来自于大地，大地却被天空的雨露所浇灌。酒来自葡萄，而葡萄同样被大地所孕育，被阳光所照耀。如果说，壶的本质是馈赠的话，那么，在这种馈赠品（水和酒）的本质

---

1 《海德格尔选集》第 1169 页。

2 《海德格尔选集》第 1172 页。

中,"总是栖留着天空与大地"。不仅如此,馈赠总是人的饮料,而酒也是神的祭品,甚至是,壶的本质就体现在对神的祭酒的馈赠中。这样,在赠品中,不仅大地和天空在此逗留,人和诸神也在此逗留。"在倾注之赠品中,同时逗留着大地和天空、诸神和终有一死者。这四方是共属一体的,本就是统一的。它们先于一切在场者而出现,已经被卷入一个唯一的四重整体中了。"[1] 这四方甚至不能区分开来,提到每一方都会想到另外三方,它们是一个整体的映射游戏,每一方都不会固执地坚持自己的独立性,每一方都在游戏中映射着其他三方,它们相互开放,相互转让,相互依偎,一起共舞,这四方就在这个游戏中,在这个圆舞中构成一个不可分的整体纯一性。

而这一切正是通过壶的聚集作用产生的。"这种多样化的质朴的聚集乃是壶的本质因素。壶的本质乃是那种使纯一的四重整体入于一种逗留的有所馈赠的纯粹聚集。"[2] 壶的这种本质,这种聚集,海德格尔就称之为"物"(Ding),物的本质就是聚集。物就是聚集,它不是现代哲学意义上的被表象的对象,不是主体要面对要驾驭要征服的客体。正是物的聚集,使得天地人神相互趋近,使它们融入一个整体之中。它们安然地亲切地毫无隔膜地居留在物之中。也正是这样,正是这天地人神四方的映射游戏,正是它们彼此环绕的熠熠生辉的舞蹈,正是它们舞蹈着的轻柔和诗意,物才得以出现,得以发生。

---

[1] 《海德格尔选集》第 1173 页。

[2] 《海德格尔选集》第 1174 页。

如果说，康德是将物（无论是可知的现象还是不可知的物自体）作为人的外在对象来对待并且要奋力去征服的话，那么，海德格尔对物的思考刚好相反，天地人神作为一个总体都被物聚集起来。人（连同天地神）在物的怀抱之内，或者更恰当地说，人和天地神的游戏就是物的运作，就是物的物化。物无论如何同人不是一种对立关系，也无论如何不是人要去探究的知识对象，相反，它类似于一种栖居之地，一种神秘的容纳性的家宅，一个四方和谐其乐融融的温柔之乡，它是一个微观世界，但也是一个宏阔的世界。它的目的就在于拒绝将世界清晰地图像化，就在于拒绝科学和技术对物的强制性开采，拒绝主体的自负和傲慢。在此，物是保护性的，既是对它自己的保护，也是对一个更广泛的四重世界亲密如一的保护。它需要被轻柔地呵护，而不是被猛烈地开掘，在此，主客体的对立，将世界条分缕析的科学整理，都在物的容纳和馈赠的愉快游戏中分崩离析了。

三

海德格尔在强调现代的自大的主体时候，提出了一个明确的问题："人是作为局限于他的任性和放纵于他的专横的'自我'，还是作为社会的'我们'；是作为个人还是作为社会；是作为社会中的个体，还是作为社团中的单纯成员；是作为国家、民族和人民，还是作为现代人的普遍人性？"[1]如果说，康德是将这样的主体限制在一个抽象的人的范畴的话，这个主体是毫无历史感的和社会性的人的话，那么，海德格尔意识到这样的主体可能是历史性的，甚至可能是集体性和社会性的。

从这个意义上来说，海德格尔预见到了日后一部分人的工作。这即是社会建构主义者的工作。在赋予客体以主体的知识方面，他们是康德的信徒。不过，他们对康德发端的建构主义进行彻底的激进化，将这种建构论推向了一个相对主义的极端。他们相信，客体的知识是被人为建构起来的，它们并不占有一个绝对而唯一的真理。有关客体和物的知识甚至是一种人造的信念，它们自身毫无立法的根基。就此，科学知识同宗教信仰并无本质的不同。但同康德不一样的是，客体的知识不是类似于康德那样的抽象主体去建构的，而是一个综合的组织化的社会集体去建构的。如果说，康德苦心探讨的是，客体知识是如何通过复杂的人的认知机制和心灵机制来确定的话，那么，此处要探讨的是，客体知识是如何通过复杂的社会机制来确定的？具体地说，是如何通过科学家的科研活动这种社会化实践来确定的。就此而言，科学既不自然，也不客观，它也是一种建构起来的文化，科学知识就是文化知识。如果说，康德将客体研究的重心转移到主体上面来的话，而这里则是将客体研究的重心转移到社会上面来了。应该对科学知识进行社会学研究——这就是发源于爱丁堡大学的科学知识社会学（Sociology

---

[1] 《海德格尔选集》第902页。

of Scientific Knowledge, SSK）的主张。他们确信，有关客体的科学知识取决于科研活动，不同的科研活动和实践导致了不同科学的产生。科学活动本身就是一个充满着意识形态的利益导向的社会行为。科学家共同体，科学条件，科研政策和体制，媒体介入和导向，经费使用，以及科学家的认识论旨趣，他们的竞技等等，构成层层外套包裹着科研活动，这使得科研活动具有强烈的社会性偏好。它们本身就是可变性的。正是这种种可变的综合性的科研外部的条件，这种历史化的社会语境，才最终决定了科学知识的诞生。

　　如果是这样，这种抬高社会建构功能的倾向，不仅是对实在和客体的贬低（它们没有确定的知识），而且也是对科学研究自身的贬低。难道科学研究本身没有自己的独立的特殊手段？我们可以据此来理解拉图尔（Bruno Latour）的工作。在拉图尔的早期著作《实验室生活》（Laboratory Life）中，他虽然遵循了科学知识社会学的旨趣，强调了科学研究的建构作用，但是，他将研究的重心对准了实验室，或者说，他将社会建构放到了一个具体的范围内来处置——建构的地点和核心是实验室，客体知识是在实验室内被建构起来的。实验室是一个最重要，最具体的也是最基础的研究工具，也是科学家获得知识的前提条件，实验室充满着各种各样的仪器和用具，它们本身对客体产生作用。同时，科学家在实验室中有一套特定的生活习性和工作方法，所有这些，都对科学知识的建构起到了至关重要的作用。但是，实验室内部绝对不是自我封闭的，它和实验室之外有千丝万缕的联系。科学家之间的竞争，大学，政府，经费，国家政策，消费者，它们深深地渗透到实验室中影响着实验室，同实验室结成一个整体，共同来完成知识的生产。如果说，实验室内部的研究是微观的知识建构的话，那么，实验室外部的影响则是宏观的知识建构，关于客体的科学知识，就诞生在这种宏观建构和微观建构的结合中。

但是，客体（物）就在这种野蛮的建构中完全失去了它的实在感了吗？爱丁堡学派受康德的影响，客体的知识不过是主体的投射；受维特根斯坦的影响，没有被建构的客体就没有知识，正如没有被说出来的就让它保持沉默一样；受涂尔干的影响，客体不过是给社会提供一个表面的需求空间而毫无自身的内在属性——客体在从哲学导向社会学，从主体哲学导向语言哲学的过程中都消失了。这是社会"硬"的部分，它使得自然变"软"。而拉图尔则逐渐摆脱了这样的看法。他重新将客体纳入到视野中来，就此和爱丁堡学派拉开了距离。对一般公众而言，他们相信是客体的自然属性吸引了他们。时尚的变迁难道不是客体的变迁导致的社会变迁吗？社会和人是如此地善变，如此地漂浮不定，它们难道不是被稳定的自然之物所决定所牵引吗？物本身可以对主体和社会产生决定性的影响——卢卡奇甚至认为正是机器决定了人的心理状态，人的心灵物化乃是机器化的结果。这是自然的"硬"的部分，它使得社会变"软"。这就像康德之前的哲学家一样，主体是围绕着客体转动而被客体所吸引。这样，就存在着两种对立的原则，绝对的主体至上原则，和绝对的客体至上原则。他们都绝对地贬低对方。对这种"客体要么太弱，要么太强"的困境，拉图尔则创造性地达成了一个平衡——但这无论如何不是辩证意义上相互转化彼此消融的平衡。他从米歇尔·塞尔（Michel Serres）那里借来一个准客体（quasi-object）的概念。这个"准客体"一方面试图抵制社会的强烈建构性，它为客体保持一份尊严，客体并非全部是被社会所主动地塑造，它仍有自身顽固而实在的一面。但是，反过来，这顽固而绝对的自然一面又不是保持绝对的自主和独立，它们更不能完全操纵主体和社会，让主体和社会被它所牵引。社会和主体也有自己的自主性。一个准客体，这就意味着，它可以被社会所建构，但它也有主动的建构社会和主体的能力。也就是说，它在被主体建构的同时，也可以反作用于主体和社会，它有自身的能动性（agency）。正是借助于准客体这一中间概念，客体和主体相互建构，相互作用。准客体因此就处在自然和社会，主体和客体这两极之间。"较之自然的硬的部分，准客体更加社会化，更具有装配性，更加集体化，但是，它们绝非一个成熟完备社会的随意的容器。较之一个社会被（莫名其妙地）投射其上的无形屏幕而言，它们又更加实在，更加非人化，更加物质化。"[1] 也就是说，它用实在性来抵抗社会建构性，也用社会性来抵制实在的建构性。它自身同时包括了社会性和自然性。它是社会和自然，主体和客体的一个杂交物（hybrid）。

这样，真正重要的部分就是处在社会（主体）和自然（客体）之间的地带。拉图尔将这个地带称之为"集体"（collective）。

---

[1] Bruno Latour, *We Have Never Been Modern*, Harvard University Press Cambridge, Massachusetts, 1993, p.55.

正是由它来决定主体和客体的互动和变迁。主体和客体都是围绕着这个准客体来转动——这就是拉图尔所谓的反哥白尼式的革命。因此，不再是用主体去解释客体，也不再是用客体去解释主体，而是用这个中间地带去解释两端，用这个准客体去解释客体和主体。只有准客体的实践是我们真正的关切。"自然在旋转，但它不是围绕着主体和社会而转。它围绕集体而转，人和事物则从集体中产生。主体也在旋转，但不是围绕着自然而转，它也围绕集体而转，人和物也是从这个集体中产生的。最终，中间王国出现了。自然和社会是它的两个随从。"[1]

但准客体不仅仅是创造了自然和社会的意义，将它们都关联和囊括起来，它还囊括了存在和语言。按照拉图尔的说法，现代社会有四个主要的储备资源（repertoire）：自然（实在）、社会、表意（语言）、存在。现代社会的特征就是让这四者各行其是，分道扬镳。自然是没有激情和渴望的客体，社会则是一个超越所有人的大型的人际关联组织；语言则是关于各种事件的叙事和文本；而存在则和存在者区分开来，它不能还原为存在者，它是存在者的历史性实存。在现代社会，这四者各自在自身的领域展开作用，它们形成各自的本体论——事实上，拉图尔公开表明的是现代社会的四种资源，但他暗自针对的其实是四种宏大的主导性的当代理论体系。就社会而言，当然是涂尔干的超越具体个体的以精神为导向的总体性社会观。就语言而言，是两个彼此争执但又关联的以语言转向为背景的当代

---

[1] *We Have Never Been Modern*, p.79.

哲学，即维特根斯坦的语言论和德里达的解构论。就存在而言，是海德格尔的此在生存论；就自然而言，是形形色色普通人所追逐和信奉的唯物主义。准客体的提出，一方面是要将这四种资源关联起来，另一方面，正是通过这种关联来克服这四种理论各自的局限性。这就是拉图尔的总体性之道。在他看来，如果我们有了准客体这个概念，我们随着它去旅行，"我们就会发现它有时是一个事物，有时是一段叙事，有时成为一种社会关系，并且无法还原为某种纯粹的存在者"[1]。如果是这样，没有一种单独的理论，或者说，没有一个单一的资源能独自起作用。也就是说，准客体将这四种要素（自然、社会、语言和存在）同时囊括进来。它既是自然的实在，富于能动性；它也被社会所建构，被卷入社会中来；它也因此有自己独特的存在状态；最后，它无论如何也无法逃脱语言对它的表述和叙事。这四个要素在准客体这里融合在一起，编织成了一个综合性的关联网络。"这四个资源储备在相同的网络中连接起来，而一旦将此正式地表达出来的话，就会让我们建立一个足够大的居所来安置这一中间王国，即非现代世界及其体制的本真而共同的家园。"[2] 准客体就此有四个交织在一起的维度，它宣告了那种以对峙和分离为特征的现代的终结。

海德格尔的影响在此昭然若揭。海德格尔的物是一个容纳性的家园，拉图尔的准客体（物）也是一个类似的家园。对海

---

[1] *We Have Never Been Modern*, p.89.

[2] *We Have Never Been Modern*, p.89.

德格尔来说，现代人的问题是主客体的对峙导致的天、地、人、神的分离，对拉图尔来说，现代人的问题是社会和自然的对峙导致的社会、自然、语言和存在的分离。对海德格尔来说，物是天、地、人、神共舞游戏的欢快之所；对拉图尔来说，社会、自然、语言、存在在一个准客体中水乳交融。这是对海德格尔的当代模仿。海德格尔的哲学矛头所指是哲学上的形而上学，尤其是康德的主体原则的形而上学，以及它导致的技术工具论，世界的图像化以及对大地的残暴开掘；而拉图尔的矛头则包括了康德的主体原则，涂尔干的社会原则，维特根斯坦的语言原则和德里达的话语游戏，以及拉图尔先前的同道"科学的知识社会学"团体。拉图尔质问了所有这些在他看来让人心生厌倦的理论后，得出的结论是："自然般的真实，话语般的叙事，社会般的集体性，存在般的生存，这就是现代人使之增殖的准客体。"对海德格尔来说，对物的思考是为了摆脱现代技术社会而完成的一个浪漫主义的神秘还乡；对拉图尔来说，对物的思考（以准客体的形式出现的物）简化为一个明确的宣言：我们从未现代过！之所以如此，之所以这样去追求，"我们仅仅是再次成为了我们一直所是的非现代人"[1]。同样是拒斥现代，同样认为现代是一系列的对立和分离所导致的，但是，对拉图尔来说，海德格尔过于神秘和玄妙了；但是，毫无疑问，对海德格尔来说，拉图尔过于经验了，而且过于直白了。

---

1 *We Have Never Been Modern*, p.90.

四

　　无论是海德格尔还是拉图尔都意在对主体对物的强大把控进行反驳。结果，他们都将对主体的兴趣引向了客体，引向了物。而且，正是物能够重新启动总体性的回归，能克服现代社会各种各样的分离倾向。在此，物包容了同时也连接了一切。物的回归趋势开始显现。但是，向物的回归非要向物所容纳的四要素的总体感回归吗？非要把物视作是一个栖居之所来回归吗？物难道不能独立地存在尤其不能脱离主体而存在？正如存在着以康德为发端的主体导向的哲学（它将物总是关联于主体），现在能不能设想存在着一种客体导向的哲学但又不是那种海德格尔—拉图尔式的物的家园之类的浪漫想象？也就是说，有没有一种毅然地摆脱了人的指涉的绝对之物的哲学？

　　就此，对绝对之物的思考重新启动了。要让物摆脱人的关联和宰制，就是要重新强调物的本体地位。要强调物的本体地位，首先就是要破除康德以来的人在物的关联中所占据的主导性——对康德而言，物的知识都是人所赋予的，没有人就没有物，没有先验的认知就没有特定的知识。对于海德格尔或者拉图尔来说，物和人的关联就更强烈了，物甚至大大地超出了同人的关联，它和人甚至相互拥抱相互裹挟了。对于德里达和维特根斯坦来说，所有的实在之物都被语言所把握，实在被语言所彻底抽空了，没有语言叙事，就没有任何的实在，实在总是被纳入到各种各样的关系中而存在。这种康德以来的总是在人的视野中来关照物的哲学，总是将人和物联系在一起的哲学，被昆汀·梅亚苏（Quentin Meillassoux）称之为关系主义（correlationism）。"关系主义断言，不可能将主体性和客体性分隔开来进行思考。它不仅坚称，如果脱离主体，我们就无法把握客体本身，而且同样坚称，如果脱离一个客体的话，我们也无法把握一个主体。"[1] 其核心是，没有人就没有物，没有认知就没有客体，没有思维就没有存在，人和物的关系不可分割。总之，不存在无人的世界，也不存在无世界的人。梅亚苏要批驳的就是这种康德以来的关系主义哲学——他甚至将所有康德以来的哲学都称作是关系主义的。

他的一个著名的反关系主义的例证就是原化石（archefossil）。原化石是生命尚未出现之前的远古物质。科学已经证明了它的存在。如果按照关系主义的看法，这种原化石就不可能存在，因为那个时候没有人，甚至没有生命。但是，"今天经验科学能够断言存在着一些先于生命和意识的事件。这些断言表明'物'有时候早于地球上的任何生命形式"[2]。没有生命，没有思维，按照关系主义的看法，怎么可能有实在呢？但是，原化石已经被科学证明为一种确定的实在，这无疑是对关系主义的一个诘问。

关系主义哲学无法解答这样的问题。同样，科学还证明了地球将会被太阳烧成灰烬，在人类毁灭之后，所有的星球将

---

[1] Quentin Meillassoux,*After Finitude:An Essay on the Necessity of Contingency*,Continuum,2008,p.7.

[2] *After Finitude:An Essay on the Necessity of Contingency*, p.7.

会毁灭，将会出现各种各样的灾变。而所有这些知识，所有这些实在，都会在人类灭绝之后出现，正如原化石是在人类出现之前就已存在一样。关系主义哲学如何解释尚无人类的但又确实被证实了的知识？这些知识难道不是摆脱了各种各样的人的认知吗？不是摆脱了人的关联了吗？它们不是独立于人而存在吗？所有这些，难道不是绝对之物吗？

这就是新的哲学——现在被称之为思辨实在论（speculative realism）——对后康德的关系主义哲学的挑战。他们意在思考一种没有人的物，同人没有关联的物。梅亚苏将这样的物称作不相关者，一个绝对之物（an absolute），它同思想无关，同人类无关，同人类的思想和任何的给予无关。它自在地存在。但是，人类可以去思考它，思考这些脱离了人的思想的事物。"我们的任务在于努力去理解思想何以能够接近不相关者，也即是说，一个能够在不被给予的前提下维持存在的世界。但这么说恰恰等于在说，我们必须领会思想何以能够接近一个绝对者。"[1]

但这个绝对是什么呢？这个与主体无关的绝对实在同康德之前的独断论形而上学有什么差异呢？后者也是对绝对实在的探究，而且也是主张一些确定的实体必须绝对存在。如果这二者没有差异，思辨实在论岂不是一次毫无意义的新瓶装旧酒？梅亚苏在反驳关系主义的同时还要将自己同传统形而上学区别开来。也就是说，他要两面作战。思辨实在论同传统形而上学有何区别呢？对独断论的形而上学而言，它是通过充足理由原

---

[1] *After Finitude: An Essay on the Necessity of Contingency*, p.49.

则来接近绝对存在者。根据充足理由原则,"每个事物,每个事实以及每个事件,它们之所以是这样而不是那样,一定有一个理由。这个原则不仅要求一切世事都有一个可能的解释,还要求对诸存在者的无条件的总体性做出思想解释:即它们为何这样存在"[1]。

就此,充足理由律认为事物一定有它的必然性,每个实体皆是绝对必然的,都可以找到它的连续性和必然性,都有自身的规律。但是,梅亚苏则认为事物是偶然的,它毫无理由。梅亚苏同意存在着事物和实在,但是,绝不同意存在着实在的必然性,也就是说,绝不同意所谓的充足理由律——这是二者最根本的差别。为什么事物是偶然的呢?这恰恰是从梅亚苏所反驳的关系主义那里推论出来的一个结果。他从关系主义内部来突破关系主义。关系主义的一个根本原则是强调物总是依赖于人的取向,物是为人而存在的,也就是说,物是相对于人而存在的,物和人的这种关系并非必然,它恰好是偶然的。"我们可以构想关联的偶然性,也就是说,我们可以设想关联可能消失;比如,随着人类的消失,主客关联也告消失,这一关联是偶然的。"[2]它绝不依赖形而上学的充足理由律而存在。这是关系主义所特有的相对主义原则。在这个意义上,物并不具有绝对的必然性,它是偶然的,这恰恰是关系主义为打破独断论形而上

---

[1] *After Finitude: An Essay on the Necessity of Contingency*, p.56~57.

[2] 格拉汉姆·哈曼等《思辨实在论:一日工作坊》,赵文译,见《生产》第十辑,汪民安编,江苏人民出版社2015年,第67页。

学而采取的对物的偶然性立场——梅亚苏盗用了关系主义所持有的物的偶然性观点,但是,抛弃了关系主义所信奉的人和物之间的必然的关联性(原化石就否认了这种必然的关联性)。在此,物总是偶然的——这就和形而上学的充足理由律强调物总是必然的观点针锋相对。

但是,梅亚苏也没有放弃必然性。他也正是通过这一点来利用形而上学来反驳关系主义。对于关系主义来说,事物是偶然的,但是,也只有在同人的关联的情况下才存在。也就是说,没有思维就没有物。对于梅亚苏来说,事物是偶然的(借自关系主义),但是,它是独立地存在的,可以脱离人而存在,就像原化石一样,它绝对地存在(这点和形而上学并没有区别,尽管他没有申明这点),这正是对各种关系主义的批判。这就是梅亚苏的方式:为了批驳关系主义强调思维对事物的偶然干扰,就利用形而上学来强调事物绝对的不受干扰的独立存在;为了批驳形而上学强调物的必然规律,就利用关系主义来强调事物的绝对的偶然。这就是梅亚苏的两个绝对性:事物是绝对偶然的,同时它也是绝对独立于主体而存在的。梅亚苏的这一论断就既同康德之前的形而上学独断论区分开来,也同康德之后的关系主义区分开来。对形而上学的独断论而言,事物是必然的,而对梅亚苏而言,事物是偶然的;对关系主义来说,事物是和人相关联的;对于梅亚苏来说,事物是独立存在的与人没有关联的。归根结底,事物是偶然的,这点是必然的。这也是他的《有限性之后》一书的副标题"偶然性的必然性"(the Necessity of Contingency)的意义所在。这是梅亚苏的结论,"无论我存在和思考它们与否，偶然的事物必定存在。存在着偶然的事物，这是一个永恒的必然性；而就它们而言，思想（如同一切存在）是偶然的。作为一个种群，我们可以消亡，如同地球上的所有其他生命一样；无论我们存在与否，总会有偶然性的存在。由此，我们得到了一切唯物主义的第一个假设（但是以一种被展示而非仅仅被论定的方式）。但是我们也建立了所有唯物主义的第二个假设（它是理性主义而非怀疑主义的）：思想能够思考独立于思想的存在"[1]。这就是梅亚苏的最终结论。对此，阿兰·巴丢热烈地评价道，"毫不夸张地说，梅亚苏打开了哲学史的一条新道路……是的，存在着绝对的必然性；是的，存在着激进的偶然性，是的，我们能够思考现存之物，而这个思想绝不依赖于一个假定的构成性主体"[2]。

这是思辨实在论对待物的方式——物回来了。摆脱了关系主义的束缚性框架，摆脱了主体而重新返归了。它同样也摆脱了形而上学的必然律而回归了。回归的是一个偶然之物。一个偶然之物的永恒存在。这是梅亚苏的物的回归。而哈曼（Graham Harman）则以另外的方式宣告了物的回归。如果说，梅亚苏抱怨关系主义抑制了物的自主性的话，哈曼则提到了两种不同的对物的哲学贬低。

"一种策略是声称客体不是实在的，因为它们是某种更深

---

[1] 梅亚苏《采访昆汀·梅亚苏》，蒋洪生译，见《生产》第十辑，第319页。

[2] Alan Badiou, preface to *After finitude: An Essay on the Necessity of Contingency*. Continuum, 2010, p.1.

层的东西的派生物——客体太过表面而不能成为真理。这是近来那些反客体的欧洲哲学的更加新近的版本，这一版本带有某种实在论的味道。另外一个更加熟悉的策略，其性质是反实在论的，是声称之所以客体是不实在的，是因为与在它们之中确实明显的东西相比，不管这种东西是特性、事件、行动、效果，还是人类通道的给定性（givenness），客体只是无用的虚构。在此，客体被宣布具有一种虚假的深度，所以不可能是真理。以这种方式，客体从两个不同的方向受到了一连串猛烈的攻击。"[1]

那么，哈曼如何来挽救这种客体被贬低的地位呢？如果说，梅亚苏将物同人剥离开来从而宣告了物的自主性的话，那么这种物不仅是偶然的，甚至还是孤独的。在哈曼看来，梅亚苏不仅斩断了人和物的关系，甚至斩断了物的一切关系，包括物和物的关系。物是一个封闭之物，尽管也是一个偶然之物。而哈曼更多地将物放在关系中来讨论，这当然不会是关系主义哲学中的那种人对物的掌控关系，而是人和物的相互关系。对前者而言，这种关系强调了人的主动性，物的被动性；而对于哈曼来说，人和物有一种相互的，不分高低的关系。它们是互为主客体的关系，是可以互为现象和实在的关系。就此，在人和物之间存在着一个中间地带，一个第三实在对象。"关系意味着：一个实在对象在一个第三实在对象的内部与一个感觉的或意向性的对象相遇。"[2] 我们在这里明显地看到了拉图尔"中间王国"

---

[1] 格拉汉姆·哈曼《论对客体的贬损》，蒋洪生译，见《生产》第十辑，第 134~104 页。

[2] 《思辨实在论：一日工作坊》，见《生产》第十辑，第 39 页。

的影子。但是，哈曼马上超越了拉图尔，他借用了怀特海来超越拉图尔。怀特海相信，关系可以在一切不同层面和大小之间发生。这就意味着，一个物可以同他人，甚至是他物有无穷无尽的关系，物处在层出不穷的多样关系中，而且，人和物的关系并非最权威的关系，人对棉花的感知同火对棉花的感知只不过是程度上的不同而已。就此，没有任何关系是最权威的关系；没有任何一种关系能够耗尽这个物的全部意义。每个关系都只能是一个片面性的关系："事物的本质永远不会从任何关系方面或与它的互动方面完全地表现出来。"[1] 这实际上也是对两种贬低客体的各种哲学的回应。这两种贬低方式总是将客体进行还原：要么是一个深层的东西决定了它以至于它太浅了而无关紧要，要么是将客体看作是一种虚构的深度而觉得它无关紧要。这两种试图消除客体的态度对哈曼来说，都没有考虑到客体的自主性。哈曼要返归客体，在他这里，客体是自主的，不是被派生的，也不是虚假的。但客体也总是处在各种各样的关系中，它也不完全是自主的，客体"存在于与所有的那些意欲彻底取代客体的现实——包括其特性、其组成部分、其时刻、其关系、其偶性、或者其与人的可接近性——之永恒张力中"[2]。

就此，沉默的客体（物）在今天终于踏上了它的返归之路：康德抬高主体的代价必然是对客体的贬黜，另一个代价是现代社会野蛮的分离倾向。海德格尔和拉图尔为了克服现代社会的

---

[1] 《思辨实在论：一日工作坊》，见《生产》第十辑，第36页。

[2] 《论对客体的贬损》，见《生产》第十辑，第126页。

分离和对峙倾向（尽管是完全不同的对峙形式），以不同的方式报复性地将物（客体）提到了一个核心地位，并将主体纳入到物的怀抱中，让物成为一个总体性的容纳框架。而新近的思辨实在论运动则以迂回的方式将物放到了一个本体论的地位，他们不是试图在主体和客体之间达成某种妥协式的平衡，而是让主体陷入沉默。而客体（物）正是在主体的沉默中，在它自身的孤独和偶在中，在它和其他客体的脆弱关系中，赫然地闪现。

符号价值与商品拜物教

一

《共产党宣言》，尤其是第一部分，主要是来描述现代社会的特征的。为了说明马克思对现代社会的描述的独到之处，我们可以将马克思和韦伯进行对比。他们两个人都对现代社会做出了各自的描述。但是两人的角度完全不一样。韦伯指出了现代社会的理性化特征。现代社会的过程，实际上就是从中世纪的神圣化逐渐世俗化和理性化的过程。神圣性经过多次理性化，不断地理性化，不同意义上的理性化——社会的理性化，人格的理性化，以及国家治理和企业组织的理性化——从而迈入到现代的世俗社会，也即是现代资本主义社会。他的一个核心观点是，企业组织、国家、体制，都是以理性为基础而建立起来的，这个以理性为内核的组织加剧了效率，但是，它们却也有强烈的结构性桎梏，它们使得现代社会形成了一个铁笼。人置身其中，无处逃脱。在此，"专家没有灵魂，纵欲者没有心肝"。这就是韦伯所讲的现代社会的特点。这个现代社会经历了漫长的形成过程，我们甚至可以说，它的发端从16世纪就开始了，经过17、18、19世纪，经过几百年之后，现代社会慢慢形成今天的样式，资本主义也抵达了它的高峰。现代社会的进程，实际上也是一个资本主义的进程。对于韦伯来说，资本主义这个巨大的铁笼，它最令人不安的，或者说，它体现出来的最大的危机，就是个体在铁笼里面的无望挣扎。我们每个个体都是制度、秩序、或者国家机器或者企业里面的一个碎片，一个零件。对韦伯来说，这就是现代人的痛苦和危机。现代社会，我们甚至要说，人类社会，总是处在危机之中，危机意识不断地伴随着人类。因此，人类不断地处在一个需要救赎的状态当中。基督教时期，每个人都是罪人，每个人都犯了罪。因此，每个人都需要救赎。基督教相信由上帝来救赎。但是，在现代社会，如果说基督教的上帝死了，到了现代人那里，同样遇到了一个危机。原来是罪恶的人，现在变成铁笼中的人。原来人内心的罪恶，现在变成了铁笼本身的罪恶，制度的罪恶。所以，现代社会也需要救赎。人们花了几百年的时间用来消除内心的罪恶感（这就是尼采至关重要的工作），但是，人们怎样消除铁笼本身这种外在的罪恶感呢？这就是韦伯的困惑——他笔下因此带有一种忧郁的格调。铁笼并不容易砸碎，因为它是有用的，它是充满效率的，在某种意义上，它还是合理的，它不是创造了如此之多的财富吗？它不是将现代社会管理得井井有条吗？但是，它也让你失去自由，失去情感和欲望，它把你撕成了碎片。这就是韦伯式的挣扎：人和体制的挣扎和冲突，人被体制所束缚，这么一个问题持续到现在，一直在德国发酵，在某种意义上，法兰克福学派就是围绕这个问题而展开的。他们提出来的这一系列问题都跟韦伯的这个问题有牵连。即，现代人如何摆脱生存的困境？或者说，如何摆脱资本主义的困境，如何摆脱理性以及理性化所带来的困境，从根本上来说，如何摆脱现代性的困境？不过，韦伯只是指出了问题之所在，他并没有提出出路何在，或者说，他实际上认为没有出路，因此，他怀有一种强烈的痛彻感和悲凉感。他说："没人知道将来会是谁在这铁笼里生活；没人知道在这惊人的大发展的终点会不会又有全新的先知出现；没人知道会不会有一个老观念和旧理想的伟大再生；如果不会，那么会不会在某种骤发的妄自尊大情绪的掩饰下产生一种机械的麻木僵化呢，也没人知道。因为完全可以，而且是不无道理地，这样来评说这个文化的发展的最后阶段：'专家没有灵魂，纵欲者没有心肝；这个废物幻想着它自己已达到了前所未有的文明程度。'"[1]

真的无人知道吗？这就是马克思和韦伯的重要差异。马克思确信现代社会的危机有一个解决的方案。尽管他和韦伯对现代社会的危机的诊断不一样。或许可以将法兰克福学派定位在韦伯和马克思之间——他们既有韦伯式的理性批判，也有马克思主义的历史解放色彩。如果说，韦伯面对着危机而无从下手的话，法兰克福学派则试图在理论上和行动上有所改变，他们试图进行拯救。

马克思如何来诊断现代社会呢？和韦伯一样，马克思也将现代社会的焦点放在资本主义身上。对马克思而言，资本主义

---

[1] 马克斯·韦伯《新教伦理与资本主义精神》，于晓、陈维刚等译，生活·读书·新知三联书店1987年，第143页。

导致了什么呢？或者说，作为现代社会最明显最重要的形态的资本主义的最大的危机是什么呢？我们看马克思的原话："资本主义它实际上导致了两个阶级之间的对立，就是所谓的无产阶级和资产阶级，也就是有产者和无产者之间的对立。"对于马克思来说，现代社会最大的危机不是具体的个体和生硬的机器般制度的对立，而是一个阶级和另一个阶级的对立。韦伯和马克思对现代社会的判断是不一样的。在韦伯那里，是具体个体受束缚的问题，是个体和体制的问题，是理性的过度主宰和膨胀引发的问题；在马克思这里，不是一个个体的问题，而是一个群体的问题，是作为阶级的群体的问题，是阶级的压迫和反压迫的问题，是阶级之间的对抗问题。不管是韦伯的个体，还是马克思的无产阶级，他们在某种意义上都陷于危机之中。但是，我们看到了，韦伯很悲观，韦伯说我不知道这个惊人大发展的结局如何；他不知道怎么办，这个问题，这个危机，他看不到解决的出路。但是马克思非常有信心，马克思断定，资产阶级一定会灭亡，无产阶级一定会取得胜利，共产主义一定会到来，在那个时候，无论是"手铐"还是"铁笼"都会被砸碎，自由一定会降临。这是他们俩一个重大的区别。韦伯不知道如何去救助，但是马克思知道，马克思相信无产阶级可以自己拯救自己。

马克思到底是怎样来分析资本主义社会的？或者说他是怎样来分析现代社会的？韦伯分析现代社会的出发点是理性，是各种各样的理性——虽然每一种理性的作用不一样，但正是诸种理性的不断涌现和组合，导致了现代社会的典型意象：铁笼。

我们可以说,韦伯是从理性这样的现代观念出发来讨论现代社会。而马克思更多是从经济的角度出发的,它的切入点是商品。他从商品出发来谈论现代社会。现代社会和古代社会,18 世纪以来的社会和 18 世纪以前的社会,最大的区别在哪?就在于现代社会开始出现了大规模的商品,准确地说,出现了大规模的商品生产和商品销售。在古代,在中世纪,甚至在现代社会早期,人主要生产的是产品。而现代社会,现代资本主义社会生产的是商品。商品和产品的区别在于:产品是自给自足的。在古代社会,在中世纪,人们生产的东西是自给自足的。农民自己种地,产出粮食,产出蔬菜,就自己吃;自己种棉花,自己织布,自己就有衣服穿了。他所有的产品,他所有的东西都是他自给自足的,他不拿去销售。中世纪还有许多大型的农庄,农庄里的农场主和农奴,他们在自己的农庄之内自产自销,在自己内部自我消化、自我吸收,或者农奴向领主进贡,向宗教组织交税等等,这都是产品,它主要的不是依赖市场,它不往外销售。而商品主要是用来销售的。或者说,主要是用来交换的。这就是商品和产品的根本区别。但是,产品可以转化成商品:"要成为商品,产品必须通过交换,转到把它当作使用价值使用的人的手里。"[1] 只是在现代社会,在现代资本主义社会,这些产品才大规模地变成了商品。它们要四处奔波,四处出售,到处寻找客户,到处寻找市场。它是流通的,要冲破自己生产的狭隘区域,它要试图让自己在另外的空间里得到消费,它要让它

---

[1] 马克思《资本论》第 1 卷,人民出版社 2004 年,第 54 页。

的使用价值获得别人的消费。这就是商品的特征。在现代社会，生产者并不独占他的产品。这就是马克思所讲的现代社会跟古代社会的一个根本性差异。今天我们满眼看到的都是商品，绝大多数产品都变成了商品，生产就是商品生产。社会就是一个商品社会。人们生产和消费的都是商品。几乎没有人为自己而生产了。这就是马克思在《资本论》的第一卷的开端中所说的："资本主义生产方式占统治地位的社会的财富，表现为'庞大的商品堆积'。"[1] 这是史无前例的，这个现在看起来毫不令人惊异的过程，是从16、17世纪开始出现的。它的出现是革命性的，对于马克思而言，商品在某种意义上是对资本主义社会进行分析的入口。

这样，我们看到了，无论是商品和产品，它们都是有用的。我们为什么要生产这个产品？我生产这个产品就是为了使用，就是单纯的使用——它对人有用，人们才会去生产。它的价值就是它的使用功能，就是它的有用性，马克思将此称为商品的使用价值。"物的有用性使物成为使用价值。但这种有用性不是悬在空中的。它决定于商品体的属性，离开了商品体就不存在。"[2] 产品和商品都有使用价值。但是，只有商品才有交换价值，而产品没有交换价值，产品不交换。这是马克思发现的商品的另一个特点，即商品除了使用价值之外，还有交换价值。但什么是交换价值呢？这是马克思的定义："交换价值首先表

---

[1] 《资本论》第1卷（人民出版社2004年版）第47页。

[2] 《资本论》第1卷（人民出版社2004年版）第48页。

现为一种使用价值同另一种使用价值相交换的量的关系或比例，这个比例随着时间和地点的不同而不断改变。"[1]

但是，这个量的比例或关系到底是怎样来确定的呢？也就是说，这两种不同使用价值之所以能够交换的基础是什么？事实上，一旦要交换，就一定要达成一种对等的关系，就一定要有比较的基础，就一定要有一个共同的可以比较和衡量的东西。既然不同商品的使用价值不一样，那么显然，比较无法从功能上来着手，那如何来寻找一种共有的可比较之物呢？或者说，这个可以比较和衡量的东西是什么呢？马克思正是在这里发现了一种抽象，即所有的商品都可以不顾具体的使用价值而进行抽象，即，所有的商品都可以抽象为劳动，因为商品是劳动的产物，它凝结了劳动的时间，没有劳动就没有商品，商品的价值"体现的是人类劳动本身，是一般人类劳动的耗费"[2]，不同的商品都体现出了这种劳动的耗费。正是因为不同商品有一个共同的抽象物：劳动、劳动耗费、劳动时间，商品之间才可以进行比较和交换。它们也因此可以获得它们的交换价值。

二

在马克思看来，交换价值比使用价值更加重要。因为商品

---

1 《资本论》第1卷（人民出版社2004年版）第49页。
2 《资本论》第1卷（人民出版社2004年版）第57页。

一旦生产出来，就有强烈的要求交换的欲望，只有这样，商品才可能有出路。我们是先发现它能够交换，然后才去对它进行生产。生产商品，首要的就是为了交换。因此，不是使用价值决定交换价值，而是交换价值决定使用价值。马克思第一次把商品的交换价值提出来了。在他这里，商品有两种价值，使用价值和交换价值。这是马克思在他那个时代，在写《资本论》的时候，在19世纪60年代发现的一个秘密：商品的两种价值。在100年后，马克思的这个价值理论——这个商品的交换价值和使用价值的理论——被推进了。商品在今天不再仅仅是使用价值和交换价值，它还有另外一种价值，这就是它的符号价值。就是说，商品现在开始有三重价值。这个符号价值是鲍德里亚提出来的，他结合了商品在当代的状况对马克思商品的两种价值理论提出了补充。对马克思而言，商品是"一个靠自己的属性来满足人的某种需要的物"、"物的有用性使物成为使用价值"[1]。商品之所以要交换，之所以能够交换，就是因为它有使用价值。但是，鲍德里亚说，今天的商品更加复杂，更加多样。商品并非只是因为使用价值而被交换，商品也可能是因为符号价值而被交换和消费。商品的生产和消费在发生巨大的变化，尤其是在二战后，在鲍德里亚写作的时期，商品的属性发生了剧烈的变化。商品现在完全可以根据它的符号而不是功能来交换。什么是商品的符号价值呢？商品的符号价值意味着，物品彻底地与功能，也可以说，与使用价值脱离了关系。符号价值

---

[1] 《资本论》第1卷（人民出版社2004年版）第47~48页。

与使用价值无关。如果说，使用价值是满足消费者的实用功能需求的话，符号价值则是满足消费者的地位名义需求。人们的消费在满足功能的同时，还要追求自己的社会等级身份——一个法拉利汽车，不仅是一个交通工具，还是一个身份标志。它也是一个身份符号。交通工具作为它的使用价值，身份标志作为它的符号价值。也就是说，消费什么样的符号价值，即意味着获得一个什么样的社会身份和等级。

为什么会这样呢？鲍德里亚发现，物品（商品）总是和其他的物品有差异关系。在20世纪，物的生产越来越趋向多样化的特征，同一种功能的物会有各种各样的商品类型。同样是交通工具，有飞机、火车和汽车；同样是汽车，有各种品牌的汽车。正是这同一种功能的物品，可以构成一个物的体系：法拉利、奔驰、大众和奥拓汽车一道，构成一个汽车体系，它们可以相互比较，也存在着差异关系，也存在着高低等级。每一个类型的物，都获得一种品牌，获得一个符号。鲍德里亚受罗兰·巴特的符号学的影响，将物看作是符号。物就是符号，那么，物体系类似于语言体系。就像语言体系存在着差异性一样，物体系也存在着差异性。符号价值就诞生在一个体系化的物的高低等级之间。物存在着差异，它的符号价值也存在着差异，那么，符号价值的消费，实际上是一种差异的确定，是社会不同地位等级的确定。鲍德里亚区分了物的四种逻辑：实用逻辑（使用价值）、市场逻辑（交换价值）、赠礼逻辑（象征价值）和地位逻辑（符号价值）。赠礼不是商品，它是纯粹的馈赠，我们因此可以避而不谈。因此，作为物的商品就有使用价值，有交换价值和符号价值。从鲍德里亚的观点看,在一个新的消费社会中,物品的消费,并非仅仅是为了满足需求,消费意味着社会地位的获取,恰当地说,就意味着不同社会地位的获取——这完全是因为物品之间存在着巨大的差异。符号价值,根本上来说与地位相关。人们通过消费商品的符号价值,来确定自己的社会地位和社会等级。

鲍德里亚的符号价值主要是从消费的角度来讲的,符号价值体现了消费者的社会地位。但是,为什么有些商品的符号价值高于其他的商品呢?或者说,物体系之间的符号价值的差异是如何诞生的呢?比如说商场里面有形形色色的衣服,它们的保暖性质相近,甚至是它们的材料也相近,也就是说,它们的使用功能相近,但是,为什么它们的符号价值不一样呢?我为什么买这件衣服而不买那件衣服呢?我买它就是因为我喜欢它的符号,它本身独特的形式、它的设计、它的款式,以及建立在这些基础上的总的品牌。我喜欢的这个品牌,可以奠定我的趣味、我的身份、我的地位。我使用什么样的品牌,我就获得什么样的形象。用布尔迪厄的话来说,我通过消费这些商品,我可以同其他人"区隔"开来。商品的差异,尤其是在符号价值方面的差异,体现出品味和阶层的差异。人们现在越来越强烈地意识到这一点——这是马克思的时代所没有出现的现象。在马克思的时代,人们对商品的要求还是以功能和实用为主——商品主要是有用的。但是,现代社会,商品的符号价值愈发凸显了。人们在商品的符号和形象上面投入了巨大的热情,人们处心积虑地生产商品的符号价值。围绕着商品的符号价值出现了庞大的设计工业和推广产业。我们可以举一个最日常的例子来说明符号价值的重要性。比如说月饼，月饼的功能是什么呢？它就是一种食物。这是它的使用价值。但是，人们对吃月饼有多大的兴趣呢？而月饼的价值——如果按照马克思的说法，月饼的价值应该取决于生产月饼的劳动时间，但是，今天，月饼的价值显然不是取决于生产它的劳动时间，也不是取决于它的使用价值、它的功能。我们看到，今天月饼被过度包装了，月饼隐藏在华美、精致、甚至是有些奢侈的包装盒子中。围绕着月饼，出现了一个盛大的包装竞赛，月饼的价值在很大程度上取决于它的包装——而这种包装与功能无关，它根本无法被吃掉。它只是构成了月饼的符号价值。在此，"要构成消费的对象，物必须成为符号"[1]。人们生产或者消费月饼，在很大程度上就是生产和消费月饼的包装盒，也就是说，在生产和消费它的符号价值。在月饼这里，符号价值明显地压倒了使用价值。在另一些商品中，使用价值降到了最低，而符号价值却占据着压倒性的位置。尤其是对某些奢侈商品而言。最典型的比如说手提包，包都是装东西的，它们功能相同，它们的使用价值相同，但是，包的价格则天壤之别，一个商场赠送的手提袋可以装东西，LV包也能装东西，但是，后者为什么那么贵？这就是因为它的品牌，它所具有的符号价值。LV包既是符号，也是象征。你背这个包，你就得到了一个特殊的地位，取得一个象征性的身份。

---

[1] Mark Poster (Editor), *Jean Baudrillard: Selected Writings*, Stanford University Press, 2002, p.25.

除此之外,我们还发现了一个事实——这点更是在马克思的时代所没有出现的——即,整个社会越来越趋向符号化了,越来越形象化了。也可以说,越来越景观化了。居伊·德波——他创办了一个先锋派组织情景主义国际,他是这个组织的灵魂人物——在他的著作《景观社会》开头就说,"全部的生活本身展现为景观的庞大堆积"[1],他这是模仿马克思《资本论》的开篇,马克思在那里说,资本主义社会是商品的庞大堆积。德波说,一切都被景观化了,实质性的内在东西都被抽空了,都变成了景观,今天的生产都是形象生产,都是景观生产,都是符号生产,现实都被塑造成景观了。我们在街上,看不到真正的物,只能看到关于物的广告;看不到真正的人,只能看到电视里面的明星。我们整个社会全部被影像化了。现代人都是观众,看到的都是景观式的现实,或者说是虚假的现实。现实已经被影像化了,它在我们面前拉上了一层帷幕。现实被影像给遮蔽了。现实就是一层面纱,一层形象的面纱,它和我们之间隔着巨大的沟壑,它以错误,虚假的形象展示在作为观众的我们前面。这是德波的观点。我们相信,鲍德里亚正是接着他讲的,对于鲍德里亚来说,根本就无所谓现实,没有什么真实,唯一的真实就是符号。如果说有什么现实的话,现实是模仿符号的。符号不是现实和我们之间的障碍,符号本身就是最为真实的东西。如果说,德波还认为,符号,形象和景观过度膨胀,以至于掩盖了真实的话,鲍德里亚甚至认为,根本就没有什么真实。

---

1 Guy Debord,*Socity of the Spectacle*, Black & Red 2000, p.1.

一切都是符号。实际上，鲍德里亚还把真和假这样的概念进行了"内爆"，真和假的界限已经被销毁了。形象、符号、外在性，就是一切。如果是这样，在商品当中，重要的当然是商品的形式，商品的外观，商品的符号价值。人们将消费的旨趣和目标对准了符号价值。

事实上，我们可以尝试着将鲍德里亚的符号价值的范畴进一步扩大。符号价值还可以更加宽泛地来讲。符号并不仅仅是商品的形式、美学、款式、包装、品牌，符号甚至包括它的象征能力。比如说，钻石，它就是一个自然物质，但是为什么它能代表爱情？钻石的特点，就是它的坚不可摧，作为一个文化物品，根据它坚硬的品质，象征了爱情的永续。这个特点和坚贞的爱情的气质很吻合，这时，钻石就有了象征意义了，而不再单纯是一个自然之物。它也就此借用这个象征能力而获得了符号价值。最后，我们要说，符号价值，从根本上来说，就是它的等级标志。鲍德里亚特别强调的就是这一点。在这方面，他也许受到了凡勃伦的影响。凡勃伦的《有闲阶级论》，讨论的就是一个有闲暇的阶层，他们的消费性格，就是为了摆阔，为了炫耀自己的社会等级，按照鲍德里亚的说法，他们消费的就是符号价值。就此而言，我们可以说，商品的符号价值——如果我们不限于鲍德里亚的范畴的话——就有多个面相：它的社会等级的确定以及由此带来的炫耀感；它的象征能力；它的风格和美学。这些都构成了商品的符号价值，它们都是对商品使用功能的超越和摆脱。人们购买的不仅是功能性的使用价值，也包括这些符号价值。或者用鲍德里亚的说法就是，这种消费意味着"从经济交换价值向符号交换价值的转变"[1]。符号价值的种种不同面相，在某些特定的情境下甚至可以融为一体：一辆路虎汽车，它有它独特的霸道而威猛的美学风格；正是这种彪悍的风格获得了象征能力，它是对某种男子气概的象征；同时，它还有挥之不去的身份炫耀：它价格昂贵，车的主人，不仅要有英雄般的意志，而且也取得了成功。也可以说，正是英雄般的意志成就了他的功名。

我们最后还要强调一点的是，商品的符号价值和使用价值存在着一个相互竞争的关系。功能性的使用价值越是降低，符号价值就越是升高，反之亦然。使用价值和符号价值构成了一个反比关系。对今天的商品而言，一个大的趋势是，符号价值越来越显赫，而使用价值则越来越暗淡无光。艺术品是这一趋势的代表，对于艺术品而言，使用价值几乎不存在，它只有纯粹的符号价值。

三

我们再回到商品的交换价值方面来。商品的目的就是要交换。一个农民要买一个苹果手机，他就卖掉自己的大米，或者说，他用大米来交换手机。看上去，是手机和大米发生了关系，它们借助货币这一等价物发生了关系。这是物和物的关系，商品

---

[1] Jean Baudrillard, *For a Critique of the Political Economy of the Sign*, Telos Press 1981, p.113.

和商品之间的关系,物在这种交换中产生了一种社会关系。但是,它们也掩盖了另外的关系。事实上,无论是生产手机,还是生产大米,它们都是一种劳动的耗费。在这里,真正发生关系的是,生产手机的劳动和生产大米的劳动,它们分别是私人劳动,但它们是社会总劳动的一部分,它们在这个总劳动中联系在一起。但是,在手机和大米的交换中,这两种背后的劳动关系,劳动的这种社会性质则被隐藏起来,被掩盖了。它们体现出来的不过是大米和手机的关系,是物和物之间的关系。这就是马克思所说的,"商品形式的奥秘不过在于:商品形式在人们面前把人们本身劳动的社会性质反映成劳动产品本身的物的性质,反映成这些物的天然的社会属性,从而把生产者同总劳动的社会关系反映成存在于生产者之外的物与物之间的社会关系。由于这种转换,劳动产品成了商品,成了可感觉而又超感觉的物或社会的物"[1]。就此,人们在用手机的时候,很少想到这个手机背后凝结了无数私人的劳动,手机背后有大量的设计师,有大量的工人,有大量的科学家和技术人员,有大量的销售人员和管理人员,他们遍布在美国,遍布在东南亚,遍布在中国,他们各司其职,兢兢业业,确保手机的质量标准。正是不同地区的不同人群的不同的劳动耗费,才诞生了这个手机。我们购买和使用这个商品,这个手机的时候,我们很少想到它凝结了无数工人和技术人员的劳动。我们很少想到我们和他们之间的关系。人们在使用手机的时候,几乎不会想到他和富士康的工

---

[1] 《资本论》第1卷(人民出版社2004年版)第89页。

人有何关系,富士康工人的跳楼也无法令他想到他们之间的关系。但事实上,他们是有关系的。他们都是社会总劳动的一部分,他们彼此交换自己的劳动,他们正是通过这种劳动而连接在一起的。手机的每一部分,每个配件,我们在使用它们的时候,实际上都在和生产它们的工人发生关系。只不过这种劳动连接,这种社会关系,被手机掩盖了,被物和物之间的关系掩盖了,手机作为一个物,好像自然地来到了人们这里,好像不是生产出来的,而是直接出售而来的。也就是说,在此,人和人的关系,实际上是通过手机体现出来的,也就是说,是通过物体现出来的,是通过物和物的关系体现出来的。物掩盖了人和人的关系,这就是马克思讲的"商品拜物教"。

正是这种商品拜物教,物把它的整个生产过程都隐藏起来。我们在饭馆吃饭,我们看到饭桌上丰盛的大餐,但是,我们看不到种菜的农民,养鱼的渔民,养牛的牧民,我们甚至看不到炒菜的过程,看不到大厨的身影,我们看不到就在身边的厨房。但实际上,人们在吃一顿饭的过程中,都是跟这些看不见的人发生关系。现代社会的特征就是拼命地掩盖生产过程,掩盖劳动过程。以前,人们在城市中还能看到工厂,看到高高矗立的烟囱,听到生产车间里面发出来的巨大的轰鸣声,它们以可见的劳动的形象直接展现在人们面前。但是,现在工厂纷纷搬走了,烟囱也不再浓烟滚滚。人们在原先的工厂厂房的地带建立了富丽堂皇的现代商场,人们看到了商场中摆放的神奇的发出灵光的商品,它们琳琅满目,令人目不暇接。但是,它却关闭了人们另外的发现能力:人们无法看到这些商品是从哪里来的,无法看到商品背后的生产者，无法看到商品背后的私人劳动。这些商品好像天生就在这里，好像没有历史，没有劳动，没有根源。它们也从不欠缺，它们一直在那里，一直在展示着。商品似乎不需要工人，不需要生产，不需要工厂。它自己有独特的灵光，有自己神奇的魔力，它有自身的唯一主宰性。物掩盖了人和人的关系。人再也不和人发生直接的、面对面的关系。人们都在拼命地生产物，让物成为商品，人们试图通过商品生产来谋生或获利，人将自身的命运寄托在他生产的商品上面来。这样，物就取得了绝对主宰的地位。本来物——这个商品——是我们生产出来的，本来是人们在控制这个物，但是，人们现在则被这个物所主宰，一旦物没法交换的话，一旦物作为商品无法被别人消费的话，人就会受到影响，人的劳动就没有价值，人可能会破产，他的生存可能就得不到保障。人们不断地担心商品是否有市场，因而将自己的所有热情都投入到物的上面，被物所牵制，这个物最后变成了对人的控制，人被物所压住，物成了人这个生产者的主宰。一切都以作为商品的物为宗旨，物就获得了它特殊的神秘之感。这也就是所谓的"拜物教"——对物充满着宗教般的神秘感和敬畏感。物，无论对于消费者，还是对于生产者来说，它已经取得决定性的主导作用。物成为人的宗教。人们不是在苹果手机这里发现了所谓的苹果教吗？

事实上，商品拜物教后来进一步地发展为货币拜物教，因为频繁的商品之间的物物交换不得不寻找一个共同的一般等价物，这个等价物可以同各种商品进行交换，它是抽象人类劳动的化身，因此，可以作为各种商品交换的媒介，当这种一般等价物发展到货币的形式时，人们就开始形成了货币拜物教，即货币决定了一切。所有人都将自己的激情投入到货币身上，正如他们曾经将所有的激情投入到商品身上一样。追逐货币，成为人们的生存目标，显然，货币更是一种巨大的掩盖，"正是商品世界的这个完成形式——货币形式，用物的形式掩盖了私人劳动的社会性质和私人劳动者的社会关系，而不是把它们揭示出来"[1]。货币成为新的神。

这就是马克思讲的商品拜物教和货币拜物教（还有后来的资本拜物教）。我们在这个地方停顿一下，再次回到韦伯。在整个中世纪，所有的人都有一个信仰，人人都信上帝。上帝是单一的，绝对的，超验的，他也垄断和统治了所有人的价值观。这是绝对的一神论。但是，经过世俗化和理性化之后，也可以说，到资本主义社会之后，这个神的单一性和垄断性就不存在了。人们不再被上帝一个人所束缚。人们在价值观方面开始出现分歧，也就是说，各种各样的信仰都可以出现，人们的信仰会相互冲突，这就是韦伯所说的"诸神之争"，就是说，我们可以信各种对象。比如说，人们可以信自由——我们觉得自由是最高的价值；也可以信"大多数人的最大的幸福"；还可以信进步，信民主，信平等。各种各样的价值观纷纷涌现，也就是"诸神"纷纷涌现。"我们这个时代，因为它所独有的理性化和理智化，最主要的是因为世界已经被除魅，它的命运便是，那些终极的、最高贵的价值，已从公共生活中销声匿迹，它们或者遁入神秘

---

[1] 《资本论》第1卷（人民出版社 2004 年版）第 93 页。

生活的超验领域，或者走进了个人之间直接的私人交往的友爱之中。"[1]在韦伯的诸神之争后，英国的哲学家以赛亚·伯林更进一步地提出了价值多元论。在他看来，各种价值观，各种善，都应该存在，都有其合理性。人的目的是多种多样的，人的价值观，人的善的观点，也是多种多样的，但是，它们之间并不通融，并无可通约性，也就是说，并不能整合到单一的价值之中，相反，它们有时还处于敌对、冲突和竞争的状况。但是，决不应该为捍卫一种价值和理念开战，不应该为一种价值观而吞噬和毁灭另一种价值观——这种形而上学的独断论造成的后果触目惊心。不过，伯林也有些沮丧地发现，有些看上去都是正面的价值观，也会发生冲突，人们只能选择其中之一，而不得不放弃另一些同样值得珍视的价值追求，也就是说，达到不同价值之间的协调是极其困难的，甚至是不可能的。伯林一方面坚持价值多元论，一方面又在这种多元论中强烈感受到某种悲剧性。

　　韦伯和伯林都看到了上帝退隐之后出现的多神的局面，但是，马克思则看到了商品拜物教（货币拜物教和资本拜物教）的独大。在马克思的眼中，在现代的资本主义社会，没有什么多元价值，只有唯一价值。马克思在原先的上帝死去而腾出来的位置上，安置了商品及其后续物货币和资本。现代社会不是没有信仰，不是没有宗教，但它信仰的是物，货币和资本。所有人，所有的生产者，所有的资本家，都试图让商品和货币充满魂灵，让它成为新的宗教，让它成为最有力量的主宰者，让

---

[1] 韦伯《学术与政治》，冯克利译，生活·读书·新知三联书店1998年，第48页。

人们都拜倒在它的脚下。正是这种货币拜物教,使得马克思相信,人和人之间的关系就变成赤裸裸的金钱关系,变成赤裸裸的利益关系。这是马克思在《共产党宣言》里面讲的,"资产阶级在它已经取得了统治的地方把一切封建的、宗法的和田园诗般的关系都破坏了。它无情地斩断了把人们束缚于天然尊长的形形色色的封建羁绊,它使人和人之间除了赤裸裸的利害关系,除了冷酷无情的'现金交易',就再也没有任何别的联系了。它把宗教虔诚、骑士热忱、小市民伤感这些情感的神圣发作,淹没在利己主义打算的冰水之中。它把人的尊严变成了交换价值,用一种没有良心的贸易自由代替了无数特许的和力挣得的自由"[1]。也就是说,资本主义社会之前的各种神圣关系,都被金钱关系所粉碎了。一切都应该放在货币的砝码上来权衡,包括先前的受人尊重的职业,"资产阶级抹去了一切向来受人尊崇和令人敬畏的职业的神圣光环。它把医生、律师、教士、诗人和学者变成了它出钱招雇的雇佣劳动者"。甚至连家庭也不例外,"资产阶级撕下了罩在家庭关系上的温情脉脉的面纱,把这种关系变成了纯粹的金钱关系"[2]。这是马克思对现代资本主义的概括,这种概括,在今天看来,仍旧是如此之准确,如此之有预见性,马克思准确地预见到了今天的事实:拜金主义狂潮席卷一切,资本拜物教愈演愈烈。

这是马克思讲的商品拜物教和货币拜物教的无坚不摧的力

---

[1] 马克思、恩格斯《共产党宣言》,人民出版社 1997 年,第 30 页。

[2] 《共产党宣言》第 30 页。

量。它一方面摧毁了各种旧的人际关系和神圣关系，它摧毁了历史；另一方面，它也摧毁了封闭的空间，摧毁了各种地方性，或者说，它为了满足商品的流动欲望（正是商品的流动才能获得更多的货币和资本），而重构了全球空间。它在历史和空间，在纵向和横向两个方面，都有摧枯拉朽的作用。商品成为物神，为了寻求市场，商品表现出强劲的不顾一切的流动性。"不断扩大产品销路的需要，驱使资产阶级奔走于全球各地。它必须到处落户，到处开发，到处建立联系。"结果就是，"它的商品的低廉价格，是它用来摧毁一切万里长城、征服野蛮人最顽强的仇外心理的重炮。它迫使一切民族——如果它们不想灭亡的话——采用资产阶级的生产方式；它迫使它们在自己那里推行所谓文明，即变成资产者。一句话，它按照自己的面貌为自己创造出一个世界"[1]。一个世界市场形成了。这个商品主导的世界市场将世界进行了重新整合，商品四处流动，它们的生产原料也四处流动，它消灭了民族工业和地方工业，使得民族国家的界线被穿透，闭关和保守的状态被打破，自给自足的经济模式被摧毁，地方性被侵蚀，农村被卷入到城市中来，野蛮民族被文明民族所同化。也就是说，它使得世界被同质化，生产和消费都是全球性的了——这就是我们今天所宣称的全球化的开端。在某种意义上，可以说，全球化从16世纪就开始了，而它直接的动力，正是商品的强烈市场欲望。商品这一新的物神，彻底改变了世界。

---

[1] 《共产党宣言》第31~32页。

论垃圾

一

在古老和原始的乡村，人们的用品，常常被反复地利用。衣服甚至可以被一代一代人接着穿下去，父亲穿过的衣服可以给儿子穿，哥哥穿过的衣服，可以给弟弟穿，弟弟穿过的衣服，可以作为碎片来擦洗家具。这些物品，在尽量地延长自己作为功能性用具的时间。在农村，物品总是要把自己耗尽，直至破旧的状态——这使得它们转化为垃圾的时间充分地延长，从而将垃圾的生产效率大大降低，垃圾的数量也因此最小化了。在农村，垃圾的主要成分是粪便和食物，由工业制成品所构成的垃圾并不多见，农村的工业垃圾和无机垃圾相对较少。而以粪便和食物为主的生活垃圾，可以转化为肥料，人们将它们搜集起来，让它们发酵，进而送到田野之中（剩余的生活食物可以用来喂养家畜）。在严格意义上，这些粪便甚至不能称为垃圾，因为这些粪便自诞生起就被看作是有用的，是肥料的一部分，是土地的食物，是植物再生产的催化剂。这些生活垃圾，一开始就置身在一个功能性的链条之中——是整个农业生产再循环中的一个不可或缺的要素，是促成大地上的植物四季轮回的一个肯定性要素：粪便养育了禾苗，禾苗养育了身体，身体诞生了粪便——粪便从来就不是无用之物。那么，它们到底是什么？雨果回答说："是开满鲜花的牧场，是青青的草地，是百里香，是一串红，是野味，是牲畜，是傍晚健硕的牛群发出的满足的哞叫，是清香的干草，是金色的麦穗，是您餐桌上的面包，是流淌在您静脉中的热血，是健康，是欢乐，是生活。这是神秘的造物主的意旨，它要用垃圾改变大地，改变蓝天。把垃圾归还土地，您就会获得富足。让平原得到营养，人类就会收获粮食。"[1]

但是，雨果只说对了一半，如果这些东西在现代城市中，它们并不是"食物"，因为，在城市中，大地消失了。由水泥构筑的城市无法消化这些"食物"。这主要是由于城市表面被水泥和砖石包裹起来。城市作为一个被包裹起来的整体，因此具有强烈的排斥性。水泥砖石几乎同任何物质都无法融合。它如此坚硬，不可穿透，容忍不了任何杂质，这是它和泥土的根本区别。城市中的物体一旦离开了它恰如其分的功能位置，一旦溢出了自身的语法轨道，那么，它注定和城市的坚硬表面格格不入，一定会成为城市的剩余物，从而具有变成垃圾的潜能——砖石水泥表面同所有的物质都会发生固执的冲突。城市如此硬朗（城市中的人比乡村中的人更担心孩童摔跤），以至于它必须留出专门空地来栽种植物——城市中出现了大量的人

---

[1] 卡特琳·德·西尔吉《人类与垃圾的历史》，刘跃进、魏红荣译，百花文艺出版社2005年，第80页。

工化的绿化带，这些绿化带主要是为了保持对城市水泥砖石的平衡，它们让硬朗的城市变得柔软一点，让灰色的城市变得丰富一点，让僵化的城市变得活泼一点。这些植物绿化带点缀在庞大的高低不一的混凝土结构中，稀释了城市的硬朗和单调，但是，它们稀释不了城市的杂质，也无法融化和吞没城市的垃圾。一个典型的现代城市，就是在巨大的钢筋水泥身体上不时地抹一点绿色。但是，这些绿色，这些植物，也是被精心制作和培养的，它们并非在城市中恣意而汹涌地繁殖起来。它们和城市中的建筑街道一样，也是被规划和被组织的。这是一些被设计的植物，它们靠的是人为的喂养和修剪（有一大批工人伺候它们），即便它看上去活泼欢跃，具有植物本身的勃勃生机，但是，它们还是具有一种人造的总体性——这些绿化带被如此有序地设计，它们的每个环节都得以构思和剪辑，每个环节都有一种自主的饱满性，而且，每个环节依附于一个更大的绿化单元，而每个绿化单元又依赖于一个更大的城市的局部。这样，植物成为城市的一个有机部分，它完美无缺地镶嵌在城市的表面。这些植物带，不像是长在城市之中，而是像绘画一样被刻意地画在城市的表面。无论是这些绿化带内部，还是绿化带和建筑街道的嫁接，都是完整的——它们之间没有空隙，也就是说，没有垃圾生存的空间和土壤。水泥砖石接纳不了弃物，同样，绿化带也接纳了不了弃物（许多绿化带甚至不接纳人，它们拒绝人的行走，它们只是人的背景或者供人观望）。现代城市，将土地掩盖得如此完满，以至于让废弃物无处容身。也就是说，废弃物不得不在这里以多余的垃圾存在。乡村土地可以消化的东西，在城市中，却只能以垃圾的形象现身。城市越是被严密地包裹住，越是容易生产出剩余的垃圾；城市越是被精心地规划，垃圾越是会纷纷地涌现。

这样，在乡村中，粪便并不构成垃圾，但是在城市中，粪便差不多是垃圾的代名词，包含了垃圾最大、最深邃和最意味深长的语义。它不仅无用、累赘、肮脏，更重要的是，它对身心和健康充满着威胁——这或许就是垃圾的全部语义。在城市中，人们对于粪便避之唯恐不及。事实上，在农村，不仅粪便被归纳到事物功能性的链条之内，我们甚至会发现，在农村，有关垃圾的意识非常淡薄，农村不仅缺乏工业机器制造出来的无机商品，也因此缺乏这样足够的商品耗尽之后的无用垃圾；另一方面，农村少量的人口却占据着广阔的面积，这使得有限的垃圾很容易被无限的田野所吞噬和利用。垃圾不会形成一个庞大而又令人触目惊心的形象——巨型的垃圾场只能盘踞在大城市的四周。除了粪便、剩余食物这类生活垃圾之外，在很多城市中被视作是垃圾的东西，在农村中却从来不被看作是垃圾，比如泥土，树叶，菜市场的残余物以及所有死掉的动植物——城市平滑的水泥地面无法吞噬它们，只能将它们作为异质物排斥掉。相反，它们却可以自如地渗透进农村的土地之中——落叶在乡村从来不被看作是垃圾，但在城市中却总是环卫工人的目标。

因此，垃圾在很大一部分程度上是由城市自身制造出来的，是城市排斥性的硬朗表层结构所创造出来的。更为重要的是，城市庞大的人口密度，产生了大量的剩余垃圾——垃圾总是人为的，总是与人相伴生成——有多少人，就会产生多少垃圾。人口密集的地方，垃圾也会密集。这就是为什么垃圾总是困扰着城市的原因。就此，我们甚至可以说，垃圾的问题，就是城市的问题。

二

我们已经表明，许多的自然物质（泥土、树叶等等）在乡村实际上不能算作是垃圾。如果我们忽略掉这些垃圾，那么，在城市中，人们可见到的垃圾大多是商品制造出来的。如果说，物有一个传记的话，那么，垃圾则是这个传记的最后尾声。我们来看看这个物的大致传记：最开始，物质以它们的初始形态存放于地球的各个不同角落，它们是地球的有机部分，它们是地球而不是任何物品的要素，这些物质要素被人们抽取出来，进行改造、加工、提炼和培育，最终将它们进行重组，使之成为一个功能性的有用物品。这个功能性物品，在晚近的几个世纪逐渐演化为商品的形式，在世界各地来回旅行。在今天，绝大部分的功能性物品都以商品的形式存在。就今天而言，垃圾的前身是商品。马克思已经表明，商品凝结着工人的劳动时间。但是，这个劳动时间，以及这个时间所表明的剥削关系，已经被商品的外貌掩盖了，人们在商品身上已经看不到这种深层的剥削。这是商品拜物教的秘密。这也是商品诞生和到处旅行的一个市场动力。但是，这些商品，总是有耗尽的时候，也就是说，它的实用功能总有枯竭的时候，一旦功能枯竭，它就会以垃圾的形式存在，在这个意义上，可以说，今天的垃圾，正是商品的残余物，是商品的尸体。

商品就此构成了垃圾的前身。商品和垃圾，这是物质的两段命运。如果说，商品的诞生，就是将各种物质要素费尽心机组合起来，从而具有某种功能性的话，那么，垃圾则意味着这个功能组合可能失效和散架了。这是物品变为垃圾的前提。但是，商品的功能失效，并不意味着它立即就会转化为垃圾的命运。人们经常保存着无用的商品：或者是出于同物品长期相处而导致的情感，或者是出于一种固执的俭省（许多穷人和老人不愿意丢弃一些毫无用处的东西），或者是出于一种遗忘、懒散和习性，或者是出于一种隐隐约约的修补期待——总之，商品一旦没有丢弃，一旦没有离开主人，一旦没有改变它的空间处境，就并不意味着它直接变为垃圾。尽管如此，作为物质的商品，一旦剥离了使用功能，就有可能变成作为物质的垃圾。一个手机无法传递声音，一个眼镜摔成碎片，一个香烟的主干部分被吸完了，它们就失去了手机、眼镜或者是香烟的语义，或者说，它们不再被当作手机、眼镜或者香烟，只可能作为垃圾对待。

在获得垃圾的身份后，这些商品的物质性才被再次显露出来。对于商品而言，人们通常强调它的功能性，而对它内在的物质性并不了然——事实上，一个眼镜只要能让眼睛看得更加辽阔和清晰就可以了，人们通常忽视它的构成。但是，一旦这个眼镜被摔坏了，人们会发现，这个眼镜是由玻璃构成的——眼镜的物质性放大和暴露了。商品不再具备功能的时候，它就回到了一种单纯的物质性本身。但是，这种物质性还不是商品诞生之前的物质性，尽管商品将地球上物质元素的自然状态改造为人工状态，商品对物质进行了异化实践，但是，商品变成垃圾之后，物质并非返归到它的初始状态，物质并没有获得它先前的自由和自发状态。它是回到了单纯的物质性，但这是一种在商品化实践中被人为改变的物质性，一种从功能中解脱出来的物质性：眼镜回到了玻璃，但不是最初的玻璃，而是被加工过的玻璃。这种物质性最后以垃圾的形式返回了大地，就如同它当初是以功能要素从大地那里被攫取一样。这是一个否定之否定的过程：商品从大地那里否定了物质性，垃圾又从社会中否定了商品，重新返回到了大地中的物质性，这是物的轮回宿命。

在社会状态下，每一件物品，必须存在于一个功能性的语法链条中。也就是说，物一旦没有恰当的社会功效，一旦在社会结构中找不到自己的位置，它就可能在垃圾中寻找自己的位置。垃圾就是社会的剩余物，也可以说，人们以垃圾来命名社会的各种剩余物。严格来说，在动物的世界，并没有垃圾。垃圾只有在社会中存在——也就是说，物，只有披上社会外衣的时候、只有闯入人的世界的时候，才有转化为垃圾的资质。物的社会进程被中断了，才转化为垃圾。但是，物在什么时候中断它的社会进程？

我们看到，物丧失了功能，并不意味着它立即从社会进程中脱离出来了——人们有时候会将无用的物品长期存放。但是，反过来，即便物不丧失功能，在某些情况下，仍有可能变为垃圾。

事实上，许多垃圾并没有完全失去它的功能，一个被人扔在垃圾堆中的纸箱子还可以装些碎物；一个倾倒在垃圾桶中的剩饭剩菜还可以拣起来再吃，一件抛弃的破沙发还可以供人坐——一件物品之所以转化为垃圾，并非它完全失效了，而是取决于人们对它的态度。同一件物品，母亲会将它作为物品保存，儿子会将它作为垃圾处理，家庭甚至会为物品的垃圾潜能展开争执。富人和穷人对垃圾的理解也完全不同：前者物品的使用时间可能更短，使用的物品更多，更丰富，在某种意义上，他创造的垃圾也更加频繁。物品在什么情况下被作为垃圾来处理，这是区分社会等级的一个尺度。我们不知道物品被耗尽，被丢弃的标准，但我们能肯定的是，人们将物品丢弃掉，将它看作是垃圾，将它当作垃圾来处理，物品才能算作是垃圾。我们甚至要说，一个物品只有置放在垃圾堆中，才能成为垃圾。也可以说，只要置放在垃圾堆中，就必定是垃圾。垃圾堆有能力将其中所包括的一切改写为垃圾：一颗珍珠，它埋在垃圾堆中，就可能永远成为垃圾。

但是，人们也有能力将垃圾堆中的垃圾重新改写为物品：一个人将沙发扔到垃圾堆，沙发就变成了垃圾，但另一个人从垃圾堆中将这个沙发搬回家，这个垃圾又改写了它的语义，它清除了垃圾身份，重新回到了物的状态，重新进入到社会实践中。就此，同一件物品，在不同的时刻，会表达不同的意义。这取决于人们运用它的方式，取决于人们对物的选择：物被人照管，而垃圾则是人们的弃儿。无论是物品还是垃圾，它们的身份都可能是临时性的，它们的语义可以来回反复地转换。一个物品成为垃圾,绝不意味它已经寿终正寝,它还可以再次焕发青春。垃圾被重新发现和运用的方式多种多样。形形色色的拾荒者重新激活了垃圾的功能,它们将垃圾置放到另外的语境中,使之变成了有用的物品。五花八门的垃圾回收,甚至使得垃圾重新进入市场,转变为商品。

商品转变为垃圾和垃圾重新转化为商品,遵循的并非是一个逆向的线路。在商品诞生之初,有一个大规模的标准范式。同一类商品长着同样的面孔,同时诞生于某个确定的工厂空间,在某一个特定时刻同时千辛万苦地来到了人世间。它们被运到城市中的各种商场,被呵护、被专人看管、被反复宣讲、被灯光照耀,熠熠生辉。这是命运的宠儿,需要用血汗金钱来购买。人们将它小心翼翼地搬回家,看管、使用、消耗,直至最终榨干了它的潜能。然后将它抛弃——这就是垃圾的诞生。一旦成为垃圾呢?这些商品被随意倾泻、搬运、混淆、踩躏、侮辱,人们像对待眼中钉一样避之唯恐不及,似乎它亏欠了所有人!最后,它们作为一堆废物聚集起来,在一个荒野的垃圾山上搅拌在一起。这和它们前半身的命运有着何其巨大的对比!它们出生的时候,何其珍贵!它们死亡的时候,何其不堪!先前体面的、一模一样肩并肩耸立的商品,最后却面目全非地屈身于垃圾之中,互相不能指认。或许,它们当初出现在同一个商场,但收容在不同的垃圾山上;或许,它们不出现在同一个商场,却收容在同一个垃圾山上。但是,它们注定是要从现代超级商场走向巨型垃圾山的。现代商场是物的盛世王国,而垃圾山则是这个盛世王国的倒影。超级商场和垃圾山,这是现代城市的两个极端，它们在城市内外遥相呼应：一个如此光洁和优雅，一个如此凌乱和恶臭；一个如此人头晃动，一个如此鸟兽盘旋；一个如此辉煌和丰裕，一个如此荒凉和寂寥。人们很难想像，后者是前者的归宿，人们在商场中断然想不到那些像神像一样被供奉的物品，最终会在腐臭的垃圾场中重新聚首；同样，人们也想像不到，这个发出恶臭的垃圾场，曾经有它众星捧月般的辉煌前史。商品的王国和垃圾的王国在城市内外的并置，是现代都市的奇观之一。在某种意义上，现代城市的节奏，就意味着，物品从前一个王国向后一个王国的喋喋不休的转移。

  不过，在现代社会，只有显赫的商品牢牢地控制了人们的目光——无论是理论的目光还是现实的目光。商品无处不在、触手可及、光芒四射，令人们流连忘返。穿越商品刻意制造的光晕，人们已经发现了各种各样的隐晦秘密。相形之下，人们对垃圾视而不见。人们要掩盖垃圾，要将垃圾从目光中抹去，似乎垃圾并不存在。人们给物品书写传记，但是，物品的最终命运垃圾却从来没有被考虑进来。一个从事物质文化研究的人这样谈论他所研究的一个物质对象的传记："一间典型棚屋的传记，开始它是多妻制家庭中一位妻子和她的孩子的卧室。随着年龄的增长，棚屋逐渐成为会客室或者寡妇的房间或者大孩子的房间，直至厨房、羊栏或者猪舍——直至最后被白蚁侵蚀，被风雨摧毁。"[1] 这个有关棚屋的传记，尽管其意义曲折复杂，但是，它的句号，就是遭到了风雨的摧毁。不过，这些被摧毁

---

[1] 罗钢、王中忱编《消费文化读本》，中国社会科学出版社 2003 年，第 400 页。

的木屋的最终结果呢？这些木屋摧毁之后的素材呢？就是说，一个传主死掉了，但是，传记从来不考虑他的葬礼和遗体。人们对待垃圾也是这样，自马克思以来，围绕着商品诞生了庞大的学术机器，但是，人们却将商品的遗物忽略了，围绕着商品的，似乎只有生产和消费的喧哗，而无需聆听葬礼的低吟。就如同人们忙忙碌碌地准备了一顿丰盛的晚餐，所有人都在津津乐道食物制作的精细和美味，但没有人注意到剩余饭菜的处理。事实上，一顿通盘的晚餐，只有在处理完最后的残羹冷汁之后，才能算是终结。为什么人们在物的完整传记中，总是会忽略消费之后的灰烬？或许，这是因为人们将垃圾的处理看作是一个不可避免的自然的过程——它没有意义，没有文化含量，它是出自一种本能的抉择；也或许，因为它固有的肮脏、恶臭，人们倾向于回避。这就使得垃圾总是被忽略、被悄悄地掩盖——不仅仅是理论上的，同样也是现实性的。

不过，垃圾真的没有文化意义？人们出于梦幻制造出商品，商品是人类梦想的结晶，可以从商品的角度来写一部人类梦想的历史，但是，难道不可以从垃圾的角度来写一部人类活动的历史？商品是欲望的产物，垃圾则是回忆的源泉。在飞机身上人们能够看到人类飞翔的梦想，但在作为垃圾的飞机残骸中，则看到了过去一个惊心动魄的事件悲剧。作为商品的灰烬，垃圾是人类的遗迹，是人类记忆大海中遗漏的细小珍珠，但是，它包含了整个大海的广阔秘密。人们可以借助文物/垃圾深入历史的深邃核心。所谓的考古学，难道不就是在垃圾中寻寻觅觅？在这个意义上，垃圾就是最初始的历史文献。垃圾的身体，铭刻了人类的历史。这也是某一类历史垃圾在一个特殊的时刻重新变得意义非凡的原因：在时间的缓慢雕刻下，商品不得不脱离它的既定时空，不得不脱离它的实用语境，不得不以垃圾的形式被抛弃在某个沉默的地带。但是，在另外一些偶然时刻，这些垃圾从沉默地带苏醒，变成了今日稀罕的历史发现——这就是文物的诞生。珍贵的文物常常有一个垃圾的卑微前史，正如垃圾常常有商品的辉煌前史一样。这或许是这样一段曲折而漫长的历程：商品终于成为垃圾，被历史的尘土无情地掩埋，在某一天有幸重见天日，终于成为人们竞相追逐的文物猎物。

三

在现实中，垃圾总是要被掩盖的。我们已经指出了商品转化为垃圾的条件。但是，垃圾到底是怎样被处理的？或者说，垃圾到底是怎样被秘密掩盖的——对垃圾的清除过程，就是对垃圾的遮掩过程；商品总是被展示，而垃圾总是被掩盖。那种体量惊人的垃圾山，也被搬到了城市遥远的外部，逃离了城市人的目光。同样，作为垃圾的重要来源地之一的工厂也被迁到城市的外部。现代城市，一方面在源源不断地生产垃圾，另一方面，则是要拼命地掩盖垃圾。城市的隐秘愿望，就是似乎不存在垃圾这样一种东西，似乎城市中只有商场和饭店的人头攒动，只有汽车和街道的忙忙碌碌，只有购买、积累、进食和生产的滚滚热浪——无数以城市为主题的照片都是将这类场景定格，似乎这就是城市本身。城市似乎不消化、不排泄，似乎没有剩余物——光洁、整齐和繁华是城市的理想形象。也就是说，城市的理想，就是让所有的垃圾消失于无形。

这就是城市对垃圾的千方百计的遮掩。如何以一种遮掩的方式来清除垃圾？实际上，垃圾总是倾向于聚集的，也就是说，垃圾总是倾向于根据体量来炫耀的，垃圾有一种聚众喧哗的品格。因为，垃圾总是在寻找垃圾，垃圾总是愿意与垃圾为伍，垃圾总是在垃圾群中寻求安全感，垃圾像磁铁一样吸引着垃圾。垃圾堆的体量越大，吸引力也越大，就此，垃圾总是很容易形成垃圾堆——这也是垃圾山最终形成的原因。垃圾很少躺在城市的某个角落形单影只，它总是在执著地寻找一个既定的垃圾群体——垃圾具有群居性，单个垃圾总是倾向于涌入垃圾堆中。事实上，人们在户外，很少将垃圾果断地投置在一个洁净的场所，这种对洁净场所的污染，会冒着自我谴责和受别人谴责的双重道德风险。然而，一个户外的没有合法性的垃圾堆，会让投放垃圾的人心安理得。将垃圾投放在垃圾堆中，似乎并没有给整洁的城市添加麻烦，似乎扔掉的并非垃圾，似乎垃圾找到了一个它最应该去的地方，似乎垃圾回到了自己的家宅。无人管理的垃圾，总是这样自发地自我堆积起来。

现代城市，作为一个运转的机器，其基本功能之一，旨在消除这些非法的垃圾堆。如果说，城市是一个身体，每天要从外部吞食大量商品的话，那么，垃圾就是城市每天排泄的东西，是这个城市身体的赃物，城市要将它隐秘地排斥掉，就如同一个身体必须要有一个流畅自如的消化器官一样。城市设置了一套严密的管理和搜集垃圾的程序。它遍布着垃圾箱。垃圾箱整齐有规律地布置在街道的两侧，渗透到城市的角角落落，它们如此密集、如此广布，总是能够随时像一个忠实的仆人那样接纳和吞噬户外的行人要随手扔掉的东西。在白天，这些垃圾箱被嘈杂的城市所湮没，只有在投放垃圾的时候，它才从人们的目光中闪现。但是，在深夜，城市归于寂静，这些垃圾箱则在夜色中整齐地出没，仿佛是街道沉默的哨兵。垃圾箱是城市消化垃圾的第一个器官。它们吞噬了城市每天浩如烟海的碎片般的垃圾。这是最小的消化垃圾的单元。接下来，城市的环卫工人将单个垃圾袋搜集起来，投放在一个临时性的垃圾堆中，然后，又将这个垃圾堆搬运到更大的垃圾站中，最后，又将这个垃圾站搬运到更大的垃圾山中。垃圾，就这样逐渐地从小的单元转移到更大的垃圾单元中，从单个的垃圾碎片卷入到累积的垃圾集体中。垃圾在逐渐和逐层地叠加、增长、扩充和繁殖。室内的垃圾搜集，比如家庭中的垃圾，同样遵循这样一个递进逻辑。人们在室内存放着垃圾桶，然后将它转移到社区中的垃圾群中，最后被转移到一个更大的社区的垃圾堆中，直至垃圾庞大的终点站。

这个垃圾逐层累积的过程并不奇特——这是搜集垃圾的一个最妥当的举措。但是，在这个搜集和转运垃圾的过程中，垃圾总是隐蔽的。垃圾箱留下了一个细小的入口，上面有时候加上了一个能够轻易转动的盖子，垃圾一旦投放进去，就被牢牢地遮住了，并且被黑色的塑料垃圾袋所包裹。垃圾箱越来越精制，就外表而言，有时候甚至非常整洁，以至于人们根本不会躲避它们，似乎这根本不是存放垃圾的箱子，除了有时候实在无法遏止的气味在表明它的垃圾身份之外，从视觉上看，人们对垃圾箱并不产生反感。垃圾箱沉默而固执地掩盖和收藏了垃圾。即便在搬运的时候，人们看到的并非是垃圾，而是一个个神秘的黑色塑料袋。塑料袋将垃圾的所有负面形象——它的丑陋、肮脏、污秽甚至是臭味——裹住了。似乎搬运的不是垃圾，而是货物。在大街上，在城市的卫生理想中，人们总是看到了垃圾箱，而没有看到垃圾。反过来，如果看不到垃圾，人们对垃圾箱也视而不见——在日常生活中，人们可能每天都会穿过垃圾箱而毫不留意。垃圾和垃圾箱互相掩饰。同样，大街上的公共厕所，在竭尽全力地抹去它的厕所身份，有些厕所修建得如此精制、如此讲究，甚至看上去比住宅还讲究。如果不是它的提示性的标志符号，人们可能会在厕所面前迷失：人们在厕所面前找不到厕所。一个现代城市，就是将公共厕所变成街头的一个普通建筑，它要自然地融于公共建筑中，而不是从公共建筑群中醒目地独立出来。也就是说，一个处理垃圾的地方，至少从建筑的角度看上去要与垃圾无关，或者说，消化和处理垃圾这样一件工作，就像一个公司，一个机构，一个商店的普通工作一样。垃圾被厕所内化和隐形化了。在厕所的反面——饭店——中，人们也在隐藏垃圾。饭店是生产食物垃圾最密集的地方。但是，诡异的是，人们在饭店看不到垃圾。只要客人还在，桌上的饭菜就还是食物，客人一旦离开，桌上的饭菜立即由食物转变为垃圾，但是，这个客人离开之后的杯盘狼藉的场景以最快的速度被整理，桌上剩余的饭菜瞬间消失得无影无踪。

想想有时候不免令人惊讶：一个如此之多的人集中进食的地方，居然看不到食物垃圾。最后，垃圾总是在夜晚被搬走，总是在城市沉睡的时候被搬走，总是避开了人们的目光和身体被搬走。搬运垃圾的汽车披着夜色的帷幕来回穿梭于城市的内外，洒水车的缓慢节奏应和着闪烁的朦胧街灯，而清扫垃圾的工人在晨曦中佝偻着身影——垃圾的清扫和处理总是在太阳隐没的时候悄悄地进行。

另一方面，人们将垃圾转移到了地下。"与一个现代城市的地面建筑相对应的，便是地下的城市，一个由管道、下水道、水槽和坡道构成的城市，可以让垃圾和水变得无影无踪。"[1] 正是垃圾使得城市向纵深开拓。一方面，人们的生产空间和居住空间越来越向高处生长，另一方面，为了排放和处理液体垃圾，城市不得不向地下开拓。如今的城市，除了进行水平面的扩张外，还有一个垂直的上升和下坠：城市不仅一再扩张它的面积，还扩张它的体积。事实上，这个地下的管道世界异常神秘，如果人们能够用肉眼看到这个世界的话，或许，他会被那纵横交错蜿蜒曲折的场景所震惊。我们无法目击这个非凡的管道建筑，我们只知道，它将先前的城市中的垃圾所发出的臭味紧紧地包裹住。这样，在地面上的城市中，汽车尾气的刺鼻味道代替了人为的粪便恶臭。现在，机器的污染取代了身体的污染。气体的污染取代了液体的污染。液体垃圾的发源地在室内，因此，这些管道，从地底下盘旋到室内，盘旋到垃圾的起源地：厨房

---

[1] 罗芙芸《卫生的现代性》，向磊译，江苏人民出版社 2007 年，第 208 页。

和卫生间。这些潜伏着的管道只有在厨房和卫生间隐约地透露出它的微末踪迹。厨房和卫生间,这是现代家庭住宅必备的结构。如果说固体垃圾是通过汽车从晚上搬出城市的话,液体垃圾则是通过地下管道不舍昼夜地流出城市:液体垃圾的后半程,经过地底下的技术处理,转化为河水,堂而皇之地穿过城市。城市,就这样使垃圾隐形了,让垃圾从人们的耳目中消失了。似乎垃圾从来没有大规模地积累过,从来没有成为一个负荷累累的事件——似乎垃圾并没有大规模地侵犯城市。

四

城市要固执地将垃圾清除出去。将垃圾以最恰当的方式清除出城市,是城市的一个长久梦想。城市的历史,在很大一部分程度上是同垃圾作斗争的历史。为此,城市的建造和空间部署,逐渐将垃圾的清除作为一个重要目标。垃圾的隐秘清除和运输不仅决定了城市的纵深方向,它的配置规律也恰好说明了城市的结构。大体上,人们可以根据垃圾的在场,确定城市的中心和边缘。我们可以说,在城市的中心地带,垃圾最少;反过来,在城市的边缘地带,垃圾最多。如果我们认为地面上的垃圾主要是商品消耗后的剩余物的话,那么,还可以说——这一点有些吊诡——商品的饱满地带,垃圾最少;商品的匮乏地带,垃圾最多。显而易见,是商品及琳琅满目的橱窗置身于城市的中心地带,它们耀眼夺目,其光辉逼走了垃圾。反过来,在城市的边缘地带，垃圾猖獗，让商品望而却步。尽管商品是垃圾的前史，但是，在空间上，商品和垃圾相互排斥，水火不容。城市的结构就此出现了一种波纹形：最中心是商品的聚积地，最边缘是垃圾的堆积地。从中心到边缘，商品的配置呈现波浪般的散布状态。反过来，垃圾则呈现递增的积累状态。城市总是要将商品往它的中心处聚集，而要把垃圾向它的边缘处驱赶。就此，人们可以根据城市中的垃圾配置，来确定城市空间的等级和价格，甚至可以确定城市的界线。一个城市的延伸在什么地方终止？如果说，以前有一个高墙或者一个护城河将城市包围起来的话，现在，是一个隐隐约约的垃圾带将城市包围起来。垃圾在城内和城外之间拉起了一条绳索——城乡结合地带，垃圾积累到了一个高峰。在垃圾的一侧，是城市，在垃圾的另外一侧，是乡村。垃圾在安排城市的结构。

为什么将垃圾不断地往城市的边缘地带驱赶？——事实上，直到19世纪，垃圾总是在城市的中心聚集：越是人口密集的地带，垃圾越是兴旺。如今，人们为什么要清除垃圾？是因为人们发现了垃圾的致命威胁。垃圾不仅让人们不快，更重要的是，它是疾病的催化剂。这就是人们根据垃圾来安排城市结构的原因，"各个居民区及其湿度和方位的安排，作为一个整体的城市及其污水和下水系统的疏通，屠宰场和墓地位置的确定，人口的密度——所有这些都是居民死亡率和发病率的关键性因素"[1]。这样，城市除了设置一套整体的清除垃圾的机制之外，它还要

---

[1] 《福柯读本》第95页。

提高人们的卫生意识，让人们自觉和主动地清除垃圾。人们应该获得一种有关卫生和垃圾的知识：垃圾之所以要清除，是因为它对健康和身体产生危害。垃圾是细菌和病毒的藏身之所。清除和拒绝垃圾，是现代医学的一个律令，同时也是文明和教养的象征。对垃圾的排斥和拒绝，既是纪律的结果，也是教化的结果。人们已经发现，卫生是现代性的一个核心要素。卫生的程度，是衡量现代性的程度。就此，也可以说，城市的现代进程，就是一个观念上和实践中双重地清除垃圾的进程。现代，意味着垃圾将一扫而空。

事实上，不同城市的垃圾状况千差万别，人们可以在不同的城市，有完全迥异的垃圾经验，甚至在一个城市的不同空间内部，也会有不同的垃圾经验。这足以说明，城市对垃圾的容忍程度具有较大的弹性。人们可以在某种程度上与垃圾为伍（一个来自垃圾成堆的地方的人，来到一个洁净的城市，会有一种隐约的不适感，他发现他不能随地吐痰了）。就此，如果要就不同城市或者城市内部的不同空间的现代程度作一番对照的话，人们立即可以从垃圾着手：越是不能容忍垃圾的城市，越是现代，反之亦然。同样，一个城市内部的不同空间，越是排斥垃圾，越是具有一种空间上的等级优势。

尽管我们看到城市越来越卫生了，越来越现代了，不过，令人绝望的是，垃圾是一个无法完全消除的东西，它像是城市身体上的一个无法治愈的伤口，是它最密切然而又是最讨厌的永恒伴侣。城市和垃圾相依为命。不仅如此，垃圾会越来越多，垃圾呈现的是一个增长态势：一方面，现代社会将商品转化为垃圾的速度和频率提高了;另一方面,现代社会正围绕着商品而组织了一个永不落幕的竞赛:商品层出不穷、更新换代、日新月异。商品的盛大堆积使得现代都市中的商场越来肿胀;而与此相应的是,城外的垃圾场会堆得越来越高,越来越触目惊心,它的恢弘和现代商场遥相呼应。结果,它也会对这个商品竞赛的世界报以幸灾乐祸式的回眸一笑。

五

如果说,垃圾是商品的剩余物的话,那么,拾垃圾者则是人群的剩余物;垃圾和拾垃圾者都是社会的排斥物——人们有时候将拾垃圾者看作是社会的垃圾。有一种以垃圾为生的拾荒者,他们并不在商品的世界中挣扎,而是一头沉浸在这垃圾的世界中,他们的悲欢和喜怒,生存的艰辛和满足,全部来自于这垃圾的世界——这也是他们的整个世界。还有另外一种职业化的拾垃圾者,他们以清除和搬运垃圾为主;这些大城市的垃圾清扫者,现在被职业化了,他们以领薪酬的方式从事这份在一般人看来是垃圾一样的工作。无论是哪一种拾垃圾者,他们每天埋首于垃圾之中,似乎也沾染了垃圾本身的气质:沉默寡言。他们的鼻孔充斥着垃圾的气味,双手在垃圾中反复地探索,就像舞台上程式化的仪式一样,如此的缓慢,如此的倦怠,如此的饱含艰辛。他们的佝偻身影,湮没在夜色或晨曦中,像一个倒影一般面无表情——这既是他自己的倒影,也是社会的倒影。

他们的目光如此地被垃圾所吸引，似乎只有垃圾才是这目光的唯一对象，似乎并不存在着一个喧嚣的社会世界，并不存在着一个繁华的商品世界，甚至也不存在着一个冷漠的机器世界。拾垃圾者，从所有的社会喧嚣中退隐了，他们踯躅于偏僻的社会角落，就像垃圾被弃置在街角一样。拾垃圾者和垃圾在这偏僻的无人地带相遇，相互吸引。或许，拾垃圾者对垃圾产生了一种特殊的感情，或许，他们迷恋上了这无人看管的垃圾，或许，垃圾不再是垃圾，拾垃圾者不再是拾垃圾者，他们生来是一对生之伴侣。沉默的拾垃圾者，每天只和那些沉默的垃圾交谈。

巴洛克：弯曲的世界

一

根据沃尔夫林的看法，16世纪和17世纪绘画的差别，也可以说，文艺复兴同巴洛克绘画最重要的差别就在于，前者更多地是采用线描（linear）方式，后者更重视涂绘（Painterly）的方式。所谓线描，就是强调不同事物的边界是通过线条彼此清楚地区隔开来的。线条将自己所要表达的对象包围起来，让它形成一个自足而稳定的区域。而涂绘则相反，它混淆了不同事物的边界，它将不同的事物融为一体。它强调画面整体的可见性，即将不同的事物混融为一体的整体可见性。线描风格是按照清晰的线条痕迹来观察，而涂绘风格是按照一个大的块面来观察。线描是眼睛沿着边线来观察，因此，边缘非常清晰；边缘之线持久而不屈不挠的延续，这是16世纪的绘画表现出的特有魅力：线的强劲魅力。而17世纪巴洛克的涂绘风格，则努力地擦掉事物边界线的清晰痕迹从而让物和物之间的边缘模糊。正是没有明确的界线，巴洛克画面的各个部分相互融合和渗透。他们看起来像一个笼统的整体，"线描按照事物的真实情况来再现，涂绘则按照事物看起来的样子来再现"[1]。线描注重特殊事物本身，而涂绘则注意事物之间的关系。这是沃尔夫林的基本观点。

一旦注重事物之间关系的话，或者说，事物之间一旦有关系，那么它们势必有一种连续性的连接，以及这种连接带来的过渡和运动感。反过来，事物如果被线条严谨地包围因而彼此明确地区分开的话，事物就被无情地封闭起来，这种连接和运动就被阻断了。也就是说，线条在清晰而强劲地运动的时候，线条所包围和勾勒的形体则处在安静和停滞状态。与之相反，将线条隐去的涂绘作品，通常有勾连在一起的运动感，一种不平衡的运动感：物体和物体之间的动态链接，块状和块状之间的动态链接。这种运动感也即是事物之间的连接、过渡、变化、纠缠和相互淹没。对于16世纪的文艺复兴绘画而言，美在于具体事物的静态之美，形象之美，一种稳定和安静的被线条精确地包裹起来的存在物之美，它也是吸引目光凝视之客体之美；而对于17世纪的巴洛克艺术来说，美在于运动之美，美显现在连接、渗透、过度和动荡之中。

巴洛克艺术为什么如此重视运动，并且赋予它以美的意义

---

[1] 沃尔夫林关于文艺复兴和巴洛克绘画的著名的五对概念区分了线条和涂绘之外，还包括平面和纵深，封闭和开放，多样性和统一性，以及主题的绝对清晰和相对清晰这几组概念。沃尔夫林完全是由艺术的风格形式主义的角度来讨论二者之间的差别的，正是他的杰出研究，使得巴洛克艺术的价值开始得到广泛的重视。在他之前，主流的观点是，巴洛克艺术不过是文艺复兴古典艺术的衰败迹象。不过，与沃尔夫林的研究方法相反的是图像学研究，这包括瓦尔堡和潘罗夫斯基的研究，图像学研究和形式主义研究针锋相对，他们更强调跨学科的研究，即将图像放在一个更广泛的文化范畴内进行研究和讨论。

和价值？人们通常通过宗教的迷狂来探讨这种运动感。14世纪的绘画（哥特时期的绘画）中的人物看起来充满神圣感，他们处在基督教的绝对笼罩下，一切都以教义作为参照和信条。正是对于上帝的无限虔诚，基督徒显得沉默、呆板、被动和僵化，他们被一种隐秘的理念牢牢地捆绑住了，他们将自身完全交给了上帝，他们以弃绝自我的方式奠定了自我的形象。这样，人物的形象和动作都应该在基督教实践和信念中得以解释。感官欲望和偶然的激情都作为根本之恶而被摒弃，因此，人物仿佛抽空了自身，而变得扁平化——这些基督徒没有肉，没有宽阔而饱满的身体，没有复杂和暧昧的面孔，没有偶然的姿态和夸张的动作，只有苦行的骨架、沉默的面容、僵硬的身姿和以及画面中到处盘旋的死亡气息。而文艺复兴时期绘画中的人，似乎将欲望重新塞入自己的体内而从上帝那里赎回了自己。原先在画面上沉默和僵死之人在欲望的驱动下醒觉过来。人开始显露自己内在的怪异野蛮和荒诞地狱（博斯），也会在内心和目光中泛起既神秘又天真的微妙波澜（达·芬奇），肉体鼓动了它的弹性（乔尔乔内），一张柔情蜜意的幸福的脸和一个性感的嘴天衣无缝地搭配在一起（拉斐尔），强劲的姿势包含着巨大的能量（米开朗琪罗），疯狂的激情、无尽的野心和狡猾的欺诈融于一身（卡拉瓦乔），以及囊括所有这一切的一个庞大的无与伦比的感官世界（提香）：在文艺复兴的绘画中，人们同时会微笑和狂躁，会愤怒和安宁，会寻欢作乐也会做最后的垂死挣扎。人们仍旧处在宗教的笼罩之下，但是，宗教除了不包括神圣之外它宽容地包括一切。

尽管如此，尽管文艺复兴的绘画重新打开了感官世界，但是并不充满激情地狂热运动。或者说，人物的激情是通过脸和姿势宣泄出来，但是，画面本身并不运动，画面被各种线条封锁起来。画面上的要素各行其是。欲望让人物内心动荡，并没有让画面本身动荡。绘画本身的运动感——它以涂绘的方式展开——开始于文艺复兴之后，开始于17世纪的巴洛克时期。为什么17世纪的画面上出现了运动呢？[1]

我们以两个哲学家来探讨17世纪所特有的运动感。17世纪的哲学开始将运动作为基本的主题。霍布斯说动物有两种运动："一种被称为生命运动，从出生起就开始，而且终生不间断；如血液的流通、脉搏、呼吸、消化、排泄等过程便属于这一类。另一种运动是动物运动，又称为自觉运动；按照首先在心中想好的方式行走、说话、移动肢体等便属于这类运动。感觉是人类身体的器官和内在部分中的运动，是由我们所看到或听到的事物的作用引起的。"[2] 在这里，运动既是动物的基本生命特性，也是它的基本存在方式，即内在的运动和外在的运动。动物就

---

[1] 人们通常将巴洛克风格归于17世纪的激烈的宗教对抗。这种绘画的运动感，源于17世纪的宗教战争，以及这种战争所导致的宗教激情和狂热。是宗教的对抗激情在艺术中产生了回响。在新教改革之前，所有人都驯服于罗马教会，但马丁路德宗教改革之后的新教却猛烈地攻击教会，基督教因此发生了大分裂大碰撞，它因此在艺术领域留下了动荡的痕迹——这就是巴洛克艺术所特有的运动感。在中世纪无人怀疑天主教会，所有的信徒都是臣服的，是沉默的，宗教是一种顺从的迷狂。中世纪的迷狂导致了人们的沉默和虔诚，这是没有分裂感的虔诚和迷狂，无条件的接受和臣服，是绝对的俯首，这是沉默的被动的迷狂。这也是中世纪绘画如此寂静的原因。而巴洛克的迷狂是运动的迷狂，是分裂的迷狂，是兴奋和斗争的迷狂。正是这种宗教迷狂导致了巨大的运动感，导致了画面上的动荡、分裂和撕扯。

[2] 霍布斯《利维坦》，黎思复、黎廷弼译，商务印书馆1985年，第35页。

是运动之存在。霍布斯进一步将这种外在运动（自觉运动）分为两种类型，一种是趋近某物的运动，一种是回避某物的运动。前者是爱和欲望的表达，正是因为爱和欲望才会趋近；后者是嫌恶和恨的表达，只有嫌恶和恨才会回避。前者导致高兴和愉快，后者导致愁苦和烦恼。前者是生命运动的加强和辅助，后者是对生命运动的阻挠和干扰。霍布斯将这些情感称之为激情。这些激情变动不居，以致于人们常常处在这两种运动之中，很难平静。"一个人心中对某一事物的欲望、嫌恶、希望与畏惧如果交替出现，做或不做这桩事情的各种好坏结果在思想中接连出现，以致于有时想望这一事物，有时嫌恶这一事物；有时希望能做，有时又感到失望或害怕尝试；那么一直到这一事物完成或被认为不可能时为止这一过程中的一切欲望、嫌恶、希望和畏惧的总和，便是我们的所谓的斟酌。"[1] 显然，这实际上是三种运动形式：趋近、回避和斟酌。人们要么趋近，要么躲避，要么处在这二者犹豫不决的斟酌状态，这既是运动的状态，也是欲望的状态，或者说，这就是欲望的运动状态。人们总是处在这三种运动状态之中，没有永恒的宁静。生命的过程就是这样的运动过程，生命的过程就是被这样的欲望过程所贯穿。正是在这个意义上，霍布斯说，生命就是欲望，没有欲望就会死。我们同样也可以说，生命就是运动，没有运动就会死。

在这个意义上，巴洛克艺术就是欲望和运动的艺术。在文艺复兴这里，欲望是一个显赫的存在，但是，欲望没有和运动

---

[1] 《利维坦》第43页。

挂钩。欲望是一种存在形式，它在平静和封闭的条件下外露。但是，巴洛克的欲望和运动是一体化的，运动就是欲望的运动。它不是一种存在形式，而是一种运动过程。因此，文艺复兴艺术封闭的稳重宁静让位于巴洛克艺术骚动不安的流动欲望。这骚动不安的欲望，这永不停息的欲望，它在爱恨之间的摇摆，它在两极来回之间的晃动，使它无法在画面上划分出明确的界限。这种摇摆、斟酌和左右冲突的欲望，其可见性就是动荡和颤栗。我们在伦勃朗老年自画像脸上抖动的光芒中，在丁托列托那些旋涡一样旋转的房间中，在鲁本斯那些充满弹性的肌肉中，在贝尼尼那些混乱复线交织缠绕的雕塑中，都能感受到这种欲望的颤栗和动荡。相对于文艺复兴的均衡和稳重而言，巴洛克艺术展示了晃荡，不安，犹疑和跳跃。这是世界的晃荡，也是欲望的晃荡；是历史时空的晃荡，也是生命本身的晃荡。正是借助这种晃荡，这种无处不在的颤栗，一种巨大的不安宁，或者说，一种悲怆的激情，在巴洛克作品中回响。

二

霍布斯是从欲望的角度来强调运动感。他强调主体内部的沸腾、喧嚣和动荡。但17世纪的另一个哲学家莱布尼茨从完全不同的角度来强调运动。对他来说，运动不是个人内在的欲望运动，而是宇宙及其最细小的单位即单子的运动。莱布尼茨提出了著名的单子理论。何谓单子？"单子（Monade）并非别的什么东西，而只是包含于复合体中的单一实体（Einfache Subetanz）。单一实体，即不含多个部分的东西……我所说的单子是自然界之真正的原子，一言以蔽之：是事物之要素……没有任何一种手段可以解释，一个单子怎么可能经由其他某一创造物而在自己内部陷于躁动或者发生改变，因为人们不可能在它的内部移动某种东西；人们也无法理解在它内部会有某种运动被促成、制导、增多或减少，正如在其部分中可能产生改变的复合体中的情况那样。单子没有使某种东西能够藉以进出的窗口……不论实体还是偶然的东西都不可能从外部进入一个单子之内。"[1]

也就是说，单子是组成事物的最小要素的原子，它无门无窗，绝对封闭，是黑暗的实体，并且不可分解。它因此也不受外物和人的影响。每个单子和每个单子都不一样，但是，每个单子都在运动，它的内部"陷入躁动"，在"经受着变化，甚至可以说这种变化一直在每个单子中进行着"[2]。但因为它不受外物的影响，那么，它的运动和变化就不是来自外力，而是来自它自身，它的内部，来自"内在原则"。它的内部充满着力，每个单子内部都充满着力。正是单子内部的力使单子充满变化，使单子在活动。而单子构成了宇宙和世界最基础的不可再分的部分。莱布尼茨说，单子的本性是表象，每个单子都是对世界和宇宙的表象，它体现

---

[1] 莱布尼茨《单子论》，见《神义论》，朱雁冰译，生活·读书·新知三联书店 2007 年，第 481 页。

[2] 《单子论》，见《神义论》第 482 页。

和表象了宇宙和世界的某一个侧面，就如同一片树叶表象了整颗大树的秘密一样。单子都以混乱的方式在追求无限和全体。如果说，单子充满着力和变化的话，那么，整个宇宙世界内部也充满活力，宇宙世界也被一种活力所控制。这是充满活力的宇宙世界，也是活动的宇宙世界。因此，"世界上没有荒凉的东西，没有贫瘠不毛之地，没有僵死的东西"。[1]

在这里，我们看到，世界宇宙只有活动才不会死去，就像霍布斯所说的人只有欲望活动才不会死去一样。莱布尼茨和霍布斯分别将活动看作是宇宙和人的存在方式。我们从莱布尼茨的这个观点来看巴洛克绘画的话，那些画面上的各种界线的消除，那些物体和物体、块状和块状之间的过渡、渗透、浸染，正好就是宇宙活力的表达。是宇宙的运动导致了所有界线的分崩离析。宇宙活力使得力以曲线或者旋涡状来流动，这种运动一方面使得物质向边缘和临近的物质外向渗透，另一方面，也使得既定的物质不断崩溃解体，从而形成一个解体之漩涡，这种漩涡不断地形成，"在漩涡中又生产更小的漩涡"，但是，每一个旋涡都有一个世界，如此以致无穷，整个宇宙仿佛"一个物质的池塘，里面有各种不同的波浪和水纹"[2]。这从另一个角度回应了巴洛克艺术那些旋转弯曲的风格。这是一种宇宙学的艺术再现。

---

[1] 《单子论》，见《神义论》第495页。

[2] Gilles Deleuze, *The Fold: Leibniz and the Baroque*, London: The Athlone Press, London, 1993, p.5.

宇宙的活力是物质解体的外在条件，但是，物质自身也提供了内在运动的可能性。对莱布尼茨而言，单子的运动是内在的。单子构成的物质之所以能够运动和解体，是因为它内在地既具有流动性，也有弹性。物质的流动性是它的可变性，正是因为流动，它才可以变化；而物质的弹性则相反地意味着物质本身的硬度——只有坚实的硬度才可能有弹性。[1]也只有这种坚实的硬度，使得物质还有紧密的结构。哪怕物质再细小，哪怕物质一直处在流动和解体之中，它还是有稳定的一面，它还是有强烈的黏合性和结构。也就是说，物质同时是可变的和稳定的，同时是流动的和坚实的。这些微小的不可分割不可解体的部分，形成了一个莱布尼茨式的"褶子"。因此，物质的流动和分解可以无穷无尽，但是，它终究不能分解成一个个点，它最多只能分解为无限小的褶子。

褶子可以无限地细分，褶子可以分解成褶子。褶子是物质的最小单位，但它不是点，它不可能是点，它只能是团块，是集合体。在这个最细小的褶子中，还存在着褶子，就像在漩涡中还存在着漩涡一样。最小的世界中还存在着世界。也正是在团块的意义上，褶子才能打开，伸展，也才能继续折叠——点是无法折叠的。同样，也正是因为物质所具有的弹性——"物质的机制就是弹力"，"物质里处处有弹力"[2]——只有这样物质才能折叠。这也表明了物质和肌肉的相近性，肌肉的特征就

1　The Fold:Leibniz and the Baroque p.4.

2　The Fold:Leibniz and the Baroque p.7.

是弹性。在鲁本斯这里，这些褶子就是一片片的可以反复折叠的充满弹力的肌肉。鲁本斯的画中到处都是这种赤裸的充满弹力的肌肉，它们既是团块的，也是充满弹力的，因此是可以折叠的褶子。这些肌肉以折叠的方式流动，在人体上面流动，在单个身体上面不停地折叠，从而构成了一个折叠的身体，一个满是褶子的身体；一个一个充满褶子的身体又彼此不断地折叠，从而构成了整个折叠的画面。鲁本斯就是巴洛克风格的伟大代表：他在画面上不断地折叠，不断地制作出肌肉的褶子，不断地让这些肌肉褶子无休止地折叠。他是一个折叠大师（《基督升架》和《基督降架》）。

这个折叠过程是无穷尽的，是一种永恒的运动，也是一种没有终点的运动，一种通向无限的运动过程，褶子的折叠无穷无尽。这种折叠既是一种空间运动，也是一种时间运动，它同时打破时间和空间的界线。我们因此能够理解巴洛克作品在有限空间中展示的无限性。它总是要劈开有限性，它总是要打破文艺复兴作品那样封闭的空间布局。巴洛克作品总是截取一个有限的局部，但这个局部总是要折叠出画框之外，总是折向一个不可见的无限世界。我们将丁托列托的《最后的晚餐》和达·芬奇的《最后的晚餐》进行比较就能发现，前者是一个被截断的有限空间但却在向一个开阔的不可见的无限空间折叠和伸展，后者则封闭在一个完整的有限空间内，它被一个黑暗的房子所紧密地包裹，它因此无法对无限性表达任何的向往。

这个无限的折叠过程，既是上下之间的折叠，也是内外之间的折叠。在巴洛克作品中，通常有上下和内外的双重结构，褶子贯穿这双重结构,"褶子被分化成两类褶子:一类往内部渗入,一类往外部溢出。两种褶子因此以上下的方式彼此连接起来"[1]。这也是物质的褶子和灵魂的褶子的相互折叠,灵魂的褶子在上,它包括一切非物质的褶子。

格列柯的垂直式的《崇拜耶稣圣名》和《圣母升天》,以及各式各样的上下双层的巴洛克教堂(上面是一个黑暗的封闭的房间),都是上下的灵魂和物质的双重折叠。委拉斯凯兹的《纺织女工》和鲁本斯的《最后的晚餐》则是内外折叠的典范。前者有一个内外的双重空间,一个椭圆形的门将两个空间既相互隔离也相互连接;后者则是众人围绕一张桌子环形而坐,人和人以旋涡的形式相互折叠,它们既是由外向内折叠,也是由内向外折叠。这种上下和内外的折叠,因为剧烈的动荡,甚至表现出抖动和扭曲的倾斜感。巴洛克的这种倾斜感,这种对外交错的盘旋,这种上下的叠套,这多种多样的折叠,打破了古典风格的垂直、方正、稳重和秩序感。

就此,褶子的折叠不仅是巴洛克作品的运动过程,也规定了它们的表现形式。"这就是巴洛克风格的特征:一个永远在外部的外部,一个永远在内部的内部;一个是无穷的受动性,一面是无穷的自发性,即受动的外在表面和行动的内在房间。"[2]

---

[1] *The Fold: Leibniz and the Baroque* p.35.

[2] *The Fold: Leibniz and the Baroque* p.35.

三

　　将褶子进行折叠，或者说，从褶子过渡到褶子，无论是上下折叠还是内外折叠，它们都不是从一个点过渡到另一个点。它也不是对称性的折叠。同样，折叠也不是直线式的折叠，每一个褶子是以曲线的方式形成的。这是巴洛克和文艺复兴作品的重要区分之一。巴洛克信奉曲线。褶子的理想因素就是曲线。曲线是活的线条，是有生命的线条。曲线意味着力的难以预见的冲动。弯曲与坐标无关，它模棱两可，无法定位，不可预期，它有无限的可能性，有无数的可变性，因而它是潜在的东西，它是一种变化的潜在性，它拒绝中心、焦点、秩序和整饬。"弯曲线是一种不停地自我分化的潜在性，它在灵魂中被现实化，但也在物质中被实现。"[1]在某种意义上，我们可以说，弯曲就是"事件"（event），就是世界本身。也可以说，事件就是弯曲就是世界本身。世界就是弯的。巴洛克信奉的是一个弯曲的世界，一个作为弯曲事件的弯曲世界。

　　何谓事件？尽管巴迪欧和德勒兹对事件的理解存在着很大的差异，但是，他们有一点是共同的，即事件是突然的不可预料的变化。对于巴迪欧来说，事件是一个断裂式的变化，事件将世界劈成了两份：事件之前的世界和事件之后的世界。一个新的世界在事件之后突然诞生。对于德勒兹而言，事件不意味着断裂，而意味着变化，或者更准确地说，事件就是变化本身，事件意味着正在变化，意味着永恒的变化。意味着变化的永恒

1　*The Fold: Leibniz and the Baroque* p.35.

性。在德勒兹这里，世界是一个事件的世界，就意味着世界不再是依附于一个永恒的基石，不再在一个永恒的基石上寻找牢靠性和稳定性。或者说，世界的基石被抽空了，它只是在一个变化中不停地闪动。在这个意义上，事件是一个过程。它不是某个稳定的实体或者属性，事件是对实体的代替。对柏拉图式的传统哲学而言，世界通常被看作是实体，世界是一个实体本体论，一个有时空结构的稳定而静止的客体。对这样的世界而言，所谓事件不过是这个实体身上发生的偶然之物，它会偶然出现，它会溢出世界的常态，它会短暂地处在世界之外，但是，它也终究会消失，会平复，最终会归属于实体，而不会搅动实体的根本性位置。但是，反过来，对德勒兹而言，世界从根本上来说是流动的事件，而非稳定的实体，世界不是一个客观之物，不是一个可以还原为静态的"一"的物，而是一个永恒的流变。在这个意义上，德勒兹持有的是事件的本体论而不是实体的本体论。这个事件概念因此是对柏拉图主义的反驳，事件与其说是偶然的意外，不如说是变化之常态。事件不可能作为偶然和意外被消除掉，事件是意外，但是是永恒的意外；事件是偶然，但是是永恒的偶然；事件是特异性，但是是永恒的特异性。"对柏拉图主义的逆转首先就是要废黜本质，并以作为特异性之喷流的事件取而代之。这是一场具有双重目的的战斗，它要阻断的既是在本质和事件之间的独断论式的混同，又是在时间和意外之间的经验式混同。"[1]因此，事件的首要特征是流变，是运动。

---

[1] 德勒兹《意义的逻辑》，见《生产：事件哲学》，汪民安、郭晓彦主编，江苏人民出版社 2017 年，第 13 页。

事件是一个谓语动词（动词不定式）。德勒兹说，"树是绿的"这样的论断不是事件，"树变绿了"才是事件——这就是说，事件的首要特征就是变化，就是生成，就是运动，就是在进行之中。也可以说，事件就是事变。世界就是一场永恒的无穷无尽的事变。

德勒兹认为，这样永恒流变的事件就包含着这样几个特征：一，既然要流变，那么，事件的首要成分或条件必定是广延（extension）。没有广延，就无法流变。"广延是一个既无最终项，也无界限的无穷系列，事件是一种具有无数谐波或因素的振动。"[1] 广延是永恒流变的前提和框架。二，这个无限的广延级数具有某些内在特征，也即是生成的特征，"这些特征是如我们看到过的强烈，强度，程度"[2]，生成一定是充满强度的生成，不是均衡和无差异的生成，生成内在地包含强度。三，生成一方面包含强度，另一方面也意味着抓握（prehension）能力；"一切事物都要抓握先前之物及伴生之物，并进而抓握一个世界"；"事件是抓握的关联"。何谓抓握？"眼睛抓握光线，生物抓握水、土、碳和盐"[3]。在事件中，个体事物和事物之间存在着一种抓握的关系，这也意味着在事件中包含着多样的个体，包含着不同方向的杂多个体，它们之间彼此的抓握关系不是决定论的支配关系，而是协调关系和共振关系。抓握意味着多样性

---

[1] *The Fold:Leibniz and the Baroque* p.77.

[2] *The Fold:Leibniz and the Baroque* p.77.

[3] *The Fold:Leibniz and the Baroque* p.78.

的互动。事件也意味着多样个体的抓握关系，意味着多样性的繁殖。四，事件是运动的流体，但是，这并不意味着它没有一个持久的客体存在其中。事实上，一旦发生抓握关系，就会出现持久性，"在流体中必须产生一种持久性，这种持久性必须为抓握所掌控：金字塔表明了两个东西：一个自然的过渡或一个不停地失去又得到分子的流体；还有一个不随时间而变的保持同一性的永恒客体"[1]。正是这个永恒客体是"在流体中被实现的可能性"，就此，"永恒客体侵入了事件"[2]。这样，何谓事件？我们大概可以说，事件是一个生成性的充满强度并相互卷入的广延过程，其中各种各样的个体相互抓握，协调，共振和互动，它因此是一种多样性的永恒流体，但同时它也没有彻底消除永恒客体的同一性。可以说，在事件中，在永恒流变中穿插永恒客体，而永恒客体又总是被流变所贯穿。就此，流变的生成和不变的存在在此无限地接近。

德勒兹对这样的事件给出的例子是：今夜有音乐会。这就是一个事件：音乐本身有广延，它注满在空间和时间中，它不间断；它有强度，声音本身缓急高低，时而尖锐时而厚重时而峻急时而舒缓，它们在这种起伏和变化中磨砺自己的强度；抓握，就是一种乐器和另一种乐器，一个乐手和另一个乐手，一个声音要素和另一个声音要素，相互感知，相互配合，相互协调——这就是相互抓握，并在这种抓握中充满着强烈的满足感：知觉

---

1 *The Fold:Leibniz and the Baroque* p.79.

2 *The Fold:Leibniz and the Baroque* p.79.

之间的协调，声音和声音之间的协调。正是这种多样化的立体式的协调代替了横向的因果连接。最后，在这个永恒流变的音乐事件中，还存在着不变的永恒客体。什么是永恒的客体？音阶的音符即是永恒的客体。它是固定的，它不变化，在事件的永恒流变中，它作为一个固定物，一直持存，它作为不变物侵入到流变的音乐事件之中。

如果事件是多样性的永恒之变，那么，事件不可能是直线的。直线是可以预测的，可以预测它的方向，预测它的每一个点。直线是一种"一"，直线上的所有点，所有的瞬间，都可以计入到这个"一"中来，直线没有溢出之物，没有抓握的和谐，甚至没有包含性的冲突强度，也没有永恒客体和永恒流变的永恒争斗。直线拒绝合唱。而事件恰恰是"一"的剩余之物，是无法被"一"所纳入之物，是对"一"的爆破，事件是喧哗的音乐会。也就是说，它处在各种因果链条之外，它以曲线和褶曲的方式来展开，事件就像曲线一样无法预料会在何地何时拐弯。它就是不断地拐弯和扭曲的过程，它是多种多样的曲线的折叠过程。褶子的折叠—打开过程，褶子的这种运动，这种没有定律和章法的运动，就是事件。在这个意义上，作为事件的曲线，它的每一个点都是奇点（singularity），都是一个独特的可能的转折点，都是一个出人意料的事件点，也可以说，都是一个新的起点，是一个将过去和未来连接在一起的时间点。因此，每一个点都非常重要，每一个点都要留意，每一个点都是独一无二的。我们既不知道它何时到来，也不知道它何时结束，甚至也不知道它的后续，它将引起什么样的结局，它还会有何种方式再转折，再运动。事件就是由这一系列的奇点构成的。事件就是奇点编织的曲线，是曲线的编织过程，事件是独一无二的曲线的集合。我们看到，巴洛克绘画不就是由这些无数的曲线编织而成的事件吗？不就是一场曲线之间的相互抓握的音乐会吗？在巴洛克作品中，我们能看到曲线之间的缠绕，共舞和互动，曲线编织的旋涡，曲线的动荡和起伏，曲线的伸展和拐弯，曲线的折叠和打开。巴洛克的世界，就是这样一个永恒运转的复杂的交叉的折叠的不可预料的事件世界。这曲线构成的旋涡，既是世界的旋涡，也是存在之旋涡。这是17世纪所特有的世界观，一种动荡，交错，抖动和不安宁的世界观。

正是因为每一条曲线是不可重复的，它们是意外的，它们因此也不能还原到另外的线的统辖之下，不受另外的线干扰，也不能简约还原为另外的线，也没有一条主导线。曲线只能和其他的曲线和谐共振。就如同莱布尼茨的单子一样，每个单子都是独一无二的，每个单子和单子之间没有直接的支配和互动关系，但是，每个单子都是对宇宙和世界侧面的一个表象，正是因为对同一个世界的表象过程中，每个单子都有一种间接的和谐——它们在对宇宙的表象过程中达成了和谐。同样，每一条单独的曲线彼此之间没有依附和关联关系，但是，它们试图在对整体的画面的表达中达成了和谐。我们看到委拉斯凯兹的《宫娥》和《纺织女工》有无数的曲线，但没有一条曲线统辖着画面，但是，这些曲线却都是在表现整个画面，都献身于整个画面。正是在这个表达献身过程中，它们彼此达成一种间接的和谐。这依然是一个总体性的世界，世界就是这些独一无二的曲线的和谐编织。鲁本斯的作品让无数的线在画面上非关联性地起起伏伏，但是，一个总体世界还是在这多样性中清晰地显现。不可共存的线，充满张力的线，并不意味着不能编织一个巴洛克世界。这是巴洛克作品和今天的（后）现代主义的拼贴艺术不一样的地方。巴洛克的曲线是多样的发散的，每条线都有自己的潜在轨迹，但是，它们在对整体的表现中达成一种间接的和谐。而对今天的（后）现代主义而言，各个要素同样是发散的，隔绝的，但是，它们力图拆毁总体性，嘲笑总体性幻觉，它们力图漠然地瓦解世界。也就是说，它们和和谐对抗。如果说，文艺复兴作品的风格，是各个要素彼此相关从而达成一个总体性的话，那么，巴洛克的风格则是各个要素彼此无关，但是在一个间接的意义上达成总体性；而今天的（后）现代主义的风格，则是各个要素彼此无关，并且对总体性充满敌意。巴洛克风格处在古典主义和现代主义这两者之间，它既保存了差异性的多也捍卫了和谐的"一"。在这里，多和"一"之间并没有敌意。古老的柏拉图主义所特有的"一"对多的排斥，遭到了抵制。

这就是巴洛克的旋涡世界的特征。这也是个混沌的世界，充满着各种各样的岔道，世界是一个发散的而不是一个收敛的游戏，是一个复调的而不是单一的游戏，是一个多中心而不是一个聚焦的游戏，是一个开放混沌的而不是封闭的秩序井然的游戏。这既是一个无法用既定的逻辑框架来解释的世界，也无法用因果链条来串联的世界。我们看到，在伦勃朗的《夜巡》中，各种意外和复调之线纷至沓来。它们盲目地交叉，但也是盲目地分离；盲目地出现，也盲目地湮没和中止。画面中的各种杂乱之线，深深地搅乱了各种秩序和均衡。这既是对艺术风格秩序的搅乱，也是对艺术历史秩序的搅乱，同时，它也是对伦勃朗个人命运的搅乱。[1]

一旦以曲线的方式进行折叠和运转，那么，褶子就是漩涡式的或者螺旋式的，它让直角变圆。它令人眩晕。这种漩涡就使得巴洛克的世界不是一股平静的表面（波罗米尼《圣卡罗教堂》），而是一个往后退缩或者往前突出的充满深度的空间布局，一个流动的不稳定的晃荡的景深布局（丁托列托《最后的晚餐》）；也可能是以上下倾斜而颤抖的空间布局（鲁本斯《基督升架》）。抑或二者兼而有之。巴洛克创造出一个特殊的空间，我们可以将这个空间称作褶子空间，以此区分德勒兹的条纹空间（striated space）和平滑空间（smooth space）。条纹空间是定格和定位的空间，是有区域和封闭的空间，是严密编码的空间。我们可以说是一个严格隔离和规范化的充满秩序感的空间。平滑空间恰恰相反，是流动的无定型的开放空间，是一个游牧空间，它没有边界，就像游牧民那样四处流窜和闯荡，没有定居点，没有焦点和中心点。而巴洛克的褶子空间大概居于二者之间，它是流动的，它打破了焦点，它冲破了条纹空间的限制，它向着无限的平滑空间敞开；但是它也很难说是严格意义上的平滑空间。它是曲线的，是漩涡式的。较之平滑空间而言，它

---

[1] 这幅颠覆性的画作导致了对伦勃朗的巨大攻击，伦勃朗的声望受到了极大的毁坏。他遭到了画商的集体抵制，他的地位一落千丈。这是开拓性的艺术家和作品在艺术史上通常遭遇的事件。

有具体的形象，弯曲的形象，它在流动的同时还保留"永恒的客体"；它在流动中还保有褶子的持存性，它在永恒的打开中还有永恒重复的折叠。而平滑空间只有打开，没有折叠；只有流动，没有持存；只有一个无限的恣意流淌的非—空间。而褶子空间在这个平滑的空间中还保持着坎坷，折痕和条纹。因此，它不是严格意义上的平滑空间。它处在条纹空间和平滑空间之间。它是条纹空间和平滑空间之间的第三空间。一个巴洛克空间就挣扎在无限的平滑和封闭的条纹之间。最终，它以曲折、坎坷、沟壑的方式在艰难地通向无限，但它在通向无限的时候，也总是以扭曲和结巴的方式自我回返。在此，一个徘徊，挣扎，但又无限倔强的弯曲世界在这个空间中诞生了。

四

这也是一个漩涡式的戏剧空间。它充满波折、回旋、拐弯、颤动、荡漾。这就是巴洛克所特有的戏剧性。条纹空间秩序井然，封锁和压抑了戏剧性；平滑空间一览无余，放逐和抹擦了戏剧性。

但是，巴洛克世界中每一次曲线的折叠和打开，都是一次戏剧性的事变。一个典型的巴洛克作品，就是事件的连续和无穷运转，它一个事件连着一个事件，一个高潮连着一个高潮，一个转折连着一个转折。它自始至终贯穿着强度。何谓巴洛克？

德勒兹的回答是："巴洛克与某种本质无关，而与某种运作功能、与某种痕迹相关，它不断地生产褶子——巴洛克折痕使这些褶子弯来曲去，并使褶子套褶子，褶子生褶子，直至无穷。"[1] 但也不仅仅是制作褶子，它还是一个无尽的过程，"问题不在于如何完成一个褶子，而在于如何使它持续，使它穿越最高极限，将它引向无限"[2]。这就是褶子的展开和折叠，就是张拉—放松，挛缩—膨胀，压缩—爆炸，它也意味着包裹—展开，退化—进化。这就是巴洛克艺术的运动规律：折叠、打开、再折叠、再打开，无穷无尽。尽管褶子存在于各种各样的艺术中，但，"在巴洛克这里，它是一种明显的无限制的解放，而解放的条件是可确定的。褶子似乎根除了它们的支撑物，即织物、花岗岩和云，而进入了一场无限的汇聚之中"[3]。折叠是无休止的，是跨越封闭的界线的，是不断地扩充广延的。这甚至是它们的共同特征，"如果说巴洛克风格创立了一种总体艺术或艺术的统一性，则首当其冲是从广延上开始的，每种艺术都具有延伸的趋势，甚至延伸进下一个艺术中"[4]，这就是说，巴洛克的绘画扩充到巴洛克的雕塑中，绘画在雕塑中实现；而巴洛克的雕塑扩充到建筑中，雕塑在建筑中实现；而建筑同样在整个城市规划中实现。因此，出现了一种同质性的巴洛克绘画、雕塑、建筑和城市，而艺术就此展开了它的连续性，他们穿越不同的物质形式的界线而连续地嵌合在一起，从而形成一个综合性的

---

1 *The Fold:Leibniz and the Baroque* p.3.

2 *The Fold:Leibniz and the Baroque* p.34.

3 *The Fold:Leibniz and the Baroque* p.34.

4 *The Fold:Leibniz and the Baroque* p.123.

宇宙剧场，就此，"所有的艺术都变成伙伴"[1]，这个剧场是一个无穷尽的折叠—展开的巨型机器。这是一个广阔的循环复制，是一个事件套一个事件的事件链条，巴洛克的雄心是让整个世界折叠打开，让世界成为一个总体性的弯曲事件。

这就是巴洛克呈现出的繁复的戏剧性特征——一直在折叠，在转折，在运动，在曲线般地回环——我们要说，它在多样性地叙事。一旦它在不停地运动，我们可以将这个绘画空间看作是个波澜壮阔的连续戏剧。画框像是一个舞台。不停地运动就是戏剧的特征，戏剧的叙事就是在运动，曲折地运动，波澜壮阔地运动，充满强度地运动。在巴洛克这里，这种运动包含两种类型：一种是运动的瞬间呈现，一种是运动的场景瞬间(《宫娥》和《夜巡》都是如此，都是运动的瞬间定格)，也就是一个戏剧性的场景瞬间。就是说，它正在动，它刚刚完成了一个瞬间，又开始准备下一个瞬间。它是一个运动点。它把上一个运动瞬间和下一个运动瞬间结合在此。也可以说，它是一个运动的凝固点。这个此刻的运动点同时囊括了过去、现在和将来。它是现在的一个瞬间点，但是，包含了时间流动的奥秘。它处在过去和将来的两种相反的力的拉扯之下从而保持这一个凝固的运动形象，这是一个运动的静止姿态，或者说，一个静止的运动姿态。整个画面体现了运动和静止的辩证法。这是一场大剧的瞬间。另一种运动，是作品内部各要素本身充满着运动感——我们在贝尼尼的《特蕾莎的迷狂》，鲁本斯的《基督上架》中

---

[1] *The Fold:Leibniz and the Baroque* p.123.

能看到，作品内部诸要素在紧张地运动，也可以说，一个褶子在不停地充满张力地向另一个褶子折叠和弯曲；作品内部诸要素的运动感和整个作品的运动感结合起来，这是双重意义上的运动。这就是鲁本斯和贝尼尼的动荡风格。它们呈现波浪式的运动，它们正在运动，作品内部要素的密集挤压运动导致作品总体的富有强度的运动，导致作品外部的运动。这是绝对的运动。实际上，绝大部分巴洛克风格的作品都是将两种运动感结合起来的：内外部的同时运动，局部和总体性的同时运动；褶子之间的折叠是内部的运动，而内部的运动导致了作品总体的运动。因此，巴洛克有两种运动戏剧，一种是静止的运动戏剧，凝固的运动戏剧，片刻的运动戏剧；另一种是双重的运动戏剧，内部和外部的共同运动，一种加速度的运动戏剧。

巴洛克戏剧性的另一个特征是它的光。正是光使得绘画有一种舞台剧的效果。这种光并非自然之光，而是艺术家设计出来的光，是舞台之光。在巴洛克绘画中，有三种形式的光，一是维米尔和委拉斯凯兹的光。在维米尔的《倒牛奶的女仆》和委拉斯凯兹的《宫娥》中，光从窗户流泻而入，光在不同人物身体上跳跃，闪动，在整个画面上不规范地跳跃和闪动，哪怕静止的人物也会因为光的跳跃而呈现出运动感。跳跃之光甚至让停滞之物也充满活力，充满动感，充满不稳定性。这种跳跃之光，在它抵达之处让画面的局部闪耀；在它未抵达之处却让画面的局部陷入模糊和暧昧的地带，跳跃之光导向舞台的戏剧性变幻。跳跃之光，发散之光，让巴洛克剧场灯光闪耀。第二种是卡拉瓦乔的光。对卡拉瓦乔而言，光的出场是为了召唤阴影，光和阴影成双出入。它们同时在场，也剧烈对照，将画面切分成明暗两个尖锐的对照部分，平面的绘画因此而具备一种陡峭的深度。场景和人物就此获得一种强烈的撕裂感，一种事件所特有的断裂性。光和阴影的冲突实际上是心理的冲突，是灵与肉的冲突，这冲突强化了戏剧本身特有的冲突（卡拉瓦乔《圣马太的召唤》），这种冲突也构成了画面的强度，事件本身的强度。光和阴影也是折叠关系，它不仅让画面产生折叠感，它折叠出空间的深度，它也让身体和灵魂在相互折叠。这是灵魂的褶子。身体和灵魂正是在光和阴影的对照中发生冲突（卡拉瓦乔《以马忤斯的晚餐》）。在卡拉瓦乔这里，光和阴影的折叠让画面的三维空间变得更加深邃，让一个弯曲的世界获得拓扑学的效果。第三种是伦勃朗的光，这是聚光。在伦勃朗的绘画中，光总是全力以赴地聚集在画面的某一处，然后四周渐趋黑暗。被光所照耀的部分闪耀夺目，以它为中心的图像向四边的无限的黑暗没有尽头地伸展。也可以反过来说，无边无际的黑暗在向光源中心这里聚集——这是光和黑暗的渗透、铺展、追逐游戏，光被无限的黑暗所包裹，但是，它也在奋力地驱逐这无边的黑暗。这是有限性和无限性的渗透游戏，也是没有终结的游戏——戏剧在这种光的启示下，以此超越了此刻场景而向无限的宇宙探究和沉思（伦勃朗《沉思的哲学家》）。巴洛克式的戏剧因此获得了一种超现实性，一种向无限性探究而不得的深刻忧郁。而这样的光和这样的忧郁，播撒和贯穿在伦勃朗几乎所有的自画像中。或许，它也以各种变体播撒在整个巴洛克世界中。

Ⅲ

当代性

什么是当代

一

波德莱尔将绘制现代生活的画家称为英雄。这是因为当时的画家主要是画古代生活，而且推崇的也是古代画家。波德莱尔肯定画家居伊，就是因为后者与众不同，他将目光投向"现在"，即全面的现代生活。沸腾的人群，琳琅满目的商品，拥挤的街道，它们拥挤在一起编织了巴黎街头的风光，这个风光被巨大的电能所充斥，它像一个巨大的万花筒，丰富多彩，瞬息万变，并表现出"运动的魅力"。这个变动不居的世界既是现代性的，也可以构成艺术和审美的对象。

为什么要驻足于此刻，像一个充满好奇心的孩子那样在街头充满激情地到处搜寻全社会的激情？这是因为现代生活也充满着美，充满着短暂的瞬间之美。对波德莱尔来说，这种短暂性、偶然性和瞬间性是新近才涌现的生活特征，是现时代独一无二的现象，它和古代的生活迥然不同。波德莱尔将美定义为永恒和瞬间的双重构成。"美永远是，必然是一种双重的构成……构成美的一种成分是永恒的，不变的，其多少极难加以确定，另一种成分是相对的，暂时的，可以说它是时代、风尚、道德、情欲。永恒性部分是艺术的灵魂，可变部分是它的躯体。"[1]按照这一定义，现代生活的这种瞬间性特征毫无疑问也是一种美，而且是美的躯体。因此，绘制这种现代生活之美，就成为无法回避的必需之事。也就是说，"你无权蔑视现在！"

受波德莱尔的启发，当然也更主要地受到康德的启发，福柯在《何为启蒙》中提出了同样的问题。他分析了康德的《何为启蒙》，指出康德在他的文章中最重要的特征之一即是指出了哲学和时代的关系。康德将启蒙确定为这样一个时刻：一个运用自己的理性而不服从任何外在权威的时刻。也就是说，"时刻"是康德思考的一个对象。康德在许多著作中提到了时间的问题，而且，这些讨论时间和历史的大多数文章，都试图确定历史的合目的性和历史终点，也即是，时间总是通向终点的一个时间，但是，"在关于'启蒙'的那篇文章里，问题则涉及纯粹的现时性。他并不设法从总体上或从未来的终极角度来理解现在。他寻找差别：今天相对于昨天，带来了怎样的差别？"[2]也就是说，"现在"摆脱了过去和未来的纠缠，摆脱了历史合目的性的宰制，而成为思考的单一而纯粹的核心。思考仅仅就是对"现在"的思考。康德这篇文章，思考的就是写作这篇文章的时代，写作就是对作者所置身其中的时代的写作。写作就是在思考"今天"。这是这篇文章的新意所在。"当康德在1784年问'什么是启蒙'的时候，他真正要问的意思是，'现

---

1 波德莱尔《波德莱尔美学论文选》，郭宏安译，人民文学出版社1987年，第475页。

2 福柯《何为启蒙？》，见《福柯集》第530页。

在在发生什么？我们身上发生了什么？我们正生活在其中的这个世界，这个阶段，这个时刻是什么？'"[1]福柯指出，对现在所作的分析，这一由康德所开创的哲学的特殊使命，变得越来越重要了。"或许，一切哲学问题中最确定无疑的是现时代的问题，是此时此刻我们是什么的问题。"因此，真正的问题是"现在的本体论"。为了将康德这一问题的新颖之处说得更清楚，福柯还将康德和笛卡尔作了对比。对笛卡尔来说，哲学思考的是普遍的人，"'我'（I）是任何时间，任何地点的任何人。但是康德问的是另外一些东西：'在历史的某个特定时刻，我们是什么？'"[2]而现在只能是我们自身的现在，不可能是古人或者将来人的现在。因此，关注现在，从根本上来说就是关注我们本身，探索我们本身，探索我们自身的秘密——我们知道，从《疯癫史》开始，福柯不倦地探索的就是今天的人们的秘密，或者更恰当地说，是他自身的秘密。这是福柯所有著作的共同主题。

本雅明从另一个角度谈论"现在"的问题。对本雅明来说，"现在不是某种过渡，现在意味着时间的停顿和静止，这是历史唯物主义者必备的观点"。"现在不是某种过渡"，这意味着现在并不是通向未来的必经之路，现在和未来并没有特殊的关联。如果说，"现在意味着时间的停顿和静止"，那么，也许并没有一个值得期待的未来。本雅明之所以看重现在，就是为了确

---

[1] 福柯《主体与权力》，见《福柯读本》第287页。

[2] 《福柯读本》第287页。

保对未来的抗拒，"我们知道犹太人是不准研究未来的"[1]。为什么固守现在而拒斥未来？就本雅明而言，未来这一概念内在于进步主义信念中，对于后者而言，未来就意味着进步。本雅明《历史哲学论纲》一个重要的主题就是对进步概念和进步信仰着手批判。对本雅明来说，进步论持有三个论断：进步乃是人类本身的进步；进步是无限制的进步；进步是必然的不可抗拒的呈直线或者螺旋进程的进步。一旦信奉这样的进步观，那么，现在不过是通向未来进步的一个过渡，因而无论现在如何紧迫和反常，它实际上也不过是一种常态，因为注定会有一个天堂般的未来在后面等待着它。就此，即便是反法西斯主义者，也会将法西斯主义看作是历史常态，因为他们相信法西斯主义者不可能破坏进步的未来这一大势，因此，人们没有将它看作是真正的紧急状态。一旦我们抛弃了这种进步论，我们就不会天真地相信未来是会进步的，那么，我们就应该将法西斯主义当作是例外状态从而对其进行干预。果断地放弃未来，执着于现在，并将现在看作是一个紧急状态，才是当前的重要任务。因此，要介入现在，要打断现在的进步幻想，要对现在有紧迫意识，这是目前的头等大事。

在另一方面，本雅明也驳斥了信奉进步论的所谓专家治国论。在此，人们习惯将进步看作是劳动能力和技术的进步，人们认为技术的进步能够带来财富的巨大增长。但是，这种技术

---

[1] 本雅明《历史哲学论纲》，见《启迪：本雅明文选》，汉娜·阿伦特编，张旭东、王斑译，生活·读书·新知三联书店 2008 年，第 276 页。

的进步不过意味着对自然进行敲诈的进步。而且，技术进步导致的财富落在谁的手上？这种技术的进步，不过是一场新的剥夺：对自然的剥夺和对无产阶级的剥夺遥相呼应。单一的技术进步导致了财富分配的巨大不公。技术的进步或者财富的进步，恰恰可能意味着社会的全面倒退：道德的倒退、文化的倒退和艺术的倒退。对进步主义者而言，进步论许诺了一个未来的天堂。这也是现代性深信不疑的东西，它在19世纪如此地盛行，犹如风暴一样猛烈地刮来。但是，本雅明试图抵制这个进步的风暴，在进步论者眼中所展现出来的现代成就不断叠加之处，他看到的却是越堆越高直逼天际的残垣断壁。在别人眼中的进步现实，在本雅明这里不过是一场看不到尽头的灾难。

就此，我们看到关注"现在"有这样几个原因：对波德莱尔来说，关注现在是因为要关注现代生活。现代生活展现了一个全新的风俗，也即一种全新之"美"，一种同古代文化和古代生活截然不同的美。因此，关注现在，就是要关注现代生活本身特殊之美。对福柯来说，关注现在，是因为哲学不再关注抽象的普遍人性，而是要关注此时此刻的具体的我们自身，最终，哲学要思考的要孜孜不倦地探索的是自我的秘密。对本雅明来说，关注现在是要抵制进步主义制造的幻象，从而戳穿一个未来的天堂所许诺的谎言，最终激发人们对现在和当下的敏感，进而在当下毫不拖延地展开行动，最终当下的目标不是未来，而是过去，是起源。

二

那么,我们以什么样的方式来关注现在?人们在福柯的著作中几乎没有看到现在,没有看到对当代的讨论和书写(他真正认真考察过的当代只有二十世纪的自由主义)。相反,福柯通常是以历史学家的形象出现,他的视野贯穿了整个西方历史:从古代希腊一直到19世纪。那么,福柯所要思考的当代在哪里?他在什么意义上强调"现在的本体论"?他如何思考当代人?

这正是福柯谱系学的出发点所在。他的谱系学植根于现在。谱系学将目光投向历史,但其终点和意图却是在现在。这就和那种沉浸于历史而不能自拔的嗜古癖截然区分开来。同样,这种植根于现在的历史探讨,应该和另外几种同样宣称植根于现在的历史主义区分开来:谱系学并不意味着探索历史是在寻找历史的规律和真相从而为现在服务(所谓的"以史为鉴");也不意味着历史的写作是由于现在的眼光对历史的投射从而让历史的面孔不断地发生变化(所谓的"一切历史都是当代史");它也不同于历史决定论,即固执地相信现在是历史必然的无可避免的结果;最后,它也不同于所谓的后现代历史学,即历史是一种类似于文学叙事一样被叙述出来以适应现在要求的虚构。对于历史相对论者而言,福柯确信,历史并不是一种主观想象之物,相反,历史是真实的。对于历史必然论者而言,福柯确信,历史充满着偶然性,尼采式的力的较量和竞技是历史的充满激情的偶然动力。

但是,历史庞杂无比,泥沙俱下,眼花缭乱,我们要打开历史的哪一面？对福柯来说，主体是历史的产物，也就是说，人或者人性，并非一成不变，而是被历史之手一步步地锻造而成。并没有一个普遍的超历史的人性概念。因此，今天的人和以前的人，到底有何差别？今天的人到底是由怎样的历史机制锻造而成？现在之所以呈现现在这个面貌，到底是由怎样的历史力量所造就？现在和历史的差异何在？探讨历史，完全是为了了解现在。但是，这些问题的成因并非遵循某些确定的规律，并不存在着一个历史的必然论，相反，它们是力的偶然争斗的产物。斗争，是福柯的谱系学的探讨方式；现在，则是它的最终目标。因此，这种谱系学是关于权力的谱系学，同时也是关于现在的谱系学。它最终要探讨的是这样的一个历史过程：今天的人是如何被塑造而成，也就是说，今天的人的秘密何在？用福柯自己的话来说，就"是创建出一种历史，这种历史有多种不同的模式，通过这些模式，在我们的文化中，人被塑造成各种主体。我的工作就是分析将人变成主体的三种客体化模式"[1]。我们正是在这里看到了他对疯癫史、知识史、监狱史、性史所作的谱系学探讨的意图之所在。它们从不同的角度和不同的层面，来探究今天的人的塑形历史。也只有这样，才能理解福柯为什么不断地谈论权力，谈论各种各样的权力——正是权力才塑造了主体。对福柯而言，他探讨的对象是历史，但探讨的目的是现在；他反复地思考权力，但其目标是此时此刻的我们。也就是说，为了探讨现在，我们必须去探究历史。

---

[1] 《福柯读本》第 285 页。

本雅明对现在的关注，同样也将历史召回。但是，他召回历史的方式同福柯不一样。对本雅明来说，关注现在，就是为了打破进步主义的历史观，但是，进步主义遵从什么样的历史观？"人类历史的进步概念无法与一种雷同的、空泛的时间中的进步概念分开。对后一种进步概念的批判必须成为对进步本身的批判的基础。"[1]因此，真正要批判的对象是"雷同的、空泛的时间"。本雅明将之称为"一串念珠式"的时间。这种时间是线性的，它前后贯穿在一起从而成为一个历史的连续统一体。也正是在这个意义上，现在就是一个历史线索中的过渡点，它和历史展开的是一种前后相续的线索关系。而本雅明强调的是一个结构性的时间和历史概念，即现在和过去并非一种时间上的串联关系，而是一种空间上的并置关系，进而形成一个结构化的历史星座，"这个星座是他自己的时代与一个确定的过去时代一道形成的。这样，它就建立了一个'当下'的现在概念"[2]。现在和过去并置在一起，使得当下和此刻充满饱和的非空泛状态，这也是一种非同质化状态。历史不是现在的过去，而就置身于现在之内。反过来也是如此："古罗马是一个被现在的时间所充满的过去。它唤回罗马的方式就像唤回旧日的时尚。"现在与其说是未来的一个过渡，毋宁说是向过去的回眸。"现在"，"希望保持住一种过去的意象"，"现在"希望去捕获记忆。"现在"就因为过去的涌来而就此自我滞留。"这

---

[1] 《启迪：本雅明文选》第273页。

[2] 《启迪：本雅明文选》第276页。

并不是过去阐明了现在或现在阐明了过去,而是,意象是这样一种东西:在意象中,曾经(das Gewesene)与当下(das Jetzt)在一闪现中聚合成了一个星丛表征。"[1]

这是本雅明在《历史哲学论纲》中的一个核心观点。但是,这个观点是从哪里来的?据阿甘本的考察,圣保罗的文本隐藏在《论纲》中。《论纲》的时间观念深受保罗的影响。保罗怎样谈论时间?根据阿甘本的看法,保罗用了两个概念来谈论弥赛亚时间。一个是预兆,一个是统摄。所谓预兆,指的是"在过去时间内的每个事件与'今时'即弥赛亚时间之间建立了一种关系"[2]。这即是预示论关系。而弥赛亚事件中,"过去错位到现在,现在延伸到过去"。这是一个充满张力的时间重叠地带。而所谓统摄,即"一种将天地间一切事物——从创世之初散发到弥赛亚之'今时'的全部事物,意味着过去是一个整体——都囊括在一起的东西。弥赛亚时间是对过去的即时统摄"[3]。正是因为这种囊括过去一切的统摄,末世论才会显得饱和,才会有一种强烈的丰满的空间感。预兆和统摄也正是在这里建立起不可分的关系,它们都是将过去和今时联系在一起:过去是当下的预示,当下是过去的统摄。整个过去都包含在当下之中。在圣保罗看来,当下"还具备独特的能力:把过去的每一时刻

---

[1] 本雅明《拱廊计划: N》,见《生产》第一辑,汪民安编,广西师范大学出版社2004年,第315页。

[2] 阿甘本《剩余的时间》,钱立卿译,吉林出版集团有限责任公司2011年,第92页。

[3] 《剩余的时间》第95页。

与自身直接联系起来,让圣经记载的历史上的每一时刻或事件成为当下的某种预言或预示(保罗喜好的术语是 typos,即形象)——因此,亚当(人类因他而承担了死和罪)就是给人类带来救赎与生命的弥赛亚的'范型'或形象"。这正是本雅明在两千年后所回应的,"现代作为弥赛亚时间的典范,以一种高度的省略包容了整个人类历史"[1]。就此,不同的时代之间有一种准统一性原则,有一个共同的格局,有一种空间的整体感。它们重叠交织在一起,打乱了历史的空疏的线性流向。时间因此而滞留。在此,未来就被剔出了视野,因为"我们决定性的时刻,必须偿还过去的债务"[2]。因此,真正的目标,不是未来而是起源。这种过去和当下的结合,或者说,这种囊括了过去和现在一切事物的统摄,就是本雅明所说的"意象"。

不仅将"过去"作为一个异质性要素唤醒并将它置于现在的时间结构中,而且,还要将历史每时每刻中被压抑的要素解救出来,从而使之获得另一个饱满的内容。线性主义之所以是同质性和空泛的,之所以像念珠一样串联起来,就是因为它掏空了许多内容,像丢弃垃圾一样不断地压抑和抹去了异质性要素。这些异质性要素通常是失败者、被践踏者、被压迫阶级。因为历史是由胜利者书写的,他们记载的是他们自身的辉煌历史,是他们自己的文明丰碑,但是,所谓的文明的丰碑不过是"野蛮暴力的实录":既是对那些失败者历史的野蛮删除,也是对

---

[1] 《启迪:本雅明文选》第 276 页。

[2] 《剩余的时间》第 97 页。

失败者受到压迫这一野蛮历史的删除。

但是,"任何发生过的事情都不应该视为历史的弃物",这些被压抑的历史主体应该被拯救出来。一种新的历史写作必须同胜利者的历史写作,即那种同质化的历史写作格格不入。本雅明试图将这些异质性要素唤醒,让它填充时间的空洞,进而在另一个意义上让历史和现在充满丰富的内容,让历史和现在为不同的异质性要素所充斥。也就是说,现在的时刻打开了自己的门洞,不仅让历史、让过去的意象侧身进入,同样也让现在所发生的但是被排斥掉的异质性要素也密密麻麻地挤进来,让同时代的那些被排斥被压制的异己者也挤进来。"现在"被这样的多重性所塞满从而成为一个充满张力和冲突的结构。就此,时间不意味着流动,而是意味着梗阻。这样一个如同星座般的时刻,既包含了过去的历史意象,也将此刻、将同时代所排斥掉的意象囊括其中。因此,它是一个多重的并置,时间得以被空间化地处置。时间被爆炸成一个冲突的、矛盾的、结构性的和异质性的空间。它从历史和现在两个方面打破了时间的同质化和空泛感。这些异质性要素顽强地存在于历史的此时此刻,没有被这个此刻所勾除,而是成为它的一部分。不仅如此,它同样顽强地不被这个此刻所同化和吞并,绝不成为此刻的同质化客体。也就是说,它既属于这个时代,是这个时代不可抹去的一部分,但又是这个时代的他者,又和这个时代的主流刻意保持张力:它既属于这个时代,又不属于这个时代。它是时代的特别的"剩余"之物。这样,才可能"把一个特别的时代从同质的历史进程中剥离出来,把一种特别的生活从那个时代中剥离出来,把一篇特别的作品从一生的著述中剥离出来。这种方法的结果是,他一生的著述在那一篇作品中既被保存下来又被勾除掉了,而在那个时代中,整个历史流程既被保存下来又被勾除掉了"[1]。

三

到底谁是这样的人物:他既归属于一个时代,同时又是这个时代的异己者和陌生人?本雅明选择了游荡者作为这样一个时代的异己者。这些人无所事事,身份不明,迈着乌龟一样的步伐在大街上终日闲逛。他们现身于19世纪兴起的现代巴黎都城之中,但是,他们和整个现代的分工要求和市场法则相抗衡。正是因为他们的存在,在巴黎的街道上:"这里既有被人群推来搡去的行人,也有要求保留一臂间隔的空间、不愿放弃悠闲绅士生活的闲逛者。让多数人去关心他们的日常事务吧!悠闲的人能沉溺于那种闲逛者的漫游,只要他本身已经无所归依。他在彻底悠闲的环境中如同在城市的喧嚣躁动中一样无所归依。"[2] 这些游荡者在人群之中,但又和人群保持间距。他和人群格格不入——一切都不是他的归属。如果说街道上的人大多有具体的关心和目标(未来),因此是沿着一种线性(同质

---

[1] 《启迪:本雅明文选》第275页。
[2] 本雅明《巴黎,19世纪的首都》,刘北成译,上海人民出版社2006年,第205~206页。

性和空泛的）的方式前行的话，那么这个游荡者行走在街道上，毫无目标，不知所终，不时转身，他只沉迷于闲逛和观看。此刻因此无限期地滞留——它并不包孕着一个明确的未来。

这个游荡者显然是从波德莱尔那里获取的灵感意象。波德莱尔笔下的画家居伊是这样一个闲逛者的形象："如天空之于鸟，水之于鱼，人群是他的领域。他的激情和他的事业，就是和群众结为一体。对一个十足的漫游者、热情的观察者来说，生活在芸芸众生之中，生活在反复无常、变动不居、短暂和永恒之中，是一种巨大的快乐。离家外出，却总感到是在自己家里；看看世界，身居世界的中心，却又为世界所不知，这是这些独立、热情、不偏不倚的人的几桩小小的快乐，语言只能笨拙地确定其特点。观察者是一位处处得享微行之便的君王。"[1]画家也在到处行走，到处游逛，但是，他不是和群众保持距离，而是"和群众结为一体"。他是闲逛者，但他并不冷漠，而是充满激情，他不仅有"巨大的快乐"，也还有"小小的快乐"。

显然，波德莱尔的闲逛者和本雅明的闲逛者有所不同。尽管都是闲逛，但二者有一个重要的差异，即游逛者是否在保持"距离"地观看，或者说，是否是格格不入地观看。都是现代生活的热衷观察者，本雅明的游逛者置身于街头，但他是街头的一个外人，他对街道人群态度冷漠，他和他们背道而驰——他在细看他们的同时也和他们保持距离，发生抵触。而波德莱尔的游逛者充满激情，非常投入，兴趣盎然，他欣赏他们。本

1　《波德莱尔美学论文选》第481~482页。

雅明借用了波德莱尔的这个游逛者形象，但是他又偏离了这个形象。本雅明为什么会采用这种保持距离的观看？这种偏离来自何处？这是布莱希特给他的启发。布莱希特这样谈到他的间离戏剧：

"我试图在这篇短文里阐述德国剧院使用的一种使观众跟舞台上表现的事件保持距离的表演技术。这种'间离'技术的目的，是使观众对舞台事件采取一种寻根究底的态度。至于它所采用的手段则是艺术的……大家都知道，舞台与观众之间的联系通常是通过移情作用而产生的。在今天，墨守成规的演员总把心力集中在创造移情作用这一点上，以致人们可以说：'在他看来，这就是他的艺术的主要目标。'如上所述，与通过移情作用而产生的效果，正如水之与火，是绝不相容的。'间离效果'的技术实际上是为了防止演员去创造移情作用——至少是防止演员去创造通常程度的移情作用。"[1]

布莱希特谈论的是表演技术，但是，表演的目的是观看，其最终目的是让观众不要"移情"地观看，不要全身心投入地观看。也就是说，让观众保持距离地观看。布莱希特的戏剧理想是，观众在看戏剧，但并不沉浸在戏剧之中进而被戏剧所吞没，相反，他们应该和戏剧和舞台保持距离，并时时意识到自己是在看戏。这是一个自觉的观众角色。事实上，观众也只有和舞台拉开距离，才能真正地对舞台洞若观火。

本雅明的游荡者，就是波德莱尔的游荡者和布莱希特的观

---

[1] 布莱希特《间离效果》，邵牧君译，见《世界电影》1979年第3期，第157~158页。

众的一个奇妙结合：一个不移情的游荡者，一个四处闲逛的观众。对本雅明来说，布莱希特的舞台换成了19世纪中期的波德莱尔的巴黎；波德莱尔街头的热情游荡者带上了布莱希特式的冷静眼镜。这个独特的将街道当作自己居所的闲逛者，迈着闲散的步伐在街头四处打量，但又和这个高度发达的资本主义都城终究是格格不入。他是19世纪中期的现代性的产物，但又是这个现代性的对抗者。他生活在他的时代，一刻不停地观看他的时代，他如此地熟知他的时代，但是，他也是这个时代的陌生人。他和他的时代彼此陌生。

四

这样正在观看他的时代的游荡者是什么人呢？我们正是在这里切入当代（当代人）的概念。什么是当代？用阿甘本的话，"当代性就是指一种与自己时代的奇特关系，这种关系既依附于时代，同时又与它保持距离。更确切而言，这种与时代的关系是通过脱节或时代错误而依附于时代的那种关系。过于契合时代的人，在所有方面与时代完全联系在一起的人，并非当代人，之所以如此，确切的原因在于，他们无法审视它；他们不能死死地凝视它"。在此，阿甘本表明了保持距离的重要性。只有保持距离，才能"死死地凝视它"。也只有保持距离，才不会被时代所吞没所席卷，才不会变成时尚人。对于阿甘本来说，真正的当代人，就是类似于本雅明的游荡者或者布莱希特的观众那样同观看对象发生断裂关系的人。用尼采的术语说，就是不合时宜的人。只有和自己的时代发生断裂或者脱节，才能"死死地凝视"自己的时代。这是布莱希特和本雅明的延伸：从布莱希特的格格不入地看戏到本雅明的格格不入地看城市，最后到阿甘本的格格不入地看时代。阿甘本将这样的观看自己的时代，观看现在的人，称之为当代人。

当代人必须死死地凝视他的时代，那么，他到底要在时代中看到什么？他是要像波德莱尔笔下的人那样紧紧地凝视如同充满电流的沸腾生活吗？"当代人是紧紧凝视自己时代的人，以便感知时代的黑暗而不是其光芒的人。对于那些经历过当代性的人来说，所有时代都是黯淡的。当代人就是那些知道如何观察这种黯淡的人，他能够用笔探究当下的晦暗，从而进行书写。"也就是说，当代人并非被时代之光所蒙蔽的人，而是在时代之光中搜寻阴影的人。他和时代保持距离，就是为了观看时代的晦暗，是主动地观看这种晦暗。因为，"当代人"天生就是被这种晦暗所吸引的人。"他将这种黑暗视为与己相关之物，视为永远吸引自己的某种事物。与任何光相比，黑暗更是直接而异乎寻常地指向他的某种事物。当代人是那些双眸被源自他们生活时代的黑暗光束吸引的人。"

但是，到底什么是时代的晦暗？它是时代之光的对立面吗？对阿甘本来说，晦暗和光密切相关。晦暗并不意味着是绝望的深渊。相反，晦暗也是一种光，它是试图抵达我们但从未曾抵达我们的光。所谓的黑暗，不过是光的未曾抵达的临近，是光的黑暗闪现，就像宇宙中有一些"最远的星系以巨大的速度远离我们，因此，它们发出的光也就永远无法抵达地球。我们感知到的天空的黑暗，就是这种尽管奔我们而来但无法抵达我们的光，因为发光的星系以超光速的速度远离我们而去"。因此，这些黑暗不过是我们看不到的光，无法抵达我们的光。光并非同黑暗一刀两断，而是被黑暗所包裹而难以挣脱它的晨曦。这是光和黑暗的辩证关系。就此，我们感知黑暗，在某种意义上，也是去感知光，感知无法进入到我们眼帘中的光。时代的晦暗深处，还是有光在临近，即便是遥遥无期的临近。感知和意识到这一点的人，或许就是当代人。作一个当代人，就是要调动自己的全部敏锐去感知，感知时代的黑暗，感知那些无法感知到的光，也就是说，感知那些注定要错过的光，感知注定要被黑暗所吞噬的光，感知注定会被隐没之光。在此，当代人，用本雅明的说法是，正是因为绝望，才充满希望。在这个意义上，当代人就是脱节之人：与时代的脱节，与时代之光的脱节。他对时代的光芒不敏感，而是对时代的痛苦，对时代脊骨的断裂异常敏感。

这是当代人的特征。但是，还有另一种当代性。与时代保持距离，既指的是生活在这个时代但又和这个时代格格不入的状况；同时，它也可以指人们将自身的目光投向古代和过去。古代和当代有一种显而易见的距离，但是，"在最近和晚近时代中感知到古老的标志和印记的人，才可能是当代的"。阿甘本这是对保罗和本雅明时间概念的呼应：当代是对过去的统摄，过去总是潜入到当代中。就此，起源也总是活在当代中，并在当代成为强劲有力的要素，它们不屈不挠地存在于当代，就如同儿童特性总是在成年人内心中持久而顽固地活跃一样。与此相似的一个例子是，先锋派总是在原始艺术中寻找素材。一个当代人不仅要在空间上拉开他和自己的时代的距离，他还要在时间上不断地援引过去："当代人不仅仅是指那些感知当下黑暗、领会那注定无法抵达之光的人，同时也是划分和植入时间、有能力改变时间并把它与其他时间联系起来的人。他能够以出乎意料的方式阅读历史，并且根据某种必要性来'引证它'，这种必要性无论如何都不是来自他的意志，而是来自他不得不做出回应的某种紧迫性。"[1] 也就是说，做一个当代人，总是要在某一个迫切的关头，自觉不自觉地向过去回眺。

正是由此，保罗被阿甘本称为具有当代性的人。因为正是他特有的弥赛亚的时间观念，他让现在将过去统摄起来，现在不断地引证过去，不断地追溯过去，以至于时间流逝的线性进程被终止，被打断，时间不得不停滞下来。时代也因此出现了一个断裂和凝固。也正是因为这个时间的断裂，我们才有机会凝视这个凝固的时代，凝视这个断裂地带涌现出来的晦暗。这就是阿甘本所说的当代性的意义。就此，保罗具有当代性，对阿甘本而言，就意味着保罗的时间概念具有当代性，保罗对历史和时间的思考具有当代性。或者说，我们必须领悟保罗和本雅明这样的历史概念和历史哲学，才可能成为当代人，才可能真正地思考什么是当代。

---

[1] 上述引文均出自阿甘本《何谓同时代人》，见阿甘本《论友爱》，刘耀辉译，北京大学出版社 2017 年。

保罗确立了当代性的概念,但这并不意味着保罗本人就是我们的同代人。这也是阿甘本和巴丢的差异。在巴丢论保罗的书中,他明确地宣称,保罗是我们的同代人。对巴丢来说,保罗是当代的,并不是因为他对历史和时间概念的特殊思考,并不是他对当代性的思考,而是因为保罗为普遍主义奠定了基础,或者说,保罗提出了一种特殊的普遍主义,一种真理的普遍的独一性(universal singularity)。更具体地说,保罗展现了一种独特的思考,一种在今天仍旧具有紧迫性的思考——正是在这个意义上,巴丢称保罗是我们的同代人。

为什么保罗对今天而言具有紧迫性?"在普遍化流通的时刻,在瞬间文化交流的幻影中,禁止人流通的法律和规则正在到处繁殖。"法国尤其如此,右翼的勒庞党要求一种纯正的法国人身份,他们信奉一种封闭的同一性,一种纯粹的身份原则,一种拒绝普遍性的独一性原则。巴丢认为这种身份同一性原则和资本主义达成了密谋,因为资本出于自己的目的对主体和身份进行创造和发明,尔后对其进行空间分类和同质化,进行德勒兹意义上的再辖域化。结果就是,一种同质化原则和绝对的单一的身份原则建立起来。就法国而言,将外国人,将一切非法国人拒绝在法国大门之外就变得自然而然。但是,我们看看保罗是如何对此提出了反驳的,他是这样讲的:"并不分犹太人,希利尼人,自主的,为奴的,或男或女。""保罗将好消息(福音)从严格的封闭中拉将出来,从严格限制它的犹太人群落中拉将出来。"[1]福音和上帝是针对所有的人，上帝不偏待任何人。这正是耶稣复活的寓言所表明的东西——上帝成为所有人的上帝，而不再是犹太人的上帝。上帝成为一个普遍的上帝。所有的人都会不受限制地得到承认。二千年前的保罗的教诲对今天的排外主义和特殊主义仍旧是必要和迫切的回应——就此而言，保罗并没有远离我们。

就此，对阿甘本而言，保罗的当代性，意味着保罗提出了什么是当代性：一种特殊的时间观念，也即将现在将过去统摄在一起的时间观念。对于巴丢而言，保罗的当代性，是因为他所持的普遍主义原则，一种打破狭隘的地域主义的普遍性原则，在今天仍旧具有当代意义。所以他仍旧是我们的同代人。而且，他开启的普遍独一性原则，对于巴丢而言，具有更加重要的启示意义。他不仅是我们的同代人，我们甚至要说，他更主要的是巴丢本人的同代人：正是从保罗这里开始，一种特殊的真理概念，一种普遍独一性的真理概念，播下了种子，而巴丢则将这粒种子培育成了一颗哲学大树：一种有关事件和真理的哲学大树。就此，巴丢，作为一个现在的时间，在向保罗——一个过去的时间——回眺。本雅明和阿甘本的破除空泛的线性时间

---

[1] 巴丢《保罗：我们的同代人》，陈永国译，见《生产》第三辑，汪民安编，广西师范大学出版社 2006 年，第 303 页。

原则，在巴丢这里得到了活生生的实践。[1]

---

[1] 事实上，阿甘本和巴丢对圣保罗的解释有很大的差异。阿甘本对巴丢的解释很不以为然。巴丢将保罗解释为普遍主义的奠基人——这点或许受到德勒兹的影响。德勒兹在《尼采与哲学》中将上帝复活解释为一个普遍性的上帝的复活：犹太人的上帝死了，复活的是针对着所有人的上帝。阿甘本在《剩余的时间》中对巴丢提出了反驳。他认为保罗没有这样一种超越性视角，"在犹太人或希腊人深处，没有普遍的人，没有基督徒，也没有原则和终点，留下的只有剩余，以及犹太人或希腊人与其自身一致的不可能性"。（见《剩余的时间》，第 66 页）对于阿甘本来说，真正重要的不是普遍性，而是剩余。不过，普遍主义是巴丢的保罗解释中的一个观点。另外一个观点可能更加重要，即巴丢在这里论述了他的事件、真理和主体的概念。对巴丢来说，真理是被宣布真理的主体所确定而存在的。也即是说，真理是被宣称的，是对事件的一次宣称。但是，主体宣称事件时，必须对这事件和真理保有绝对的忠诚。主体正是因为忠诚于事件而成为主体。从这个角度而言，真理就不是一个澄明，而是一个过程。"真理完全是主观的（它属于一个宣言，证明与事件相关的一个信念）。"在巴丢看来，保罗在耶稣复活中的所作所为，恰好体现了这样一个观点：保罗宣布了事件（耶稣复活），并且对这个事件绝对忠诚。耶稣复活这个事件就此成为一个真理，而保罗因为对这个宣称的绝对忠诚而成为主体。就此而言，真理是独一无二的。没有什么东西能够概括它。这样，它就脱离于任何的语境。而一旦脱离了任何语境，它又是普遍有效的——因为它不受背景的限制。这就是巴丢所讲的真理的"普遍独一性"：耶稣复活是一个独一无二的真理，但是，它摆脱了罗马的背景，摆脱了犹太人的背景，从而获得普遍性。

游荡与现代性经验

一

或许，在本雅明的丰富遗产中，最有意思的是他的"游荡者"（flâneur）概念。在巴黎熙熙攘攘的街道上，一个被步履匆匆的人群包裹的身影却在缓缓地徘徊，这个人在人群中既孤独又自在。这样一个经典形象，就是游荡者的形象。这个游荡者的最初雏形是波德莱尔笔下的居伊——他是现代生活的画家——在某种意义上，他也是现代生活的观察家。不过，居伊在巴黎街头忙忙碌碌，马不停蹄，充满激情，这种激情完全是观看的激情，他全神贯注地沉浸在自己的观看之中，"在任何闪动着光亮、回响着诗意、跃动着生命、震颤着音乐的地方滞留到最后"[1]。并且，在芸芸众生之中，在反复无常和变动不居的生活场景中，他获得巨大的快乐。居伊寻找的和看到的是什么？他看到的是"现代性"。什么是现代性？"现代性就是过渡、短暂、偶然，就是艺术的一半，另一半是永恒和不变。"现代性是被目击和体验到的，它是大都市的生活风格。现代性的目击者是个游荡者，

---

[1] 《波德莱尔美学论文选》第483页。

这是本雅明的一个决定性经验。本雅明就是借助于游荡者来发现现代大都市的生活风格。不过，游荡者是现代性的目击者，但同时也是现代性的产物。

在一个什么意义上，游荡者是现代性的产物呢？游荡，并不是一个现代的概念，但是，在大都市中，游荡获得了自己的特殊表意。游荡，是一个中介，将游荡者和城市结合起来，城市和游荡者位于游荡的两端，谁都不能甩掉对方。游荡者寄生于城市之中。只有城市，他才能获得自己的意义和生存，同样，城市也只有在游荡者的眼中，才能展开自身的秘密。事实上，在乡村，到处都是游荡者，但是，在空旷寂寥的乡村，游荡者被建构为唯一的中心形象。乡村是游荡者的背景，乡村并不是一个充满了技术的地理场所，它是一个自然景观，现代性还没有在乡村萌芽。乡村单调而且缺乏变化。乡村的游荡者，并没有被丰富性来培植发达的视力，与其说他们将目光投身于周遭，不如说他们将目光投向于地平线的另外一端。在此，游荡的意义，就在于游荡者本身，他的孑然一身，他的纯粹性在乡村的广袤旷野中勾勒了他的孤独：世事的孤独，物质的孤独，魂灵的孤独。乡村的游荡者，将自己的背影淹没于无限之中。人们正是在这里发现了一种哲学人生，一种有限性和无限性暧昧交织的人生。游荡，通向了意义的无限。而集镇则天生是和游荡格格不入的，集镇如此之小，脚步刚刚启动，集镇就到了它的尽头。有限的集镇，埋没了游荡者的兴致，再也没有比集镇中的游荡更加乏味的了：没有兴奋，没有刺激，没有热情。重复，熟悉，单调——集镇是游荡者的坟墓。在此，游荡总是和挑衅结盟，集镇中的游荡者，无非是惹是生非的无赖；游荡者最终总是演变为一个滋事者。

本雅明敏锐地发现，只有大城市，才是游荡者的温床。他可以百看不厌。而巴黎是游荡的最佳去处。没有比巴黎更适于步行的城市了。本雅明初次来到巴黎就发现，巴黎更像是他曾失去的故园。这是他想象的都市。事实上，柏林对于本雅明来说，与其说是一个喧嚣的大都市，不如说是一个静谧的乡村。本雅明关于柏林的童年回忆，总是自我的和内省的，并且总是在树丛和密林之中喃喃低语。而巴黎，则更容易让人忘却自身，人们会陶醉于外在于自身的街道世界而心神涣散，正如电影的观众在电影银幕前心神涣散一样。巴黎充分体现了街道的活力，这个活力既来自城市的构造本身，也来自街道上的人流，同样还来自巴黎街头的各种新式物品。在这个城市中，步行并不会令人们感到无聊和乏味：街道上，一个店面接着一个店面，一个咖啡馆接着一个咖啡馆，一个事件接着一个事件，一个时尚接着一个时尚，没有丝毫的空隙。巴黎让目光应接不暇。巴黎养育了游荡，而游荡者也发现了巴黎。游荡者和巴黎相互创造，它们一体两面。只有在巴黎才能发现如此之多的游荡者，也只有游荡者才能发现如此之深邃的巴黎。因此，本雅明的拱廊计划，不得不也是一种游荡者计划。只有借助于游荡者的目光和脚步，拱廊街的每一道褶皱才能悄悄地铺展开。

那么，这些游荡者是些什么人？游荡者通常是些无所事事的人，他们具有波希米亚人风格，居无定所，被偶然事件所决定，在小酒馆中充满醉意地打发时光，这是些密谋家、文人、妓女、赌徒、拾垃圾者、业余侦探。他们有相似的生活态度，"每个人都多多少少模糊地反抗着社会，面对着飘忽不定的未来"。因为没有固定而紧张的职业，经常无所事事，但是，"他把悠闲表现为一种个性，是他对劳动分工把人变成片面技工的抗议"[1]。在所有的人都被现代社会职业化的时候，这些人就只能作为多余人出现了，他们并不跟着机器的节奏挥动手臂，而是在街头随意地迈动自己的双脚。这种游荡者溢出了社会分工的范畴，溢出了现代性的规范范畴。在这个意义上，游荡者既是现代性的产物，同时，也是现代性的抗议者。现代性锻造了游荡者来抵制自身。一旦放弃了城市机器的节奏，游荡者就有自己的特殊步伐，他喜欢"跟着乌龟的速度散步，如果他们能够随心所欲，社会进步就不得不来适应这种节奏了"，[2]有时候，他走走停停，完全没有效率和时间的概念。这同步伐匆匆的过路人的形象形成了尖锐的对照。但是，泰勒主义的苛刻效率在现代社会取得了上风。游荡者，只要他在游荡，他就注定是要被现代性所排挤——他们注定是些城市的剩余者。这就是游荡者的命运，不过，这种命运也是他的诗意所在：游荡成为一个笼罩着其形象的光晕。

---

[1] 《巴黎，19世纪的首都》第116页。

[2] 《巴黎，19世纪的首都》第116页。

二

游荡的形象，当然不是19世纪的产物，但是，通过游荡者的目光来目击一个大城市，或者说，一个大城市被游荡者的目光"拍摄"下来，这是本雅明的独创之处。在19世纪，由于都市正是现代性的承载者，甚至，都市正是现代性本身，我们可以说，现代性正是被现代社会的格格不入者所打量——这些格格不入的游荡者使得自己从现代都市日益井然有序的生活风格中脱离出来，不过，这种脱离并不是归隐；归隐者与世隔绝，他闭上双眼，他厌倦了城市和人生。但是，游荡者慵懒的目光不乏警觉和好奇。他害怕孤独，因此一次次地置身于人群中。但有时候为了躲避孤独，他却被抛进了人群的深渊，变得更加孤独。就此，游荡者并不是对于城市本身的脱离，而是对于城市崭新的金钱魔咒的脱离。游荡者并非不眷念生活，而是讨厌宰制现代生活的种种法则和秩序。所谓现代社会，按照西美尔的说法，不过是以金钱和数字为尺度来权衡的社会。为此，游荡者同所有以金钱为目标的人保持距离，并不时地报以冷漠的嘲讽。

他首先感受到的是瞬息万变。这转瞬即逝的现代生活有时候煽动了他的热情，有时候令他忧郁。新奇在刺激着他，令他眩晕；但是，一切又往事如烟，"没有任何慰藉可言"。这将他陷入忧郁。热情和忧郁交织于一身，游荡者本身就是一个辩证意象。一方面，他是对都市的摆脱，另一方面，他如此之深地卷入了都市。或者说，他和都市保持距离，恰恰是对都市的更进一步的探秘。反过来同样如此,游荡者深入到城市的内部,却是为了摆脱城市的控制节奏,就如同他总是在人群中晃荡但却总是为了和这些人群保持距离一样。现代都市存在着这样一个奇怪的悖论:在都市中安身的大众,却总是对这个城市视而不见,相反,被都市排斥的游荡者,反倒能深入到这个城市的肌理之中。这正是布莱希特的"间离"效应:人只有摆脱自身的环境并同它保持距离,才能看清这一环境事实。这个游荡者正是一个使自己从城市中抽身而出的都市戏剧的"观众"。他置身于城市中,但并没有被这个城市吞没。正如布莱希特的理想观众,他在观戏,却并没有全身心地投射于舞台。这样,闲逛者既是离城市最远的人,也是离城市最近的人:他既远离城市,又摸索在城市的层层晦涩之中。

本雅明发现了这个游荡者,正如这个游荡者发现了巴黎。这是双重的发现。本雅明是通过游荡者的目光来发现历史,游荡者既是历史的见证者,也是历史本身。在这里,有一个双重的观看方式:对观看的观看。游荡者在观看巴黎,本雅明在观看游荡者。事实上,这再一次是布莱希特的方式:观众(游荡者)在观戏,而我们在看整个剧场。游荡者徘徊于其中的巴黎,构成了本雅明的史诗剧。对于本雅明来说,历史,一定要以一个活生生的戏剧的方式演出。本雅明是这个戏剧的撰稿人,他将主角和摄影师的双重角色分配给了游荡者,因为他的游手好闲,这个主角就成为现代主义舞台上的孤独英雄:他不仅指出了历史的真相,而且它本身就是真相。

因为不被大城市的机器节奏所控制,游荡者是漫游性的,他没有目标。步伐是偶然的，因此，他的目光可能停留在街道的任意一个角落，在此，时间似乎暂停了，游荡者驻足不前。游逛正是展现了滞留和运动的辩证法，或者说，运动总是以反复滞留的方式进行的。游逛，只有通过滞留才能发现它的真谛。正是借助于游逛，连续的空洞的时间打开了各种各样的缺口，时间总是以并置的空间的方式来展开，并由此形成了一个饱和而丰富的星座，而不是一串连贯而空洞的历史念珠。历史就此在空间的维度被爆破，也可以反过来说，空间的爆破不得不展现为历史的纷繁的此时此刻。滞留，意味着对"当下"而非未来的强调，而这正好符合本雅明的信念："我们知道犹太人是不准研究未来的。""他就建立了一个'当下'的现在概念。这个概念贯穿于整个救世主时代的种种微小事物之中。"[1] 微小事物是"当下"这个概念的必然归宿，正如游荡者的停滞的目光总是自然而然地飘至巴黎的细节上面一样。"在这个当下里，时间是静止而停顿的。"[2] 细节，具体之物，就是在这个静止的时间中，纷纷从历史的尘埃中被拖出来，它们以一种当下性暴露自身。在此，运动和前行搁浅了，细节和具体之物获得了自己的深度。这也迫使本雅明的行文充满着滞留感。在他的那些关于游逛者的著述中，读者的思路一再被打断，被分叉，被拐到了另外一个地点。人们在这些著作中总是弄得晕头转向。显然，这不是一个前进的坦途，而是一个四处播撒的纷繁场景——

---

[1] 《启迪：本雅明文选》第 276 页。

[2] 《启迪：本雅明文选》第 274 页。

人们很难在这里抓住一个主干道,正如他笔下的游荡者没有一个明确的行踪路线一样。对于读者来说,埋头于本雅明的著作之中,犹如游逛者置身于繁复的巴黎一样。而要理解这些著作,就必须采用游荡者的视角,读者必须作为一个游逛者,在任何一个地方流连忘返,左盼右顾,而不是匆匆忙忙地要抵达一个最终的目标。唯有如此,人们方可以体验到其中的美妙和风光。那些希望在一般哲学推论的康庄大道上获得最终目标的读者,总是在本雅明这些纷乱的细节这里遭受挫折,总体性的欲望迷失于碎片之中。不仅如此,本雅明的那些单个的句子同样要符合这种运动和静止的辩证法。"要理解本雅明,我们必须在他每个句子后面感觉到剧烈的震动转化为一种静止,实际上就是以一种滞留的观点来思考运动。"[1] 运动和滞留是相互依赖的,它们相互凭借对方而自我暴露。具体的意象就将运动和滞留囊括一身,有时候,它也将梦幻和现实囊括一身,这样的意象,就是本雅明称之的辩证意象。无论是巴黎,游荡者,还是本雅明的句子本身,都是如此。

游荡者的步伐因为被街道的细节所扰乱而停滞,但是,他还被人群所推搡而运动,运动和滞留在游荡者身上相碰撞。不过,这是另一个历史意义上的滞留:"这里既有被人群推来搡去的行人,也有要求保留一臂间隔的空间、不愿放弃悠闲绅士生活的闲逛者。让多数人去关心他们的日常事务吧!悠闲的人能沉溺于那种闲逛者的漫游,只要他本身已经无所归依。他在彻底

---

[1] 《启迪:本雅明文选》第32页。

悠闲的环境中如同在城市的喧嚣躁动中一样无所归依。"[1] 即便被运动的漩涡所携裹，回身和滞留的欲望仍旧强烈，游荡者并不愿意被人群携裹而去。这个人群，当然是匿名的大众，这也是 19 世纪的特有产物，个别的人居然形成了一种如森林般的汇聚的人群，"市场经济的偶然性把他们聚集到一起——就像'命运'把一个'种族'再次聚集起来一样。而这些当事人则把这种偶然性加以合理化"[2]。结果就是，人群没有任何怀疑地被市场的力量推动前行。大街上的聚集的人群缘自现代的生产和消费体制。除了游荡者敢于从这个市场化的人群中脱身之外，人们纷纷地涌到了这条不可逆转的历史的单向街上，这个单向街的标识就是现代性的进步，是纷纷扰扰的人们的坚定前行。但是，游荡者在抵制这个历史的单向街，而这已经不单纯是对空洞时间的抵抗，它还包括一种特殊的历史境遇的洞见：现代性的残垣断壁。回身，既要让单薄的时间绽开丰富而多样的缺口，也是个人抵御现代的姿态。这个姿态，正如舒勒姆写下的，"我的双翅已振作欲飞 / 我的心却徘徊不前"。当然，滞留也是没有办法的办法，是左右为难的取舍："沉沦在这个不光彩的世界里，被人群推来搡去，我就像一个饱经风霜的人：他的眼睛总是向后看，一眼看到岁月的底蕴，只看到幻灭和艰辛；在他前面也只有一如既往的狂风暴雨，既不能给出新的教训，也不会引起

1　《巴黎，19 世纪的首都》第 205~206 页。

2　《巴黎，19 世纪的首都》第 127 页。

新的痛苦。"[1]那么，就只好徘徊不前了。不过，这也驱除了启蒙者眼中对未来充满向往的神秘感。被人群推搡，这是个街道经验，也是个历史经验，或者说，历史经验现在就体现为一种街道经验。为什么不愿意被推搡着前行？那是因为，前方看到的是狂风暴雨，是越堆越高直逼天际的残垣断壁，历史的尽头，或许是一连串的灾难。这同样也是克利的新天使的形象，它被进步的风暴猛烈地刮向未来，尽管"他的脸朝着过去"，"想停下来唤醒死者"[2]。这也是波德莱尔的形象："流动的、具有自己灵魂的人群闪烁着令闲逛者感到眩惑的光芒，但这种光芒对于波德莱尔来说则显得越来越黯然。"[3]

滞留终于有了它的理由。它是对灾难的警觉。事实上，运动、前行和进步最终是被幻灭这一目标所把控，不幸的是，这正好是现代的气质，所有的现代人都沿着这一虚幻目标前行，都彼此推搡着前行。现代，总是意味着要向前行。这种前行如此之快捷，这也意味着，此时此地的东西转瞬即逝。而本雅明清楚地发现了这一点，"现代性自身始终是过时的衰落，它在其强劲的开端中证明了自己崩溃的特点"。拱廊街刚一建成就被拆毁了。游逛者卷入人群中，"但完全是为了用轻蔑的一瞥把他

---

[1] 《巴黎，19世纪的首都》第233~234页。

[2] 《启迪：本雅明文选》第270页。

[3] 《巴黎，19世纪的首都》第234页。

们送进忘川"[1]。"销魂的瞬间恰好是永别的时刻。"[2] 在巴黎的街头，陌生人频繁地偶遇，但在目光交接的一刹那，人们也彼此在对方的目光中消失得无影无踪。瞬间的美妙总是淹没在人群的深处。所有这一切，用马克思的说法就是，"一切固定的东西都烟消云散了"。现代，尽管光怪陆离，但瞬间即逝，那些丰盛的物品的展示不过是废墟的频繁堆积。因此，对本雅明而言，滞留也是抵抗消逝的方式，它尽可能让瞬间获得短暂的永恒，尽可能让破碎之物有一个临时性的哪怕是不完满的缝合。当下，这是唯一能够抓住的东西；目光和脚步这类身体感官，也是唯一能够信赖的东西。尽管这类感官经验也一再被快速地改变，也一再遭到速度的电击而引发震惊。这种速度如此之快速，震惊如此之频繁，人们不断地撞入新奇的王国，以至于人们不得不怀疑这个现实就是一个梦境。巴黎，与其说是一个历史，不如说是一个幻觉。"就像一面镜子反映在另一面镜子里那样，这种新奇幻觉也反映在循环往复的幻觉中。"[3]

同游荡者的滞留相反，人群总是步履匆匆地奔向一个终点而对周遭视而不见，这个终点既可能是上班场所，也可能是家园，在更广义的层面上，这个终点是一个进步的梦想，一个乌托邦幻境，一个幸福的未来承诺。现代人的步伐被这个承诺所牢牢地束缚而失去了闲荡的自在天性。相反，游荡者抓住的是

---

[1] 《巴黎，19 世纪的首都》第 205 页。

[2] 《巴黎，19 世纪的首都》第 210 页。

[3] 《巴黎，19 世纪的首都》第 22 页。

此时此刻的街头，家园不在别处，就在于街道本身，家园本身就是过道，而不是终点和目标。"如果说闲逛者把街道视为室内，拱廊是室内的古典的形式，那么百货商店体现的是室内的败落。市场是闲逛者的最后去处。如果说最初他把街道变成了室内，那么现在这个室内变成了街道。"[1] 游荡者抓住的是眼前的实在之物，是可感触之物。人群最后发现，家园或许就是一个梦想的幻灭地带，一个乌托邦破碎之地；而置身于街头的游荡者，事实上，在这个现代世界中，也还是倍感孤独，他的家或许并非虚幻之地，但是，他也只能在"商品的迷宫中转来转去，就像他在城市的迷宫中转来转去"。对未来的抵制，只能是停留在一种姿态上面，而并不能从"市场"和商品的包围中全身而退。他陷入困境，既无法向前，也无法后退，因此，本雅明"像一个沉船中爬上摇摇欲坠的桅杆的人，在那里……发出求救信号"[2]。

三

显然，游逛者被商品包围。大城市正是围绕着商品而展开，商品是巴黎这样新兴的大都市的魂灵。本雅明对马克思的商品

---

[1] 《巴黎，19世纪的首都》第117页。

[2] 雅克·德里达《论瓦尔特·本雅明：现代性、寓言和语言的种子》，郭军、曹雷雨编译，吉林人民出版社2003年，第11页。

概念谙熟于心。商品的价值可以从两个方面去衡量：交换价值和使用价值。本雅明发现，在现代巴黎，"商品戴上了王冠，焕发着诱人的光彩"。这样一来，马克思津津乐道的使用价值退到了幕后，商品的交换价值大放异彩。实际上，在这里，本雅明所说的交换价值，与其说是马克思意义上的交换价值，不如说是后来鲍德里亚更加明确地界定的符号价值。商品首当其冲地是以一个形象的面目出现的。形象将商品的使用功能完全压制住了，从而"为人们打开了一个幻境，让人们进来寻求开心"。更重要的是，商品几乎无一例外是一种生产式的发明——它是全新的，并以不断翻新的时尚所驱动而被求新的欲望所再一次地驱动。作为一个新奇的充满幻觉的意象，商品里面凝集着人类的梦想——尽管这是资产阶级的虚幻梦想。因此，它是现代人的膜拜对象。当然，商品编织的海洋，可以湮没包括游荡者在内的所有人，这也是游荡者能在百货商店反复地消磨一整天的原因。

这样一个商品概念，再一次同马克思有所区分，在后者这里，商品凝结的不是人类的梦想，而是工人的血汗。马克思的商品拜物教概念，力图将商品背后的血淋淋故事叙述出来。同马克思不一样，本雅明对商品背后的欺诈和剥削并不感兴趣。商品毫无疑问是一个经济现象，但是，本雅明感兴趣的是，商品将经济和文化勾连在一起。按照经典马克思主义的意见，经济当然潜伏在文化之下，并且对文化有一种决定性的支配权。但是本雅明发现的新的事实在于，单纯的经济必须借助于文化形象表达出来，这是资本主义特有的文化生产。在这个意义上，文化就变成了经济，文化生产就是经济生产，本雅明最先考察了"作为生产者的作家"，作家生产的是商品，而不单纯是小说。文化首先是作为商品而出现的。这是对马克思主义的隐秘回应：经济和文化具有同质性。在这个意义上，经济并非文化的基础，文化也非经济的产物。对于本雅明来说，"所要展现的不是文化的经济本源，而是经济在文化中的表达。换言之，所涉及的问题是努力把握作为可感知的原初现象的经济过程"[1]。广告，报纸，建筑，它们是商品，同时，也是一个可感知的文化形象。经济就是借助于这样的文化现象得以表达的。就此，经济和文化并不分属于两个不同的区域，它们并非各自为政。相反，经济和文化彼此埋藏在各自的形象中。一个商品基于经济事实要出售的时候，它同时出售的也是一个文化形象。正是在这个意义上，经济生产，很大程度上是文化生产，具体地说，是形象生产；正如后来的列斐伏尔所主张的经济生产将重心放置到空间生产那样，本雅明也将马克思主义的生产重心放置到形象上面来。

商品，正是这一形象生产的典范，形象和经济在此天衣无缝地结合在一起。由于商品在它的形象上反复地锤炼，巴黎，最终变成了一个令人眼花缭乱的巨大的视觉机器。而在这一形象化过程中，商品当然成为中心。如果说，经济总是要被形象化的话，那么，历史，即便是经济决定论的历史，难道不是可以通过形象的汇聚而发现自身吗？不是可以从形象中来发现经

---

1 《生产》第一辑（《拱廊计划：N》）第312页。

济的规律吗？马克思从商品中窥见了历史的奥秘，本雅明同样如此，不过，这个商品是将经济形象化的方式暴露出来的。"从马克思主义的角度理解历史就必然要求以牺牲历史的直观性为代价吗？或者，怎样才能将一种高度的形象化与马克思主义的方法的实施相结合？这个项目的第一步就是把蒙太奇的原则搬进历史，即用小的、精确的结构因素来构造出大的结构。也即是，在分析小的、个别的因素时，发现总体事件的结晶。"[1] 每一个小的蒙太奇的形象，每一个商品，每一个细节，都是总的生产方式的暴露。"正像一片树叶从自身展示出整个经验的植物王国的全部财富一样。"本雅明抛弃了康德而转向了歌德。哲学让位于诗学，历史被电影所替代。巴黎，像一个个分镜头一样被播放出来。本雅明对具体形象的强调，既偏离了哲学的抽象性质，也放弃了历史的编年纪事，然而，它既包裹了哲学的深邃，也拥有史学的精确。在本雅明这里，哲学获得了形象，史学被钉入了辩证的锲子，而文学的下面则涌动着历史唯物主义的波澜。本雅明创造了一种前所未有的风格，这种风格就是用形象作为炸药去将各种既定文类的壁垒轰毁。

四

如果说商品是巴黎这样的大都市创造的时尚的话，那么，

---

1 《生产》第一辑，第313页。

垃圾则是这样时尚的最后归宿。商品总是有它的历史命运，熠熠发光的商品最后无不沦落为马路上的被遗弃的垃圾。不过，商品在成为废弃物之后可以被再一次利用：有时候是穷人的直接利用，有时候可以被工业机器再次加工。这就直接促发了拾垃圾者的诞生。垃圾同商品一样，仍旧是现代性的重要表征：在大城市之外，垃圾形不成自己的规模。只有在人群和生产大规模聚集的场所，垃圾才可以以令人瞩目的体积和数量出现，它也才会形成一个场景——尽管这个场景被大多数人所回避。垃圾是光怪陆离的城市的一个剩余物，就像游荡者也是城市的剩余物一样。游荡者，在循规蹈矩者的眼光中，同样是"垃圾"。游荡者和垃圾有一种天然的亲和力。如果说，所有人的注意力都被城市的五光十色的形象所深深地吸引进去了的话，那么，垃圾只能得到少数游荡者的抚慰。垃圾堆砌于城市的偏僻角落，它执意地将城市一分为二：在辉煌的城市的背面有一个肮脏的城市；在一个富足的城市后面还有一个贫困的城市。垃圾是现代工业的噩梦的最早的预告者：城市最大的困惑和烦恼之一就是垃圾。因此，现代城市的规划和设计，通常是围绕着垃圾而展开的。城市首先是一个掩盖和处理垃圾的机器。事实上，有多少商品的生产，就有多少垃圾的剩余。对于一个城市来说，商品是它的精心打扮的容颜，而垃圾则令人生厌地不断地毁坏这种容颜。垃圾在这个意义上成为城市的公敌。于是，拾垃圾者出现了，在本雅明关于巴黎的研究中，最有意味的话题之一是重新激活了波德莱尔笔下的拾垃圾者的形象。

不过，有一种职业化的拾垃圾者，这是一个保持街道清洁的职业工人。比如，伦敦在17世纪就有了一种付费的清扫街道的人，在19世纪，这些清洁工的权利被写入了《伦敦市道路交通法》[1]。这样的清洁工人如今在所有的城市中都大量存在，他们在夜晚和晨曦中出没。但是，在波德莱尔和本雅明这里，拾垃圾者不是职业化的，他是自发的，他像一个收藏家一样在搜集垃圾："凡是这个大城市抛弃的东西，凡是它丢失的东西，凡是它唾弃的东西，凡是它践踏的东西，他都加以编目和搜集。他对所有的东西分门别类并做出明智的选择。就像一个吝啬鬼守护着一个宝库那样，他搜集着各种垃圾。"[2] 同职业化的清扫街道的垃圾工人不一样，这些垃圾对他有用，而不是要完全将它清扫掉。这样的搜集垃圾的人，有自己特殊的步伐和身影，而这却和城市中的诗人接近，"拾垃圾者和诗人——二者都对垃圾感兴趣，二者都是在市民们酣然沉睡时孤独地忙活自己的行当"。诗人犹如拾垃圾者。拾垃圾者翻翻拣拣，试图在垃圾中寻求"真理"，寻求"价值"，抒情诗人则在街道的两旁守候灵感，为他的诗歌意象寻章摘句。波德莱尔希望将自己的诗人形象和拾垃圾者的形象联系起来，同样，作为一个试图揭示19世纪的巴黎风貌的本雅明又何尝不是？本雅明也是个收藏家，他搜集的是"历史的垃圾"，这些历史垃圾正是正统历史学家不屑一顾的历史废料。他们所遗漏的历史垃圾，恰恰是本雅明需要的素材，是他的真谛。问题是，搜集这些垃圾干什么？对

1　《城市文化读本》，汪民安、陈永国、马海良编，北京大学出版社2008年，第259页。
2　《巴黎，19世纪的首都》第148页。

本雅明来说,"那些破布、废品——这些我将不会将之盘存,而是允许它们,以唯一可能的方式,合理地取得属于自己的地位,途径是对之加以利用"[1]。这完全是拾垃圾者的方式。

　　本雅明似乎相信,偏僻的城市角落中的垃圾废墟中蕴含着城市的整个秘密,就如大海中打捞起来的珍珠蕴含着整个大海的秘密一样。事实上,他的拱廊计划,正是这样一大堆历史垃圾的大全,是它们的分门别类。如果说一般历史学家看到的是巴黎的显赫容貌的话,而巴黎在本雅明的眼中,则是以一个废墟出现的,这废墟就围绕这垃圾和它的另一面商品组成了一个盛宴。垃圾和商品相互补充,这是巴黎的两端,也是现代社会的两端。如果说商品是人们梦幻的凝结,那么,垃圾中或许包含着记忆散落的珍珠。人们发明和拥有了商品,在它上面铭刻了时间的痕迹,然后将它转化为废物并且弃置一旁,这就是垃圾的诞生,它们堆积在一起,同琳琅满目的商品遥相呼应。一种奇特的景观就此出现了:最时尚的和最过时的;最耀眼的和最肮脏的;最富裕的和最贫穷的;最梦幻的和最现实的;它们在一个并置的时间内拼贴和重叠起来——这难道不是从巴黎这个废墟伸腾起来的巨大的历史讽寓?这个讽寓难道不是表明了:梦想的归宿就是废墟?

1　《生产》第一辑,第 312 页。

何谓赤裸生命

一

今天的生命（life）概念，在古希腊则有两个词来表达。一个是 zoē，一个是 bios。zoē 指的是生物学上的生命，它仅仅意味着活着的生命。在这个意义上，它指的是动物、人和神所共有的生命形式，即单纯而简单地活着这一事实。而 bios 指的是生存形式或者生存风格。它意味着生命应该有一种质量，应该为自己建造一种特殊的形式，即超出单纯活着之外的具有某种特殊风格的生命形式。这样，bios 就排除掉了动物的生命（zoē）——动物不可能给自己建立一个生活形式，它被本能所控制，它仅仅是活着，仅仅是生命的繁衍。因此，我们可以说 bios 指的是人所特有的生命形式，只有人才可以超越于单纯地活着这个事实。但是，人可以给自己建立什么样的生命形式呢？或者说，人怎样超出自己的动物生命而获得属于人所特有的生命形式呢？也就是说，人怎样从 zoē 的状态进入到 bios 的状态呢？

我们可以看到，在不同的人那里，生命从 zoē 到 bios 的途径是不一样的。亚里士多德对此作了最初也是最深入的思考。

他从共同体的角度来讨论生命。亚里士多德有一个关于个体组织和进入共同体的历史叙事：个人先是组成家庭，然后是村落，最后是城邦。家庭是最初的共同体，它"是为了满足人们的日常生活的需要而自然形成的共同体"[1]，"当多个家庭为着比生活必需品更多的东西而联合起来时，村落便诞生了"[2]；而"当多个村落为了满足生活需要，以及为了生活得美好而结合成一个完全的共同体，大到足以自主或近于自足时，城邦就产生了"[3]。我们在这里看到了个体组成家庭、家庭组成村落、村落组成城邦的递进过程。这实际上也是个人不断地社会化的过程，但是每个过程的目标不一样：家庭的目标是获得日常生活的必需品；村落的目标是比必需品更多的东西；而城邦的目标则又超过了村落，它是为了获得一种美好的生活而结合成的一个完全的共同体，这也是最后的共同体。亚里士多德说它达到了自主或者自足的状态。不过，这里的自主或者自足是什么意思呢？亚里士多德接着解释："自足便是目的和至善。"[4]也就是说，城邦是自足的，因此它既是目的，也是至善。它是人最后的目标：人必须以城邦作为目的，也只有在城邦这里，才能完成至善，才能获得完美、自足、幸福而高尚的生活。

获得完美的生活，这就是人们组建城邦的目的。就此，人

---

1 亚里士多德《政治学》，颜一、秦典华译，中国人民大学出版社2003年，第3页。

2 《政治学》第3页。

3 《政治学》第3~4页。

4 《政治学》第4页。

从家庭到村落到城邦，就完成了他的最终状态，就完成了人的最终目的。而事物的本性正是在目的中体现出来的："每一个事物是什么，只有当其完全生成时，我们才能说出它们每一个的本性，比如人的、马的、家庭的本性。"[1] 在这个意义上我们可以说，城邦是人的目的，也是人的本性即人性的实现的场所。只有在作为目的城邦中（而非家庭和村落中），人性才得以现实化和完成。人只能在城邦中才成为人。就此，我们可以理解亚里士多德的断言，"人类是自然趋向于城邦生活的动物"。城邦是人的自然归属。"城邦显然是自然的产物，人天生是一种政治的动物，在本性上而非偶然地脱离城邦的人，要么是一位超人，要么是一个鄙夫，就像荷马所指责的人：无族、无法、无家之人。"[2] 亚里士多德在本书的另一处说的是同样的意思："不能在社会中生存的东西或因为自足而无此需要的东西，就不是城邦的一个部分，它要么是个禽兽，要么是个神，人类天生就注入了社会本能。"[3] 也就是说，一个人不处在城邦中，不处于社会之中，更确切地说，不处于政治之中，它只能算是个动物或者是个神，而不是一个严格意义上的人。因此，我们可以推论亚里士多德的结论：人组建城邦的目的是获得美好的生活，而反过来，城邦的组建，也让人从动物的状态进入了人性的状态，即从 zoē 的状态到 bios 的状态。城邦创造了人。

---

1 《政治学》第 4 页。

2 《政治学》第 4 页。

3 《政治学》第 5 页。

显然，如果不处在城邦生活中，就是处在家庭生活之中。何谓家庭生活？家庭生活即是简单的生活，它仅仅是为了获得维持日常生活的必需品——也就是说，它的目标就是为了让自己能够活着。就此，人的家庭生活和动物生活没什么区别，它就是单纯的活着，就是繁衍生命，就是被生存的必然性所制约和束缚。一个家庭就是男女组织在一起以方便生存和繁衍，而没有自己特殊的超越性的优良生活。如果说，城邦生活和政治生活具有公共性的话，那么，阿伦特则将家庭生活称作私人生活。城邦生活是"私人生活之外的第二种生活，即政治生活（bios politikos）。现在每个公民都属于两种生存秩序，而且在他的私人生活和他公共生活之间有一个尖锐的对立"[1]。

如果这两种生活存在着鲜明的界线，那么，亚里士多德所说的政治生活（城邦生活）的特征就和这种单纯维生的家庭生活截然不同。在亚里士多德这里，政治生活主要指的是行动和言说。"正是从行动和言说中产生出了人类事物的领域，人类事物意味着，如果仅仅是必需的和有用的东西，都要被严格地排除掉。"[2] 与之相反，"必需和有用的东西"正是家庭生活的根本特征，也就是说，政治生活正是对家庭生活的排斥，对仅仅是活着这一生命事实的排斥。家庭生活和政治生活的对立，实际上也可以说是家庭主人和政治家的对立，阿甘本对此的解释是，"正是通过把活着这个简单事实与政治上有质量的生活

1　Hannah Arendt, *The Human condition*, The University of Chicago press, 1998, p.24.

2　*The Human condition* p.25.

相对立，从而将房屋主人、一家之主同政治家区分开来：'出生，与生命相关，但存在，本质上与善好的生活相关'"[1]。也可以说，政治生活是对生命必然性要求的超越，从根本上而言，是人性对动物性的超越。如果 zoē 指的是动物生命的话，bios 在这里指的更多是政治生命。从动物生命（生活）进入到政治生命（生活），从家庭生活进入到城邦生活，实际上就是从 zoē 进入到 bios 的状态。

这也就是说，只有参与公共生活，只有进入公共领域中，只有参与城邦生活中，也就是说，只有参与公共政治，人才能获得一种 bios，动物性的生命才能转化为政治生命，单纯活着的生命才变成了优良的生命，人才获得一种特殊的只属于人的政治生命。这就是说，人是动物，但是，他是从事政治的动物——亚里士多德特别强调人的参与政治生活的重要性，或者说，只有参与城邦生活（行动和言说），人才能从动物生命转化为人的生命。

二

但是，从动物到人的这种转化意味着什么？亚里士多德强调这是一种美好生活的完成，它还意味着行动和言说——这是人的生活方式。尽管阿伦特分享了亚里士多德的关于公共生活

---

[1] 阿甘本《神圣人：至高权力与赤裸生命》，吴冠军译，中央编译出版社 2016 年，第 5 页。

（城邦）和私人生活（家庭）的区分，但对于"现代"的政治哲学家阿伦特来说，人对于共同体的诉求原因并不同于亚里士多德。人进入到公共性中，不单单是为了从事政治（行动和言说）以及因此而获得的美好生活，而且也因为他在这种共同体中获得了权利。对19世纪之后的现代人而言，共同体不再是古代的城邦，也不是君主所拥有的帝国，而是现代的民族国家。从18世纪末起，臣民开始转化为公民，他由国王的所属物转化为现代民族国家的公民。现代人，意味着他是某种政治社会的公民，这也意味着他享有这个政治社会的公民权利。但现代人是如何变成政治社会的公民的？根据法国大革命的《人权宣言》，人自出生起就是公民，人出生在哪个地方就成为哪个地方的公民，人与生俱来地享有公民权利。"出生立刻变成民族，以至于两者之间没有任何分隔之间隙。"[1] 在这个意义上，出生在哪里，就享有哪里的主权。也就是说，凭借单纯的出生身体本身，人们获得了主权。出生原则和主权原则融为一体。主权通过出身的身体得以反射。这正是法国大革命产生的重大意义之一，这对古代思想来说异常陌生。

我们在法国大革命时期的《人权宣言》开篇的第一条和第二条就可以发现这点："人自出生以来就是而且始终是自由的，在权利方面一律平等。"这是对先前的君主和臣民关系的摆脱：一出生就获得了平等，获得了权利，他是公民，而再也不是某个人的臣属物。而"一切政治结合均旨在维护人类自然的和不

---

1 《神圣人：至高权力与赤裸生命》第175页。

受时效约束的权利"[1]。也就是说,对于现代人而言,权利的获取才是政治结合的首要目标,政治结合是为了对权利的保障。对于18世纪末的法兰西人民而言,如果说公共生活(政治生活)是美好生活的话,那么,这种美好生活相较于古代而言,就有了切实而具体的内容:人的自由的保障权利。这是古典思想从未阐发过的观点,这也是现代政治和古代政治的重要差异所在。如果我们还是遵循亚里士多德的观点,即人是政治的动物也因为这种政治性而让人性得以完满实现的话,那么,在《人权宣言》这里,人是政治的动物就意味着,人通过政治,通过进入主权国家的框架之内就能获得前所未有的保障权利——也许只有这种权利得到了保障才可以算是完整的人,才算是从动物状态进入到人的状态。对人而言,政治共同体值得他栖息其中的原因就是他可以在其中受到政治和法律的保护——这就是现代国家对于人的意义之所在。

阿伦特是从权利保障这个角度来谈论现代人和政治生活的关系的。更确切地说,一个人只有置身于主权这个政治框架之内,才能享受公民权利,也只有享受公民权利的时候,他才可能得到政治和法律的保护——他才可以穿上政治和法律的外套而不至于赤身裸体。也就是说,人的生命和动物生命的区分在于,人可以得到权利保障而动物完全不受保护。正是这种保护权利,他才建造了一种人所特有的生命形式,一种有质量的超出单纯生存的动物生命的生存形式。在这个意义上,我们同样可以说

---

1 《人权宣言》,王德禄、蒋世和编,求实出版社1989年,第14页。

他获得了一种 bios（政治生命），尽管这个 bios 并不等同于亚里士多德的 bios。阿伦特的观点同她的遭遇相关，她本人作为犹太人被驱逐过，犹太人曾经被剥夺了国家公民资格。对她来说，重要的不是在民族国家框架内享有人的权利的问题，而是一个相反的问题，即，一旦失去了民族国家这个框架，人将会变成什么样子？也就是说，人可以从动物生命（zoē）转变为政治生命（bios），但是，这个过程也可以反过来，人可以被剥夺政治生命而重新退化为动物生命，也就是说，还存在着一个逆反的过程：从 bios 到 zoē 的过程。

　　阿伦特相信，公民如果被国家所驱逐而没有任何国籍的话，那么，他的公民权利就不存在。而公民权被剥夺了，他就会变成一个赤裸生命，就会从 bios 退化为 zoē。不过，按照 19 世纪的思想，即便没有公民权了，还有人权可以为赤裸生命提供保障。19 世纪的人权概念是从人的天性出发的，它意味着根据这种天性，人就应该得到权利保护。人权保护的是人，它的唯一前提和目的就是人，只要是人，就应该获得天赋权利，人应该享有一种自然权利，而不论这个人是谁，也不论他是不是在一个政治共同体之内。但是，一旦处在政治秩序之外，一旦不从属于任何一个主权框架的话，这种抽象的人的权利由谁来保障呢？谁也没有能力保障："人权之所以被定义为'不可剥夺的'，是因为它们假定独立于一切政府之外；但结果人真的缺乏自己的政府而不得不回到最低限度的权利时，没有一种权威能保护他们，也没有一种机构愿意为他们提供保障。"[1] 没有一种政治秩序和权威来保障的话，人权实际上根本就无法落实。不是有形形色色的人道主义机构吗？但是，这些没有实质权力的机构实际上无力保护人权。因此，"尽管人权假定是不可剥夺的，但一旦人们不再是任何主权国家的公民时，人权就不能实行，哪怕这个国家的宪法是以人权为基础而制定的"[2]。这就是"民族国家的衰落和人权的危机"这二者之间的必然关联：前者衰落，后者一定会出现危机。一旦一个人所属的主权框架（民族—国家框架）被剥夺了，或者失效了，或者说，一旦他不再是一个国家的公民了，他就可能得不到任何的保护，没有公民权利保护他，人权也不能保护他，他的保护性的政治外套就被彻底脱掉了，就重新成为赤裸生命（bare life）。也就是说，一旦他被政治和国家所排斥，它就重新回到 zoē（动物生命）的状态："只有失去一个政体，才使他被逐出人类。"[3] 阿伦特的结论是："人权的丧失，导致了言谈的丧失，（自亚里士多德以来，人被定义为有权说话和思考的存在者），和人类关系的丧失（同样自亚里士多德以来，人被定义为'政治动物'，他据此生活在一个共同体内），换言之，这些丧失即人类生命的某些最本质特征的丧失。在某种程度上，这是奴隶的悲惨处境，而亚里

---

[1] Hannah Arendt, *The Origins Of Totalitarianism*, A Harvest Book, 1985, p.291~292.

[2] *The Origins Of Totalitarianism* p.293.

[3] *The Origins Of Totalitarianism* p.297.

士多德从未将奴隶归入人类。"[1]

阿伦特的这些质疑来自历史事实：这些失去人权的人广泛存在。尤其是一战之后出现的难民和无国籍者（heimatlosen）。[2] 无国籍者形成的原因多种多样，但是，他们的共同特征就是出生和民族的密切关联遭到否决。出生并不意味着他们就自动和永恒地获得了公民的权利保护。也就是说，人们可以通过出生获得权利，可以从自然生命转化为政治生命，但是，他也可能失去这份权利，他的权利可能被剥夺，他可以从政治生命返归到自然生命（赤裸生命）。获得权利和失去权利，这就是生命和政治的关联。这也即是生命的政治化：政治就是直接关于生命的政治，它将生命作为管理和宰制的目标，它既让赤裸生命变成政治生命，也让政治生命变成赤裸生命，它让赤裸生命（zoē）和政治生命（bios）不停地转换。政治在自然生命（赤裸生命）上显示它的权力。政治和生命直接勾连在一起了。政治，就是赋予生命以形式。就此，生命的政治化存在着两种可能性：一种是被政治纳入性地保护，一种是被政治排除性地驱逐。或者说，先是被权利所保护，后被剔除了这种权利而被驱逐。不过，这种纳入和排除有时密不可分：有时是以排除的方式纳入，有时是纳入的方式排除。

如果说，根据《人权宣言》，19世纪的人获得公民权利是

---

[1] The Origins Of Totalitarianism p.297.

[2] "短短一个时期内，有150万白俄罗斯人、70万亚美尼亚人、50万保加利亚人、100万希腊人，以及数以十万计的德国人、匈牙利人和罗马尼亚人被迫离开自己的祖国"（见《神圣人：至高权力与赤裸生命》第179页）。

自然的话（因为出生而自然获得权利），那么，剥夺这种权利则是人为的。但是，谁来剥夺这种权利呢？正是主权权力。正是主权权力能够在他的领域内划分 zoē 和 bios、赤裸生命和政治生命、没有权利的生命和享有权利的生命、无价值的生命和有价值的生命。"在现代生命政治中，主权者是这样一个人：他决断生命的价值与无价值。" 主权权力正是通过赤裸生命的判定来显示自身，它是在赤裸生命身上显示自己的荣耀和威力。但是，主权者是如何来判定赤裸生命或者无价值的生命呢？或者说，他为什么要剥夺一部分人的权利而将他们变为赤裸生命？

生命的赤裸化有各种各样的理由。但对阿甘本来说，最触目惊心的毫无疑问是纳粹的种族灭绝计划。纳粹为什么要剥夺犹太人的权利而让他们变成赤裸生命？阿甘本基本上照搬了福柯的解释模式。福柯对种族主义做出了新的解释。他的意思是，种族主义是从生物学的角度来划分人口类型的高低，人口的连续性总体因为种族的差异而出现了断裂：在低等种族和高等种族之间存在着一个人口的沟壑。对福柯来说，种族主义的表现不是传统的种族之间的意识形态歧视，而是一场你死我活的战争："低等种群死得越多，不正常的个人消灭得越多，在整个人种中退化者越少，我（不是作为个体而是作为种群）就越能存活，我会更强壮，我会更加精力饱满，我会更能繁衍。"[1]因此，为了让我更好地繁衍，我将消除生物学上的低等种族。这些低等种族对我们的高级种族构成了威胁，因此，一场与生物学有

---

[1] Michel Foucault, *Society must be defended*, Penguin, 2005, p.255.

关的"全新的战争方式在19世纪末出现了，根据物竞天择和为生存而战的主题，这种战争不仅通过消灭敌对种族来改进自己的种族，而且还让自己的种族再生，我们当中死去的人数越多，我们所归属的种族就将越纯粹"[1]。简单地说，就是，我要活，你就得死。

阿甘本接受了福柯这样的关于种族的生命政治解释。纳粹的政治就是生命政治：即要把人民的身体，一种生物学意义上的身体，作为国家的首要照看目标，它旨在使人民的身体健康，旨在保护他们的特殊而优越的身体。而这特别取决于他们的种族优势和遗传优势。要保持这种优势，就势必要消灭任何种族和血统威胁，就是要让自己时刻意识到自己种族纯粹性所面临的威胁。纳粹的种族灭绝计划正是基于犹太人可能带来的种族危险。对纳粹来说，犹太人正是人民身体的损害因素，它是优生学的威胁，是遗传的可能损毁。阿甘本在《神圣人》(*Homo Sacer*)一书中的解释几乎就是福柯在《必须保卫社会》中的翻版，"国家社会主义革命希望诉诸以下力量：想要排除诸种导致生物性退化之因素的力量，和维持人们之遗传性健康的力量。因此，它的目标是增强作为一个整体的人民的健康，消除诸种损害民族之生物性成长的影响因素"[2]。——犹太人正是这种威胁要素，因此，要保持日耳曼种族的纯粹，优越和健康，就务必要根除所谓的"低等种族"犹太人。

---

[1] *Society must be defended* p.257.

[2] 《神圣人：至高权力与赤裸生命》198页。

但是，如何来根除犹太人呢？首先当然是将他们从正常公民转变成赤裸生命。如果犹太人还有公民权利的话，是没法对之进行处置的。而赤裸生命就是主权者——元首——决断的。主权者通过法律的形式将犹太人的生命赤裸化。1935年的纽伦堡法案剥夺了犹太人的公民权，随后的水晶之夜进一步地剥夺了他们的人权，让他们成为赤裸生命，进而将他们投入集中营。不过，这里的另一个问题是，犹太人即便是赤裸生命，但他们并没有违法犯罪，他们的行为没有违反法律的任何条款。因此，他们被关押看上去并没有法律的依据。那么，犹太人是依据什么被关押的呢？这就是例外状态的启动：犹太人被置入例外状态或者紧急状态中来对待。但何谓例外状态或者紧急状态？实际上，更早的魏玛宪法第48条第二款就规定了所谓的紧急状态。这一条款规定，一旦出现了紧急状态，总统就可以悬置公民的权利，并可以采取武力来恢复公共秩序。也就是说，即便没有犯罪，即便没有法律的指控，但是，一旦人们被认为是对国家产生威胁，就可以对他们采取暴力措施，就可以剥夺他们的权利，对他们进行所谓的"保护性的拘留"。我们看到了，在例外（紧急）状态下，没有犯罪却被拘押，恰恰是法律规定的，恰恰是内在于宪法的。而纳粹对犹太人的处置实际上继承了魏玛宪法的这一充满悖论的条款。对犹太人来说，他们被关押仅仅是因为他们对国家构成了危险（这种危险来自他们对德意志种族的纯洁性所构成的威胁），从而让主权者启动了紧急状态（例外状态）。显然，这个被关押的理由基础不是法律，而是一种特殊的"例外状态"（紧急状态）。所谓的例外状态，恰恰是以法律的名义宣称可以将法律悬置起来。法律规定在紧急状态下，可以暂时置法律不顾而悬置人们的各种权利和自由来应对威胁。也就是说，悬置法律恰恰是法律规定的，是内在于法律的。集中营可以说就是基于此例外状态的一个例外空间：完全悬置法律，或者说，超出法律而剥夺犹太人的自由权利，将他们关押在此，以应对可能的危机——这种悬置法律的要求，本身就内在于法律之中。也就是说，悬置法律，违反法律，破除法律却不无悖论的是合法的。而在这里，不顾法律来处置犹太人是合法的，也就是说，非法的方式是合法的；它既是例外的，也是合乎规则的；它是规则中的例外，是例外中的规则。或者说，在此，非法和合法没有区分，例外和合规也没有区分。例外状态打破了这种截然的区分。犹太人就处在这种例外状态，集中营则变成了这个例外空间。它们处在法律之内和之外，合规和例外，秩序和非秩序的交界重叠之处。

集中营一旦是这样一个悬置法律的例外空间，那么，"主体性权利和司法保护的概念不再有任何意义。而且，如果进入集中营的人是一个犹太人，他就已经被纽伦堡法院剥夺了他作为一个公民的权利，并随后在'最终灭绝方案'中被完全剥除国籍"[1]。这就是集中营中赤裸生命的结果：一旦没有被法律保护，就变成了动物，尽管他们是人，但他们仅仅是在生物学意义上活着。它作为动物而活着，但是，作为人却死掉了，它是被剥夺掉 bios 的 zoē。一旦是这样的被从人类世界剔除掉的生命，

---

[1] 《神圣人：至高权力与赤裸生命》第 229 页。

那么，对它进行的任何行为都谈不上是犯罪，也就是说，杀死他可以不用承担任何的责任——没有人世的法律为他负责。这就是集中营中赤裸生命的特征，他们不仅失去了行动，而且还失去了语言。当毒气从管道中喷发出来的时候，他们甚至无法发出自己的哀鸣。

三

在阿伦特和阿甘本这里，我们看到了两段相向而行的路径：赤裸生命是如何获得政治生命的，而他获得了政治生命后，又是如何被剥夺了政治生命从而再次回到赤裸生命的状态的。也就是说，bios 既可以获得，也可以被剥夺。被剥夺了 bios 的 zoē 就是赤裸生命。

但是，赤裸生命，动物生命，仅仅是对人的政治和法律权利的剥夺吗？阿甘本遵循的是亚里士多德和阿伦特的传统，将人超越于动物之处看作是人独有地享有政治权利。对于他来说，bios 更多是指政治生命。它的对立面是赤裸生命。也就是，生命如果没有政治框架的话，就只能是动物生命。事实上，如果一个人仍旧是公民，仍旧是在主权国家框架内存活着，仍旧享受着公民权利的话，也就是说，仍旧在政治框架内存在的话，他就不可能是赤裸生命即那种完全没有保护的动物生命吗？或许我们可以脱离阿甘本来扩充赤裸生命的概念。如果我们转向洛克的话，或许会有另一种对赤裸生命形式的理解。对洛克而言，人的生命和动物生命最主要的差别不是政治，而是财产。在亚里士多德这里，家庭生活即私人生活，这种家庭生活仅仅是为了获得生存保障的生活，就是基本自保的生活，这种绝对的为必然性所束缚的自保生活限定了人的超越性自由，限定了他的行为和语言，因此限定了人的政治性——它因此就是动物生活，而不是严格意义上的人的生活。只有超越家庭生活进入城邦生活（政治生活）人才获得了特殊的生命形式（bios）。但是，对于洛克来说，这种基本的生存需求就是人的权利。"就自然理性来说，人类一出生即享有生存权利，因而可以享用肉食和饮料以及自然所供应的以维持他们的生存的其他物品。"[1] 我们看到，人的这种生存权利跟动物的生存权利没有根本的区别。二者都是诉诸基本的生存。显然，洛克将这种基本的生存权看得非常重要，而这恰好是亚里士多德表示轻蔑之处。亚里士多德的政治目标是超越这种生存权，而洛克的政治目标恰好是要肯定这种生存权。这也构成了二者在政治概念上的根本差异。

如果说，在洛克这里，人和动物一样，具有相似的基本生存权，但是，这并不意味着人和动物没有区分，并不意味着人没有特有的生存形式。尽管二者都是维持生存，但是，对人来说，获得物品的方式和动物有根本的差异，这种获取方式的差异是人和动物的根本差异。同时，人的物品最终转化为财产——动物没有财产，只有食物——这同样是人和动物的根本差异。而人是如何获得财产的呢？也就是说，人是通过什么超越了人

---

[1] 洛克《政府论》下卷，叶启芳、瞿菊农译，商务印书馆2003年，第18页。

的动物生活这一面而获得人的独特生存形式呢？

洛克的论证是，土地及其上的所有物品（包括兽类）都是自发地出现的，都归人类所共有。但是，单个的个体如果要将其中的一部分变成自己的所得，唯有通过劳动。劳动，是身体和双手针对大自然的行动，而身体和双手只属于独有的个体，或者说，就是它们本身构成了个体，也即劳动者。因此，劳动这一行为只属于劳动者本身，它依附于劳动者，绝不能归属于他人。劳动所得也只能归属于劳动者本人。而劳动则是对对象的改变，它使对象脱离了自然状态，并浸透到对象的内部，它在"万物之母的自然所已完成的作业上面加上一些东西，这样它们就成为他的私有权利了"[1]。这些被改变之物，就是劳动所得，就是劳动者可以占为己有的财产。"从共有的东西中取出任何一部分并使它脱离自然所安置的状态，才开始有了财产权的……我的劳动使它们脱离原来所处的共同状态，确定了我对于它们的财产权。"[2]

我们看到了，财产是劳动所得，这样的概念对于动物来说完全是陌生的，动物并不主动改变对象，它并不主动劳动，它只靠本能觅食。而人是充满理性地主动改变和否定对象从而来操纵对象的。就像阿伦特所说的，"只有人类能以劳动的形式进行'与自然的物质代谢，'其他动物只是消费自然本身出产

---

[1] 《政府论》下卷，第19页。

[2] 《政府论》下卷，第20页。

的物质"[1]。也正是因为劳动,他才能获得财产。财产和劳动密不可分。没有劳动的所得不是财产。动物既不劳动,也没有财产——这是人超越于动物的第一点。另外,这种财产对人的生存无比重要,在洛克看来,财产是生命,安全和福祉的保证。因此,保护财产,就是保护人的基本权利。人类之所以从自然状态进入到政治社会,从根本上而言,就是为了让人的财产得到稳妥的保护。"人们联合成为国家和置身于政府之下的重大的和主要的目的,是保护他们的财产。"[2]在前政治的自然状态下,财产的保护并不确定。因为在自然状态下没有确定的法律,没有公正的裁判者,也没有公正的判罚。在这种情况下,如果人们依照理性行事的话,财产还可以得到某种程度上的保护,但是,如果人们不依照理性行事而是被强力所支配的话,就会处在战争状态,人们会凭强力来争夺财产。这样,财产权根本得不到保障——为了克服这种状态,人们要摆脱自然状态而组建政治社会。人们联合起来,建立政府,制定法律,从而保障一个基本的权利:"即未经他们本人的同意,任何人无权从他们那里夺去他们的财产或其中的任何一部分,否则他们就并不享有财产权了。"[3]如果说,通过劳动获取财产的过程是人和动物的第一个差异的话,那么,达成一个政治社会来保障财产权则是人

---

[1] 汉娜·阿伦特《马克思主义与西方政治思想传统》,孙传钊译,江苏人民出版社2007年,第16页。

[2] 《政府论》下卷,第77页。

[3] 《政府论》下卷,第88页。

和动物的进一步的差异。

我们看到，政治的概念在洛克这里和亚里士多德这里有根本的区别。对洛克来说，进入政治共同体中是为了保护财产，进而保护人的基本权利。对亚里士多德来说，进入政治共同体恰恰是要超越洛克的目标，超越那种基本的生存需求。洛克的需求，在亚里士多德的家庭生活中已经实现了。亚里士多德是要在政治共同体中来超越这种财产需求从而寻求谋生之外的更美好的生活，即能够言说和行动的生活——这才是他政治生活的内涵之所在，这也是人的生活特性之所在。或者说，人是通过这种主动的行动和言说来标志其根本特性的。亚里士多德、阿伦特、阿甘本都将人看作是政治的动物，人生活在政治之中，既从事政治，也受到政治的庇护，人就是基于这种政治（行为）而摆脱了纯粹的动物状态。但是，洛克则将人的概念固守在劳动、财产以及对财产的保护上面。人必须要有保障自己生存的基本财产，财产是人的保护性外套。人必须活在财产的框架之中而非政治的框架中。只有自己的财产得到了保障，人才获得了自己的独属于人的生活，财产权使得人摆脱了他的动物性。如果从亚里士多德的传统来看的话，人是政治的动物，那么，剥去人的政治性，人就返归到了动物。而洛克的命题是，人是财产的动物，如果剥去人的财产权的话，他就返归到了动物。在此，对洛克而言，赤裸生命首先是从财产匮乏的角度来判定的。

阿伦特和阿甘本在为人的政治权利辩护，就像洛克是为人的财产权利辩护一样。阿伦特和阿甘本考察了各种各样对政治权利的历史性剥夺，但是，他们并没有具体考察财产权的剥夺。

尽管马克思在许多方面同洛克完全相反——洛克强调的是私有财产，马克思强调的是公共财产，二者的理论归属迥然不同——但是，马克思同样将劳动，个人财产和经济作为他思考的出发点。洛克将劳动看作是人和动物的一个关键差异，同样，马克思也将劳动看作是人的本质，人是"劳动的动物"，"一当人开始生产自己的生活资料的时候，这一步是由他们的肉体组织所决定的，人本身就开始把自己和动物区别开来。人们生产自己的生活资料，同时间接地生产着自己的物质生活本身"[1]。这实际同洛克的劳动概念非常接近。在洛克那里，劳动创造出的是财产，而在马克思这里，劳动创造出的是生活资料——生活资料是财产的具体形式。马克思比洛克还更进一步地说，劳动本身还创造了人。因为劳动不仅获取了生活资料，它还锻造了人——人通过劳动，获得了改变。也就是说，人正是通过这种劳动才成其为人的。

如果说，洛克着力探讨的是人如何获得财产和应该如何保护财产的话，马克思则探究的是人是如何失去财产和被剥夺财产的。在洛克那里，人的最初劳动获得了财产，在马克思这里，工人的劳动则一无所获。如果说，洛克担心的是财产会被战争和暴力所剥夺的话，那么，马克思发现的是更隐秘的对财产的剥夺形式。这种人类历史上惯常的剥夺形式的共性是，社会总是分成两部分人，一部分人占有生产工具（资料），另一部分人没有生产工具（资料），后者无论是否自由，他们必须受雇

---

[1] 马克思、恩格斯《马克思恩格斯文集》第1卷，人民出版社2019年，第519页。

于前者，必须为前者劳动。洛克讨论的是最初的人通过双手的劳动获取属于自己的财产，但是，马克思讨论的人类劳动则包含了劳动者和生产工具的结合——劳动总是劳动者和生产工具（生产资料）的组装，是劳动者使用生产工具的行为。没有生产工具就无法劳动。生产工具创造了劳动产品。这样，劳动产品就要归属于生产工具（资料）的所有者。没有生产工具的劳动者只是被雇佣者，他们在"维持自身生活所必需的劳动时间以外，追加超额的劳动时间来为生产资料的所有者生产生活资料"[1]。也就是说，他们的劳动分成两个部分，一个部分仅仅是为了维生，另一个部分（剩余劳动）则被雇佣者（占有生产资料的人）所占有。这是一切剥夺的基本形式："实质上，在历史上的生产资料垄断者，他们共同的特点都是占有生产资料，强迫劳动者为他们提供剩余劳动，只不过他们榨取剩余劳动的形式不同而已。"

只是到 16 世纪，生产资料所有者开始生产流通的商品，剩余劳动的产品采用剩余价值的形式，而受雇佣者则是自由的但却一无所有的劳动者（他们将自己的劳动力作为商品来出售）——只有在这个条件下，资本主义所特有的生产体制和剥削体制才开始形成。"资本主义生产的实质，就是剩余价值的生产，就是对剩余劳动的榨取。"[2] 为了获得最大的剩余价值，"资本是不顾劳动力寿命长短的，它唯一关心的是如何在一个

---

1 马克思《资本论》第 1 卷，人民出版社 1975 年，第 263 页。

2 马克思《资本论》第 1 卷，商务印书馆 2009 年，第 69 页。

工作日内最大限度地使用劳动力"[1]。但是，哪怕劳动力被极限地消费，工人的劳动产品与自己没有关系，这些产品外在于他，他一无所获。工人唯一得到的只是最低限度的工资，只是能让自己免予饿死的工资。工人"雇佣劳动的平均价格是最低限度的工资，即工人为维持其工人的生活所必需的生活资料的数额。因此，雇佣工人靠自己的劳动所占有的东西，只够勉强维持他的生命的再生产。工人仅仅为增殖资本而活着，只有在统治阶级的利益需要他活着的时候才能活着"[2]。也就是说，他仅仅是活着而已，仅仅是作为资产阶级的生产工具活着而已——在这个意义上，它活着，仅仅是作为动物而活着，而且是作为能够被利用的动物而活着，就是做牛做马地活着。如果说仅仅是活着，那就是在 zoē 意义上的生命，就是动物一般的生命，就是赤裸生命——它没有自己的生命形式。这就是马克思所反复宣称的无产阶级的贫困，他们遭受着"复杂的贫困""慢性的贫困""令人绝望的贫困""积累的贫困""绝对的贫困"，最终是"一切的贫困"。这种贫困最终表现为"人的完全丧失"——他一无所有。

尽管按照资产阶级的设想，工人在法律上和政治上享有公民权利（他们的劳动似乎也是自愿的，似乎是他们自由意志的表达，没有资产阶级强制性地雇佣），但这种权利过于抽象，它不过是纸上权利。马克思嘲笑过这种设想不过是对天国生活

---

[1] 《资本论》第 1 卷（人民出版社 2004 年版），306 页。

[2] 马克思、恩格斯《马克思恩格斯选集》第 1 卷，人民出版社 1963 年，第 266 页。

的设想，一旦直面尘世生活，这种设想就土崩瓦解。"被剥夺了一切财产的人们和直接劳动即具体劳动的等级，与其说是市民社会中的一个等级，还不如说是市民社会各集团赖以安身和活动的基础。"[1] 它们实际被排斥在公民（市民）身份之外，尽管是处在现代国家，尽管看上去他们享有法律权利，但这和亚里士多德时期的城邦中的奴隶有何差异？这种"绝对贫困"的无产阶级实际上根本享受不到任何的权利，他们没有任何的保护性外套。"绝对贫困"不正是"赤裸生命"的另一个词语吗？如果说，阿伦特和阿甘本讨论的是因为剥夺了政治权利进而剥夺了经济权利从而成为赤裸生命的话，那么，马克思则是从相反的角度来论述，如果经济和财产权利被剥夺，那么政治权利实际上也不存在：一个绝对贫困的人从根本上来说是"虚无"。无产者（Proletarier haben Nichts）就是一无所有（Nichts）的人。在这个意义上，可以说，无产阶级是在自己国家内部被彻底地抛弃，是自己国家内部的"难民"，因此，马克思断言："工人没有祖国。"就像阿伦特笔下的难民没有祖国，阿甘本笔下的犹太人没有祖国一样。

事实上，在今天，我们在全世界既可以看到马克思式的赤裸生命，也可以看到阿伦特和阿甘本这样的赤裸生命。如果说，在阿甘本那里，赤裸生命总是跟政治相关，总是反射了主权权力的话，而在马克思这里，赤裸生命则和经济相关，它反射的是经济权利——这也许正是阿甘本的遗漏。对马克思主义传统

---

[1] 马克思、恩格斯《马克思恩格斯全集》第1卷，人民出版社1956年，第345页。

而言,他们可以质疑阿伦特的是,拥有公民权利并不意味着你不是赤裸生命:无数的在民族国家的框架内的享有政治法律保护的公民都可能是赤裸生命(今天大街上的乞丐不就是活生生的范例吗?)。事实上,阿甘本也可以向马克思主义提出这样的问题,有了生产资料和生活资料难道就不是赤裸生命吗?犹太人有大量的财富但还是沦入赤裸生命的状态。当然,经济和政治并非没有关联,没有政治权利的人通常没有财产权利,没有财产权利的人通常没有政治权利——但这两种权利毕竟不能替代。无论如何,我们要说的是,赤裸生命或许还应包括经济上的无产者,对他们而言,财产权才是人的保护性外套。一旦没有财产权,就相当于脱掉了保护性外套,就是动物性生命。他们并没有被可见的暴力所镇压,而是被一无所有的贫困所湮没。

不过,相对于阿伦特和阿甘本的悲惨而无能的赤裸生命而言,马克思恰好在这种绝对的贫困中发现了希望。只有陷入绝对的贫困才能再生。这是马克思的辩证法,也是马克思赋予无产者的全部希望所在:一无所有的人恰好在他的彻底的空虚中注满丰富的革命能量。越是财产的空虚,越是精力的充沛;越是财产的空虚,越有解放的潜能;越是空虚,越是有无限的未来,越是能够主宰一切。这是尼采式的积极的虚无主义:将虚无转化为创造。只有彻底虚空的无产者才是彻底的创世者。这种贫困和空虚不是历史的终结,而恰好是历史的开端:"人的本质必须被归结为这种绝对的贫困,这样它才能够从自身产生出它的内部的丰富性。"[1]

---

[1] 《马克思恩格斯全集》第1卷,第124页。

从国家理性到生命政治

一

福柯的《规训与惩罚》将17、18世纪以来的欧洲,即所谓的现代欧洲,看作是一个逐渐形成的各种各样的监狱群岛。这个现代欧洲诞生了一种干预个体身体的新型权力机制。它反复、持续、严密且永不间断地干预个人的身体。可以说,自此,欧洲人都生活在各种各样的监狱之中,只不过,这些监狱有的温和、有的严厉。而这些监狱群岛实施的就是规训权力,这些诞生于17、18世纪的规训权力。它取而代之的,或者说,与它相对的,就是君主权力。君主权力更像一个绝对的权力中心,是所有权力都可以回溯的一个至高原点,是权力的至尊和独大。而规训权力的诞生,就意味着这样一个绝对的、自上而下的、终极性的君主权力瓦解了。现在,权力脱离了国王的位置,渗透和播撒到了社会当中,它出没于社会的各个细微层面,出没于学校、医院、军队和工厂等不同的机制之中。如果说君主权力是压抑性的,是致死的,它要消灭任何不服从它的反叛者,那么,现在,规训权力的方向和目标都发生了变化,它不再对人进行残酷的惩罚、报复和血腥的镇压,也就是说,它的机制不再是镇压和消灭。恰恰相反，它是生产性和创造性的，它试图造就一种对象，让对象变得可能而不是使之消失。概而言之，这种权力直接作用于身体，作用于个体的身体，它的目标就是要让单个的身体变成驯顺而有用。驯顺和有用密切相关，要有用就必须要驯顺，越驯顺也就越有用。这样的权力，它主要的目标和对象，就是为了打造出有用和驯顺的身体。它不再惩罚和报复，不再试图把身体简单地消灭，而是生产出某种特殊的身体，这种身体当然服务于资本主义的生产。这就是规训权力的特点。

但与此同时，另外一种权力也出现了。如果说规训权力的运作主要是借助各种各样的机制来干预具体的个体的话，那么，还有另外一种政治权力，它针对的对象是全体人民，它的对象是作为一个整体的人口。如果说，规训权力是将整体的人口（population）分割成单个的个体，那么，这另外一种政治权力恰恰是把单个的个体统合起来，把它们统合成为一个总体性的人民、人口。也就是说，规训权力的对象是个人的身体，而另一种政治权力——福柯将它称为生命权力（biopower）——的对象就是人口。规训权力是17世纪伴随各种现代体制一道发展起来的。而生命权力，这种针对全体人口的权力，是18世纪开始出现的。后者在国家治理的层面上对整个人口进行调节性的干预。福柯认为，18世纪时同时存在着这两种权力，针对个人的身体的权力，即规训权力，福柯称之为"身体的解剖政治"，而国家对人口进行调节的权力，福柯称之为"生命权力"，他也将它称为"人口的生命政治"[1]。

这种"生命权力"或者说"生命政治"（biopolitics）就和规训权力相互补充，它们构成了现代社会权力运作的两个维度：一个权力针对着个体，一个权力针对着全体人口。由于权力的对象不同，它们的目标也不同：规训权力旨在创造出一种有用的个体身体，而生命权力则是试图干预整个人口的生命。它"以人体——人种、以充满生命机制和充当生物过程基础的人体为中心"，它关注的是"繁殖，出生率和死亡率、健康水平和寿命的变化"。由此，从17、18世纪开始，"出现了以制服身体和控制人口为目的的各项技术的大爆炸"[2]。

生命权力，是要在国家治理的层面上让整个人口变得健康安全。生命政治直接作用于作为整体的人口的生命层面。权力转向了人口的生的方面，它旨在让人们生活得更好。这同君主权力截然相反。以前，君主权力的核心、它的显现之处，就在于"让人死"。君主权力爆发的顶点，就是置人于死地，就是任意地杀人。君主权力荣耀的巅峰恰恰是它的无穷无尽的致死能力。但生命权力正好是对此的颠倒，权力不再是杀人，而是救生，是改善生命，投资生命，让生命变得更安全、更健康。权力的目标发生了变化，生命权力的目标是让人们生活得更好，生活得更安全。"权力是通过对生命负责而不是以死亡进行威胁而直达人体的。"国家关心的是国民的总体幸福感，是安全指数，

---

[1] 《福柯集》第374页。

[2] 《福柯集》第375页。

是人均寿命，是经济产值，也就是说，从18世纪中期开始，社会最核心的目的，就是保障人口的健康和安全，是保障人民的福祉，让人民生活得更好。为了达到这个目标，国家开始关注人口，关注人口的出生率、死亡率，关注环境的问题，关注人口、领土和环境之间的关系。它的核心机制就是安全配置（dispositif de sécurité）。我们看到，18世纪中期出现的生命政治的目标一直延续到现在。社会最核心的目的，用我们今天的话说，就是民生的问题。它作用的对象是作为全体国民的人口。要使整个人口获得福祉，权力就要控制偶然事件、控制出生率和死亡率、控制传染病和各类疾病、控制自然灾害。这是自18世纪中期以来的政治所关心的头等大事。这样看来，生命政治的目标与君主权力的目标完全相反，君主要摧毁和杀死任何的叛逆者，它的目标是杀人，而现在，生命权力的目标主要是为了救人。生命权力对君主权力的替代，在某种意义上，也可以说是现代社会对古代社会的替代。

如果权力的目标是为了让人们活得更好，更加安全，让国民更加健康强壮，让人们的预期寿命提高，这样一来，就暗示着一个前提性的想象——人口本身被当作一个生物现象。生命权力就是为了让这个作为生物现象的人口得以更好地繁衍。从这个角度来说，政治就和生物学结合在一起了。"人类生命特有的现象之进入知识和权力的领域——进入政治技术领域。"[1] 政治在干预和改造生物，将生命纳入它的计算和管理范畴。尽

---

[1] 《福柯集》第376~377页。

管生命本性不属于历史的范畴，但是，它被权力技术所包围和渗透而被纳入历史知识的范畴之内。这种将生命纳入权力—知识中去考量和权衡的政治就是福柯所说的生命政治。在此，政治、历史、权力技术开始干预一个作为生物的生命了。福柯指出，这是人类历史上首次出现的现象：生物性通过政治性反映出来。政治和生物连接在一起了。

要理解福柯这一生命政治的内涵，我们可以对照亚里士多德的观点。福柯也将自己同亚里士多德对立起来，或者，更恰当地说，他在现代社会发现的人的特征正好颠倒了亚里士多德开创的古代社会的人的定义。尽管亚里士多德说人有三种主要的生活，享乐的生活、政治的生活以及沉思的生活。但是，他还是对人作了一个著名的定义：人天生是一种政治的动物。而政治的动物又意味着什么呢？亚里士多德接着说，"在本性上而非偶然地脱离城邦的人，他要么是一位超人，要么是一个鄙夫"[1]；也就是说，政治动物意味着人不能脱离城邦生活，人们要参与城邦生活，即一种相对于私人家庭生活而言的公共生活。这里，城邦生活和家庭生活迥然不同，私人的家庭生活并不属于政治生活，仅仅过私人生活并非人的特质。因为私人生活仅仅满足人的必须要求，仅仅为了自我满足和谋生，它是单纯的功利生活，它为生存的必然性和紧迫性所胁迫——这也正是动物的特征所在。而城邦的公共生活，则超出了自我保存的状态，摆脱了必需的功利性，城邦也因此成为一种自由空间。而正是

---

[1] 亚里士多德《政治学》，吴彭寿译，商务印书馆1983年，第275页。

这使得人和动物区分开来。正是这种对自我保存状态的超越，正是对城邦生活的参与，正是这参与中体现出来的摆脱生存必然性的自由，人才所以成为人。

不过，这种城邦生活的特性何在？或者说，人如何参与城邦生活？人如何从事他的政治，人是一个什么样的政治动物？根据阿伦特的解释："存在于人类共同体中并为人类共同体所必需的活动中，只有两种被看作是政治的并构成亚里士多德所谓的'政治生活'，即行动和言说，从这两者中产生出人类事物的领域。而一切仅仅是必需的和有用的东西都被排除在政治生活外。"[1] 政治活动就是"行动"和"言说"。人是政治的动物，同时也意味着人是行动的动物。相对于亚里士多德的城邦生活（公共生活）和家庭生活（私人生活）的二元区分而言，阿伦特区分了人类的三种活动：劳动（labor）、工作（work）和行动（action）。劳动是人和动物共享的活动，也是"私人领域"的活动，是生存必要性的活动，因而排除在政治生活之外，它也是属于亚里士多德式的家庭领域的活动。而工作同时具备私人生活和公共生活的特征，它介于二者之间，它是一种劳动，但是，它又不是一种单纯谋生的劳动，它还建造了一个充满意义的事物世界。这个世界性正是公共生活的背景。而行动则发生在人与人之间，是复数的人之间的活动，是公共领域的活动，这是真正的政治活动。这也相当于亚里士多德的政治生活。如果说，阿伦特的劳动和行动概念分别对应于亚里士多德的家庭

---

[1] 汉娜·阿伦特《人的境况》，王寅丽译，上海人民出版社2009年，第15~16页。

生活和城邦生活的话，那么，她还在这二者之间添加了一个中项，这就是工作。它既非单纯私人的，也非单纯公共的。但无论是亚里士多德还是阿伦特，都强调了公共领域中的政治活动的特征都是行动。阿伦特称之为"积极生活"。如果说，人是政治的动物，那么这个动物是积极地行动的，是在复数的人之间、在公共领域积极地行动的。政治动物，就是在人群中主动地参与行动。

这也正是福柯所理解的，"千年来，人一直是亚里士多德所说的那样是一个有政治生存能力（capacity）的动物"。但是，接着，福柯毫不犹豫地话锋一转，"现代人则是这样一个动物，它作为一个生物的存在受到了政治的质疑"[1]。也就是说，福柯提出来的生命政治预示了一个同亚里士多德传统完全相反的方向。对亚里士多德来说，人是主动和积极地参与政治的，而且也只有参与政治，人才能实现他的人性，也只有过城邦生活，只有积极生活，只有行动，只有在人群之中行动，人才能实现他的人性。人本质上要过城邦生活，过政治生活，这是人的一种本性和先天能力。但是，福柯指出，现在，不是人要主动积极地行动去从事政治生活并以此获得人性。而是相反，政治开始介入人的生命本身，权力技术开始包围着人本身。人变成了权力-知识的被动客体，成为它们捕获的对象。对于亚里士多德来说，参与政治生活，是由动物到人的一个重大变化；反过来，福柯说，在17世纪以来的现代社会中，政治在管制人，在治理

---

[1]《福柯集》第377页，译文有改动。

人的生命。而这恰好是人向生命、向单纯生命、向生物性生命回归的一个预示。就此，生命在被动地被政治所管理、所干预。人是政治性的动物，对亚里士多德传统来说，它意味着人在积极地从事政治，人以此由动物变成人；对福柯来说，人是被动地被政治所管制，他有可能从人变成动物。我们看到，正是这一观点对阿甘本产生了重要的启发。

福柯在《性史》第一卷最后一章（在我看来也是他所有著作中最精彩的章节之一）同时也是最重要的一章中，指出了规训权力和生命权力对身体和生命的管制方式。我们已经指出了这两个层面，一个是针对个人身体的规训层面，一个是针对人口的生命政治的干预层面。这两个层面正好有一个连接点，这就是"性"。性既属于对身体的规训范围，又属于对人口的调节范围。它既是个体身体训练的核心，也是整个人口生育的核心。"在人口和身体的结合部，性成为这样力的靶心。"[1] 福柯说，自生命政治诞生以来，整个社会就进入了性的阶段。在此之前，社会则是"血"的阶段。"性"与"血"是两个社会的核心意象。"血"的社会表明了君王的至高统治，它强调血统、血腥、屠杀和死亡，君主通过血在说话，权力通过血在炫耀。但"性"是什么呢？性是激发、激励、调节、管理，它与健康、种族、享乐和生命相关。血是致死的，性则是促生的。

如果说18世纪下半期以来的生命权力和生命政治，它对生命的管理，主要是促进人生的，是要让人活得更好，让国民更

---

[1]《福柯集》第379页。

加健康，是促进福祉，那么，人们自然会产生一个疑问，恰恰是在生命权力爆发的时代，出现了越来越多的屠杀，越来越多的战争和越来越多的死亡。生命政治不仅没有提高生活的质量，而是引发了大规模的死亡。在生命政治的时代，大规模的杀人是如何出现的？

可以从以下几个方面来谈。第一，死刑为什么长期存在？死刑的存在有一个根本的目的是"保卫社会"。罪犯所以被判死刑，不是因其所犯下了罪行而对其进行残酷的报复，而是因其屡教不改，因其有再次犯罪的可能性，因其对社会可能会造成新的威胁。也就是说，对犯罪分子的杀戮，并非是为了报复而将其消灭，而是为了防止他再次犯罪而将他消除，从根本上来说，杀死一个犯人，是为了保卫他人的安全。第二，大规模的杀人战争为何并没有减少？而是相反地愈演愈烈？如果说 17 世纪的战争总是为了保护君主或者领土的名义进行的，那么，18 世纪中期以后的战争则是以保护人民的名义进行的，是为了保护大多数人的生命安全发起的，战争的目的不是去屠杀他人，而是为了保全自身。一个生命政治所主宰的国度，对自己国民的安全极其敏感。因此，任何对国民的外在威胁，都必须消除掉。国家之间的战争，可以纳入到这样的理解框架之中。一个国家总是处在他国的威胁之下。要让自己能够存活下来，就必须让对方毁灭。当代的反恐战争，就可以如此理解。美国为什么要攻打伊拉克？很重要的原因就是为了先发制人，为了消除危险，为了保卫本国国民的安全。生命政治最典型的逻辑后果就是核武器的诞生。人们争相发明核武器，从根本上来说，与其说是为了向敌人发起进攻，不如说是为了对自己的国民进行保护。核武器不是屠杀的手段，而是安全的手段。从生命政治的角度而言，现代的大规模战争，主要是以保护国民生命的角度进行的——虽然领土之争并未完全消失。这是国家之间的战争。最后，在一个国家的内部，大规模的杀人是如何开展的？我们正是在这里看到了二十世纪最野蛮的屠杀。这就是希特勒骇人听闻的种族灭绝。福柯在《必须保卫社会》的最后一章特意对此做了分析。福柯认为，种族主义的一个重要特点是相信种族之间存在着断裂、区分、隔阂。但它们又不可避免地要相处，要发生关联。断裂的信念对这种关联性充满着敌意：自认为种族高贵的一方往往会感觉到另一方的入侵和威胁，它们感到另一方对它们纯正性的腐蚀，它们面临着因为和低等种族融合和接触所导致的种族退化的威胁。为此，要保护自己的纯洁性和正统性，也就是说，要保护自己的生物安全，就必须采取隔离行动。希特勒就是在这样一个种族主义的逻辑下展开屠杀行动的。大屠杀，并不是别的，正是为了保护一个种族的安全和纯洁性而对另一个种族进行残酷的灭绝。

我认为，这是福柯对现代社会的战争、死亡和屠杀特别有意思的一个解释。在这里，促生的、保护安全的生命权力最终导致了死亡权力。生命政治导向了死亡政治（thanatopolitics）。但有一点，如果照福柯的解释，希特勒是为了保持种族的纯洁而要杀死犹太人，犹太人被认为是一个威胁。可问题是，想杀犹太人就可以屠杀他们吗？也就是说，看到了这一危险，试图消除这一危险，就能任意地消除这一危险吗？也就是说，纳粹的目的一目了然，但是，他是如何达到这一目的？福柯解释了这一目的，解释了纳粹为什么要发动灭绝计划，但他并没有解释是如何达到这一目的的，福柯并没有深入讨论这个屠杀行动是如何展开的。意大利哲学家阿甘本正是对后一点进行了深入的讨论。他有一本书叫 *Homo Sacer*。"homo sacer"非常难翻译。从字面上看，应该是"神圣的人"，但显然，这样的人并不神圣。我们倾向于把它译成"牲人"。这本书非常重要，是近十几年来政治哲学领域中广受关注的一本书。

希特勒如何去杀死犹太人呢？事实上，至少在纽伦堡法案以前，犹太人是享有德国的国民身份和公民权利的。我们知道，在现代社会，尤其是1789年的法国大革命以来，"天赋人权"、自由、平等等观念逐渐地被认可。在一个地方出生，就意味着获得了这个地方的公民身份，进而意味着获得了公民权利。享有公民权利，也就意味着个人受到社会政治和法律的保护。可以说，这时的人，穿上了政治和法律的外套并因此而得到保护，无人有权轻易地杀死他，杀死一个无辜的公民必须承担相应的法律责任。在二十世纪三十年代以前，犹太人是享有德国的公民权利的。既然享有德国的公民权利，即便觉得他们对自己的种族构成了威胁，又怎么能直接把他们大规模地快速地杀掉呢？事实上，人们看到，纳粹杀掉他们，就像大规模地屠宰动物一样。他们怎么变成了如同动物一样的生命呢？事实上，希特勒是一步步地剥掉了犹太人的权利外套，从而让他们变成了赤裸生命，变成了动物一般的生命。这个过程非常清楚：先是对犹太人给出了一些禁令，使之成为次等公民；然后是纽伦堡法案，将犹太人的法律权利剥夺了,他们不再是公民了,而仅仅是"国家居民";这个没有公民权的犹太人此时还是人,还有基本的但是抽象的人权,但是,接下来的臭名昭著的"水晶之夜"则将人权也剥夺了,犹太人基本的生存权利也丧失了。二十世纪的赤裸生命就此出现。阿甘本发现,将人变成动物一般的生命,在古罗马就已经存在。他在罗马时期发现了一种人——"homo sacer"。我们暂且将它翻译成"牲人"。"牲人"是什么呢?据阿甘本的考察,在罗马时期,有一种人可以被随意杀死,但杀人者无需对此负责,同时这种被杀死的人甚至不能被用来献祭。这意味着什么呢?这种人不享受人权的保护,不享受任何政治法律的保护,因为谁都可以把他杀死,也就是说,他被人的政治世界所抛弃了。同时他不能用来做献祭用——这表明了这种人也不享受任何神权的保护,他甚至也不能被纳入神的视野之中——也就是说,他既没有被纳入人的法律范畴,也不在神的法律范围之内,他同时脱离了神法和人法。一旦它被这两个世界,人的世界和神的世界所剔除,那么,他只能置身于动物世界。我们可以说,他是被当作动物来对待的,他是以动物的方式存活于世的。尽管他具备人的一切形态,尽管他会说话,会思考,有理性,他是一个活生生的人,但是,它被剥夺了人的一切政治权利,他被脱掉了政治外套,他并没有政治生命,他并不是一个政治动物(无论是哪个意义上的),他是一个纯粹的动物。在一个社会中,就可能区分两种生命:有政治生命的人和无政治生命的人,它们处在两个截然不同的领域。正是在政治和法律匮乏的意义上,他的生命只是一种赤裸生命(bare life)。希特勒时期的犹太人正是现代的赤裸生命。

我们看到，关于人是政治动物的命题就有了一种新的说法：在亚里士多德那里，它意味着人积极主动地在公共领域，在人群中行动；在福柯这里，则是一种颠倒的亚里士多德主义，它意味着政治在干预人，人在被动地被政治所管制，被权力知识所筹划。在阿甘本这里，福柯式的政治动物得到了细分：人被政治权力所管制，一方面意味着人被政治所眷顾，人享有政治权利，政治权力可能投资人，促进人的生命和保护人的安全；另一方面则意味着人被政治权力所放逐和拒斥。赤裸生命正是这样被政治所抛弃的生命，是缺乏保护和权利的生命。这样的赤裸生命在今天并不罕见。许多人就是以赤裸生命的形式出现的，他们的各种权利被剥夺了，像动物一样被杀死，但是，没有人对此负责。没有凶手，没有审判，没有惩罚，没有政治和法律在这场肆意的杀戮中愤怒地讲话。人们在今天还可以看到无数的葬身于洞穴中的矿工，无数的被炮火摧毁的难民，无数的大街小巷的乞讨者，他们被政治权力所遗忘和抛弃。尽管他们是人，是活生生的人，但是，他们如同动物一般地被人对待，他们将自己的生存降低到动物的存在状态。这样的人，阿甘本就称之为"homo sacer"。我们为什么把 homo sacer 翻译成"牲人"呢？其中的一个意思就是，他虽然是人，但是跟牲畜差不多。"牲人"就是牲畜一样的人，动物一样的人，没有政治生命的人。

就此，福柯讲明白了为什么要杀犹太人？因为犹太人对日耳曼人的种族构成了威胁。阿甘本则讲明了，日耳曼人为什么能够杀犹太人，因为犹太人被剥夺了政治权利而变成了赤裸生命，变成了动物。这是阿甘本对福柯生命政治的一个补充。阿甘本一方面确定了现代人是以怎样的机制获得公民权利的，另一方面又回溯了犹太人是怎样失去自己的公民权利的。正是这种权利的失去，正是因为面对的是如同动物一样的赤裸生命，大规模、秩序化、条理化和技术化的大屠杀才能毫无愧疚地顺畅实行。[1]

还有一个意大利人罗伯托·埃斯波西托（Roberto Esposito）也发展了福柯的生命政治。对福柯而言，在生命政治的逻辑下，种族的危险，或者说共同体的危险，或者说国家的危险，总是无处不在，因而总是要慎重对待。在埃斯波西托看来，政体总是和身体有特殊的关联，他甚至勾勒了政体和身体相互成为隐喻的政治思想史。对他来说，政治共同体是一个身体有机体，政治体就像人的身体一样。如果说身体的危险总是来自外在的病毒，那么，共同体的危险也是来自外在的某些因素的侵入。一个共同体也面临着病毒侵入的危险。就像任何身体有免疫力一样，共同体也要培育自己的免疫力，以防外界病毒的侵入。埃斯波西托写过一本名为《免疫》的书（*Immunitas: Protezione e negazione della vita*）。就像人体在和病毒的对抗中总是培养了自己的免疫力一样，各个共同体都发展自己针对病毒的免疫力。比如说，在这个全球化的大规模流动的时代，病毒也可以迅速地大规模地流动，这就使得所有的身体都非常紧

---

[1] Giorgio Agamben, *Homo Sacer: Sovereign Power and Bare Life*, Stanford: Stanford University Press, 1998.

张。美国人对阿拉伯世界的谨慎和恐惧就与其相关。美国这个身体将阿拉伯人当作可能的病毒,对他们非常敏感,或者说对他们过敏,这就导致了他们一系列的过敏反应——各种安检、窃听、监视等技术手段被大规模地过度地运用。反过来同样如此,阿拉伯世界对美国也非常警惕,许多来自美国或西方的东西都被看作病毒而要迅速而紧张地根除。他们彼此视为病毒。个人为了抵抗病毒,增强免疫力,要注射疫苗。而对免疫共同体来说,也需要向自身注入疫苗,这是防范病毒提高免疫力的最根本的措施。越是对危险的恐惧,越是对安全的重视——越是生命政治敏感的共同体,越是看重疫苗的防范能力。但是,疫苗又是什么呢?疫苗也是一种药,疫苗本身就是一种病毒,它同样带有一定的危险性——疫苗也常常出现接种的危险。接种疫苗一方面可能防范病毒,另一方面也可能让自己中毒。就像德里达在《柏拉图的药》(*Plato's Pharmacy*)里所讲的。药,都具有两面性,既是救治之药,也可能是毒药。疫苗可能将病毒挡在外面,但是也可能摧毁自身。"免疫疗法,它在保护身体时,最终却削弱了身体,降低了它对侵入细菌的敏感性。这正如同在当代所有狂热地不断追求安全的地区中,保护措施所要抵御的危险实际上正是保护措施本身带来的。简言之,危险要求保护,一如保护创造危险。"[1] "911"之后美国的种种表现已经表明了这点。它太重视自己的安全感了,对危险极度敏感以至于发

---

[1] 罗伯特·埃斯波西托《生命政治》,何磊、安婕译,见《生产》第九辑,汪民安编,江苏人民出版社2014年,第61页。

展到变态的地步。它要消除任何潜在的风险。也就是说，它时时刻刻给自己注射防范性的疫苗。最近的斯诺登事件清晰地表明了这点。美国在大规模地监听，不仅监听别人，也监听自己。它让自己时时刻刻处在紧张和防范的状态。这种作茧自缚最终也构成了自我伤害：它让自己变得更加封闭，让人们处在监控状态，让社会充满了不安。所以，免疫政治，或者说，生命政治，一旦太过于敏感，它不仅将外在的敌人消灭了，同时它也可能自我毁灭。对危险的过度恐惧和防范，就会画地为牢，最终导致创造力的消失和自身的萎缩。对美国如此，对阿拉伯世界同样如此。阿拉伯世界要对西方的一切进行免疫，它为此要获得自身的安全感，但是，也摧毁了自身更新的可能性。埃斯波西托正是从这个角度来解释，如今的全球化时代，恰恰还存在着一个反向的运动，即一个隔离的、封闭的、具有免疫功能的共同体的诞生。这正是生命政治的逻辑所决定的。免疫的共同体在自我保护的同时最终会自我损害。

就此，我们看到，生命政治导向死亡政治存在着两条不同的路径。阿甘本的解释是第一条。要让自己活得更好，就要把所有外在的危险都根除掉，也就是说，要将他人杀死。这在历史上的典型表现就是希特勒的种族主义及其大屠杀。埃斯波西托的解释是第二条。要让自己活得更好，就要自我保护，要给自己种植疫苗，但这种保护性的疫苗最终也对自己产生危险，也毁灭了自己——希特勒最终就死于这样过度的自我保护。从根本上来讲，这两种生命政治的逻辑都通向了死亡，通向了自我毁灭。前一种是疯狂地毁灭他人最终导致自我毁灭，后一种是疯狂地自我保护最终也导致了自我毁灭。

二

　　福柯所提到的生命政治是从18世纪中期以后开始的。福柯特别喜欢讲18世纪下半期这个转折点——这个时期大致同法国大革命相吻合。对福柯来说，这是一个重要的历史转折点：疯癫的历史、规训的历史、知识的历史都是从这个时期开始发生巨变的——而生命政治也正是从这个时期出现的。如果说，生命政治是开始关注人的安全，提高生命质量的治理技术的话，我们可以看到，人们也正是在这个时刻开始善意地对待疯子，善意地对待罪犯，人们也在知识领域中开始重新审视"人"。而所有这些都是对生命政治的隐约回应——欧洲正是在这个时刻从各个方面都将人作为重要的对象来对待了，更恰当地说，都是从人道主义的角度来对待人。生命政治，这一新的治理技术的变化，正好是人道主义的表露，尽管它令人难受地通向了它的反面：大屠杀。

　　如同疯癫的历史，监狱的历史，知识的历史在18世纪下半期发生了重大转折一样，生命政治也是治理技术在此刻发生转折的结果。那么，生命政治的前史是什么？它是从怎样的治理技术转化而来？也就是说，生命政治是怎样诞生的？

　　生命政治之诞生，实际上是在17世纪就种下了它的最早种子。欧洲的君主国在17世纪初就开始了一种新的治理方式，这种治理方式就是国家理性（Raison d'Etat）。国家理性既不同于基督教的治理技术，也偏离了马基雅维利的治理技术，同时，它同古代的治理技术和目标也不一样。对柏拉图来说，他试图建立一个理想国。在这个理想国中，最重要的是正义。也就是说，国家治理的目标就是正义，就是要实现正义和美德。这也就是理想国的核心。国家就是正义和美德的共同体。对基督教而言，国王的治理必须仿效上帝的治理。"国王必须引领人走向至善。这至善就是人的自然和神圣的终点。"[1] 国王的治理法则从根本上来说，必须服从神的法则，他必须保证其臣民在彼岸得救。至善是基督教的治理目标。而马基雅维利的目的"就是去界定什么东西能够强化君主和国家之间的关系"。也就是说，君主如何能够维持他对国家或者领土的统治，这是治理的根本出发点。治理就意味着君主如何维护自己的君权。治理的目标是君主的利益。如果说，中世纪的治理是要表达上帝的意志的话，马基雅维利的治理是要表达君主的意志。我们看，从古希腊一直到文艺复兴，治理的目的都是国家之外的目的，治理的目的本身不是国家。正义、至善和君主都外在于国家。治理所遵循的神法，道德法和自然法都外在于国家。但到了17世纪，情况就发生了变化。这就是新的治理理性的出现。它的独特之处在于，治理的对象是国家，治理就是对国家的治理，不再将国家之外的目标纳入到治理考量的范围内。"国家理性既不指上帝的智慧，也不指君主的理性或者策略：它所指的是国家，国家的性质及

---

[1] 《福柯读本》第268页。

它自身的合理性。治理的目的在于强化国家本身。"[1]

治理就此转向了国家的内在性。为什么17世纪会出现这样一个转变，为什么治理的目标会回到国家本身上面呢？我们都清楚，17世纪是一个理性主义的时代，是笛卡尔的时代。在这样一个时代，国家治理一定会寻求最合适的方式来进行。那么，怎样是最合适的治理国家的方式，或者说，怎样是最理性的治理国家的方式呢？治理国家，当然应该以国家作为目标，而非将国家之外的超凡的东西作为目标。或者说，对新的治理技术和治理目光而言，国家的概念也发生了变化，现在，"国家是一个自主的国家，它既不是家庭，不是教会，也不是帝国。国家是一种特殊的和不连贯的实在。国家只为自身存在并且只与自身相关"[2]。治理国家，因此就不再是模仿家庭，模仿教会的治理，国家有其自身的自主性，治理国家就是治理国家本身。"国家理性应该让国家真正地符合自己，其意思是停留在修养状态，近乎自己的本质……国家理性应该是一种调节：让国家的现实符合国家的永久本质，或者不管怎样，符合国家的不变本质。"[3]也就是说，治理国家最具有合理性的目标就是让国家变得更加强大。所以17世纪以来的治理术发生了一个变化，目标放在了国家身上——这是同先前的治理术，同古代传统、基督教传统和马基雅维利传统的治理术迥然不同的治理术。这也意味着17

---

[1]《福柯读本》第271页。

[2] 福柯《生命政治的诞生》，莫伟民等译，上海人民出版社2011年，第4页。

[3] 福柯《安全、领土与人口》，钱翰等译，上海人民出版社2010年，第256页。

世纪初国家理性的诞生。其对象是自主的国家，其目的就是要让国家不断地变得强大，也就是要让国家超越现有的能力和力量，让国力不断地上升。这是治理技术的一个突破。

但究竟如何增强国力呢？简单来讲，有几种方式。首先，既然国家被视作是一个自然客体，是一个力的综合体，那么，就要对国家进行全面的无微不至的了解，要有关于国家的整体知识。统计学也就是在这个时候基于这个理由而发展起来的。为了让国家这个力量综合体变得更加强大，就需要解决两个方面的问题：一是对内的治理，一是对外的治理。这就是我们熟悉的内政和外交。对国家内部的治理，要对国家的细节和局部进行通盘的了解，要对国家无所不知，要洞悉和管理国家内部的一切。福柯认为，国家对内的治理是无限的，它没有终点。因为组成国家的各个要素都在不断地发生变化，要对这些变化进行积极的干预。同时，国家的力量也需要无限地提升，只有提升力量，才能让国家存活下来，免遭入侵。就此，国家需要无限地超越自身，让自己处在持久强大的历史过程中。为此，治理也是无限的。另外，既然是要提高国力，除了对国家这一客体本身反复地考察之外，除了对国家的自然资源、对国家的事物，对国家的环境进行治理之外，还要将人的因素考虑进来，因为，国力本身和人的能力有关。人的能力的变化和国力的变化相关，人力是国力的重要因素。它不仅要训练和驯化个人（这是《规训与惩罚》的主题），还要将个人的能力进行整合，它要培养一套权力技术将个人整合到社会实体中，福柯将这种对个体进行整合的权力技术称为"治安"（police）。就是通过这种治安手段,政府可以将人民治理成为对世界有用的诸多个体。治安意味着,政府开始将治理的目标锁定在人身上。对人的治理,逐渐变成了对人的生活的治理。因为人的生活质量、人的寿命、人的幸福感,决定了人的能力,最终决定了国家的能力。人和国家有相互强化的功能。改善人的生活质量,也就改善了国家的力量。国家的目标就是要让人民生活得更加幸福、更加安全。

"治安的目的在于持久地增加新产品,旨在改善人民生活、增强国家力量。治安的管理手段,不是法律,而是对个人行为的某种独特、永恒和肯定性的干预。"[1] 这种对人的治安,到了18世纪下半期,变成了对人口的治安。人口的问题出现了,国家发现,它最重要的关注,或者说,它的力量的最重要的考量对象,就是人口和环境的互动。此时,国家是将人作为人口来看管的。人口的质量和幸福,就成为治理的头等大事——我们正是在这里看到了生命政治的诞生。生命政治就是18世纪下半期出现的对人口进行积极干预的政治学。人口,它的生物性成为政治的对象。也正是在这里,生命政治和国家理性发生了断裂,或者说,以人口为主要对象的生命政治,开始摆脱了以物和个体为主要治理对象的国家理性。

这是对内的治理。与此同时,17世纪的欧洲有众多的君主国。各种小的君主国都处在同他国的对立关系中,它们需要在这种对抗中存活下来。要求国家能够永远保持强大,从而在同他国的对抗中存活下来,这就需要内部的无限治理。但是,消

---

[1] 《福柯读本》第277页。

灭其他的国家,恢复罗马帝国的梦想也一去不返了。一个国家并不想吞并另一个国家,但是,它也绝不想被别的国家吞并。欧洲的诸国因此需要保持一种平衡关系,这样的后果就是《威斯特伐利亚和约》的签订。这个合约最重要的意义就是旨在让欧洲内部的国家与国家的关系,或者说欧洲内部的国际关系保持一种均衡,让帝国的梦想在所有的国家彻底落空。如果说,因为要让国家不断地保持强大从而对内部的治理是无限的,那么,对外部的治理则是有限的,因为一个国家不可能也没有意愿消灭另一个国家,外部的治理目标明确而固定,就是保证自己不被别的国家吞没,保证自己的存活。这是对外的有限的治理。对内的治理是无限的,对外的治理是有限的。据此,17世纪的欧洲国家就要建立一个有限的军事—外交框架。这样的观念我们今天非常熟悉。每个国家都有一个外交部,一个国防部。这在今天仍旧是国家两个至关重要的部门。

17世纪发展起来的国家理性就采用了这样内外的双重治理框架:对外建立有限的军事外交机制。对内则是无限治理。这种无限治理意味着它会深入所有的地方,它会无所不管,它要将国家的一切置入自己的严密控制之下,它有一个伟大的规训梦想。那么,如何实现这种内部的无限治理呢?我们已经在福柯的《规训与惩罚》中看到了17世纪的微观权力对身体的全面监视。对身体的管控是无限的,它也是治安的手段,是将个体进行社会整合的手段,它强调人力是国力的基础,身体是政体的基础。治理深入到身体的细节。不仅如此,这种内部的无限的治理还将治理的对象集中在城市和市场方面。也就是说,城市的问题，或者说，出现在城市中的问题，比如，人们的共同生存和交往、市场、买卖和交换、流通的问题，商业的问题成为治理的新对象，它们构成了一个治理统一体。这个时候，国家理性甚至将整个国家看作一个城市—商业模型来治理，这成为17世纪最重要的治理对象和领域。这种治理手段采用了大量的规章和规训的方式而不是法律的形式来实施完成。福柯的结论是："商业、城市、规章、规训，这就有了治安实践中最具特征性的元素。"[1] 这就是国家理性的内部治理特征。

就此，我们可以根据福柯在不同场合的论述对他有关17世纪初到18世纪中期出现的欧洲国家理性的治理术做一个总结：治理转移到国家身上，国家被想象成一个力的综合体。治理的意图是让国家能够在同诸国的竞争中保持不败，同时也要保证人民的生活质量。因此，要不断地提高国力。要提高国力，就要重视人的问题，一方面要把人，人的身体整合到国家的力量中来，另一方面要让人生活得幸福，要投资生活和生命。而治理的对象包括国家内的一切，它要无所不管，它要对国家内的一切了然于心。但是，治理的主要焦点是国家内的城市、商业和市场的问题。要把国家当成一个大的城市，把国家模式当成一个城市模式来管理，治理信奉的是重商主义。这种治理不是通过法律的方式，而是通过规章的方式来实施——这就是福柯指出的出现在17世纪和18世纪上半期的国家理性的治理实践。

但是，到了18世纪中期，开始出现了一系列变化。国家理

---

[1] 《安全、领土与人口》第305页。

性的治理实践开始被生命政治的治理实践所逐渐取代。一个标志性的特征是，重农主义逐渐代替重商主义。正是它开启了自由主义治理术的大门。它的核心可以说是对治理的限制。也就是说，如果国家理性是无所不管的话，那么对于生命政治而言，它就是要少管，是对国家理性管得过多的反动，它倡导的是一种简朴治理。如果说，国家理性总是强调人为的治理干预，对价格的干预、对市场的干预，那么，重农主义代表的新的治理术则更多地强调一种自然性，强调市场和价格的自发性，人和人之间关系的自发性，即人和人之间在一起生活会出现怎样的自然而然的状况。社会、市场、价格和人际关系是怎样自发调节的。因此，这也是一种独立于国家权力的社会自发性，一种公民社会的自发性。它抵制外在的强行干预。这是它最核心的变化。第二个变化，国家理性依仗统计学，它要了解国家的一切，要将国家的所有纳入自己的盘算之中。而新的治理术依仗的是政治经济学（political economy）。所谓的政治经济学"从根本上就是能够保证治理理性做出自我限制的东西"[1]。这是学科和知识的变化。第三个特点：人口问题的出现。国家理性也谈论人口，但是，它将人口作为国家的治理对象，是因为它将人和人口作为财富增长和国力增加的手段来对待的，人和人口总是国力的内在要素，人口附属于国家和君主。但是，现在，新的治理实践则是将人口作为自主的对象来对待。人口有自身的转变和迁徙规律，有自己的生死规律，人口根据自然性来调节。

1　《生命政治的诞生》第11页。

而且，人口之间的关系也是自发的关系，这种关系并不同于国家试图在人口之间所确立的关系。一旦出现了这样的变化，新的治理术将用新的眼光来干预和对待人口，从根本上来说："作为臣民集合的人口将被替换为作为一整套自然现象的人口。"[1] 治理人口实际上是治理一种生物现象，这也是福柯所说的，政治性和生物性关联起来。第四个变化。如果经济活动和人口都是自发性的，都有自己的内在自然性，那么，新的治理技术将是尊重这些自然性，而不是对它进行强制性的干预，"是让自然的和必然的调节自己运作，或者让自然调节成为可能的管理运作。因此必须为这些自然现象制定框架，不至于会被一种靠不住的、随意的、盲目的干预改变方向。也就是说，应该设置一些安全机制……保证这些自然现象的安全"[2]。规训和治安技术就此逐渐地退场了。这就是新的治理术的根本性目标——我们看到，它和笼罩一切、无所不管、全盘干预的国家理性的治理术、国家理性的治安手段有着根本性的决裂。这种新的治理技术实际上就是自由主义的治理术。自由主义和生命政治同时诞生。或者说，自由主义就是生命政治的治理术，正如重商主义是国家理性的治理术一样。

但是，二者并不是没有相近之处。二者的手段不一样，但是，目标并没有根本的改变：对生活质量的改善，对生命的关注，让人活得更好，更安全。而为了求得安全，就必须要抵制风险，

---

[1] 《安全、领土与人口》第314页。

[2] 《安全、领土与人口》第315页。

抵制任何潜在的风险。正是这后一点，或者说，生命政治的促生的逻辑，导致了我们在前面所说的死亡逻辑：为了让自己活得更好，就要让别人死去。今天，许多全球性危机仍然符合这一生命政治的死亡逻辑。

再现的解体：福柯论绘画

一

福柯的《词与物》是有关"人文科学的考古学"。概而言之，他讨论了三个不同时代的人文科学的"知识型"（episteme）。也即是，文艺复兴时期的知识型"相似"（resemblance），古典时代的知识型"再现"（representation）[1]以及现代时期的知识型（福柯没有给这个时期的知识型命名）。所谓"知识型"，就是知识和理论形成的可能性条件，是在一个既定时期内使诸种经验科学关联起来的决定性条件。正是因为知识型的决定性控制，一个时期内的不同的知识和学科分享共同的形式原则，就如同一个语法形式控制着内容不同的句子一样。知识型就是不同经验学科的深层"语法"，它制约着同时代的学科构型。在《词与物》中，《宫娥》是作为古典时代的知识型的一个范例而被提出来的。也就是说，它是作为古典的"再现"知识型的一种类别进行分析的。事实上，《词与物》的历史分析一以

---

[1] Representation 在中文里面在不同学科中有多种译法，本文按照上下文的语感，有时将它译成"再现"，有时译成"表征"，有时译成"表象"。

贯之的三个人文学科是经济学（劳动的人），生物学（生物的人）和语言学（说话的人）。也就是说，他分析的是这三个学科的历史。而艺术（绘画）并没有纳入到整本书的结构中——因此，《宫娥》出现在《词与物》的第一章中就显得突兀和孤单，它和后面的章节没有关联，它只是从绘画的角度去论证古典时期的知识型"再现"。而在这本书中，福柯并没有分析之前的文艺复兴和之后的现代时期的艺术作品。[1]

福柯如何来分析这部17世纪的伟大画作呢？

在《宫娥》中，穿着黑衣服的画家握着画笔在注视着。他的左边是背对着我们的画框，我们只能看到画框的反面，看不到画布上的内容。作为观众，我们不知道他画的是什么。显然，画面上的画家是在注视着被画的模特。他在对着模特写生。但是，他注视的模特并没有在画面上出现——也就是说，我们不知道这个画家画的是谁。他的目光看着画外，他似乎在看着面对这幅画的观众。反过来，观众也在看着画布上的画家。也就是说，观众和画家存在着一种目光的交互，一种相互的逼视，一种无止境的目光交流。但是，观众毕竟不是模特儿（画面中的画家不可能预知谁是这幅画的观众）。模特，被有限的画面和画框截断了，省略了。如果将画面放大，将画框往下拉从而让室内的空间尽可能地放大的话，我们可能会看到模特，即正在作画的画家的注视对象。但是在此，这模特并不可见，他只是被画

---

[1] 实际上，这一章也是整本书写成后插进来的。对《宫娥》的分析，先于这本书的完成。《词与物》出版的时候，福柯将先前完成的这篇文章加到书稿中成为第一章。《词与物》的畅销，同这一章有很大的关系。

面所暗示,并且确定无疑地存在于画面所再现的建筑空间之内。也就是说,他们在建筑空间之内,但却处在画面之外。这幅画因此越过了它的有限画框,一个不可见之物(模特)在画框外存在着,他和画面内部是一个有机整体,他们共享一个建筑空间,但是,画框却粗暴地将它截断在画面之外了。

不过,这个没有出现在画面之内的模特,却以另外的方式出现了。这就是出现在画中后面墙上的那面镜子。镜子位于后面墙上的正下方,在它的上面和左边,是几张难以分辨的黑暗绘画作品,它的右边是一道敞开的明亮大门,一个黑衣男人正在门框中间犹豫不决。镜子中有两个模糊的面孔。但是,我们怎么知道它是一面镜子而不是一幅画呢?它粗大的黑框架,同周围的画框迥然有别,而且在镜子框架的内部,有四条白线组成的一个白色小框,这四条白色的线条紧紧地贴近镜框,它们正是镜子的反光。镜框中的两个人物既在一个黑色的粗笨的镜框之内,也在四道反光组成的白色小框之内。他们被这四道光圈所包围。正是因为镜子的光,使得镜子和周围的黑暗绘画区分开来,它们虽然在同一高度(同左边的绘画相比),在同一面墙上(同上面的绘画相比),但是,只有镜子才显得更明亮,更清晰,更有光泽——这正源于镜子的反射能力。

毫无疑问,这个镜中的人物正是画家的模特,镜中的人物和画中的所有对象都不匹配——他们不可能是画中的人物。他们是在画面上没有表现出来的模特,是被画框所截断的模特。但是,这些模特通过镜子反射的方式现身了。镜子的形象是这个模特的替身。画家的画布上或许有他们的形象,但是,画布也是以背面的方式呈现给我们的,它们在画布上面的形象就此隐而不现。

通过历史的研究,人们知道,镜子中的两个人物就是国王和王后。那么,被画的人物,也就是这个模特本身,就是国王和王后了。实在的国王和王后隐匿起来,他们隐退到画面之外,但是,他们以镜像的方式现身,出现在画面之上。他们不仅让人们明白画家此时此刻是在对着国王和王后写生,而且,国王和王后通过镜子能看到他们自身,他们通过镜子了解自己的形象——国王和王后只能通过镜子来认识自己。实际上,无人会告诉他们的形象是什么,更恰当地说,无人敢告知他们的准确形象是什么。他们认出自己的形象要么是通过镜子,要么是通过绘画——也就是说,只能通过镜像本身来认知——这是他们认识和确定自身的唯一方式。

不过,这个镜子中的人物却在后面看着大家,看着画面前排的所有人。如果我们看到《宫娥》这幅画再现的是一个空间场景,更准确地说,是在画一个建筑物内部空间的话,那么,镜中的国王和王后实际上是处在这个建筑物后墙的中心——尽管他们不是处在画面的中心。他们置身于这整个空间的中心,他们是这整个空间中无可争议的主人。他们统治着这个空间。画中的所有人都不能看到这面镜子,他们都背对着或者侧面对着这面镜子。因此,没有一个人注意到他们,没有一个人指向他们。也就是说,镜中的两个人物虽然出现在画面上,但是,他们对画面上的所有人而言都是不可见的。

国王隐藏在所有人之后,他是整个空间的主人,他们置身于整个画面的空间的中心。他暧昧，模糊，毫不起眼，它们是画面中最脆弱、最遥远的现实。他们存在于一个灰暗之所，但是，画面所有的明亮之处都被他们尽收眼底。他们主宰着这一切，尤其是，国王被一层光晕所包裹，这使得他具有神圣的功能——他远离了世俗，被四周的白色光芒所笼罩。这也表明了他可以从两个方面来观察，一个方面是正面的观看（作为实际的模特），一个方面是背面的观看（镜像中的模特）。或者说，他既可以看到画中人物的正面，也可以看到他们的反面。"通过这面镜子，国王成为无所不见者：画面中所有人物的目光都朝向国王，国王既在自己的夏宫办公室中看着在场的所有人，同时也在画面的背景中看着你们。"[1]

就此，国王和王后——这个不可见之物决定了整个画面。他们实际上是这个空间的中心。这个中心位于画面的外部，是不可见的，但它是整个再现的起点，同时也是三种目光的交汇叠加之地：观众的目光，模特的目光以及正在作画的画家的目光。没有这个画外的中心点，就没有整个绘画的再现。同样，光从右边的窗户涌入。正是这窗户，以及透过窗户的光，使得画面下半部分的人物变成可见的——同画面上半部分的黑色场景相对照，这点就更加明显。同样地，这个使得画面人物可见的光源和窗户也被截断了，它们也在画框之外，因此，它们也同样是隐匿的。这样，不可见的窗户和光源，使得人物变成可见的——

---

[1] 达尼埃尔·阿拉斯《我们什么也没看见——一部别样的绘画描述集》，何倩译，北京大学出版社2007年，第143页。

这些人物一方面取决于一个不可见的国王和王后，另一方面取决于不可见的光源和窗户。在某种意义上，画面之所以可见，或者说，画面之所以成立，之所以以现在的形式出现，同样是由两个隐匿之物决定的。这幅绘画恰好表明了不可见之物决定了可见之物：一种是不可见的国王和王后决定了可见之物的形态：他们的体态，表情，动作；另一种是光决定了可见之物的可见性，光照亮了这些体态、表情和动作，使之从一个封闭空间的黑暗中得以脱颖而出。光和国王同时是主宰者，尽管都隐而不现，但是，显现的画面都来源于它们。而且，国王起着光的作用，他犹如光，或者说，他就是光本身。尽管画面右边的光源和窗户完全隐匿了，但是，国王和王后还以镜像的形式出现——他们也必须以镜像的形式出现来指认自身。而且，他们不仅要决定宫廷中其他人的姿态，还要隐秘地监督他们的动作。他们虽然不在场，但是，他们才真正成为中心。"仅就他们站在画面的外部，因此以一种本质上的不可见性从画面上退隐出来而言，他们提供了整个再现赖以有序排列的中心——他们才是人们所面对的对象，他们才是人们的目光所向。"[1] 人们正是因为这个沉默的不在画中的对象而聚集在这里。人们在这里观看他（们）。观看，几乎是画中所有人物的身体姿态，他们的站位，表情，空间分配，他们身体的可见性，他们的总体再现，他们的目光聚焦，都源自于那个没有再现出来的模特。如果没有这个模特，没有这个看不见的对象，这幅画就不会如此这样

---

[1] Michel Foucault, *The Order of Things*, Vintage Books 1994, p.14.

地诞生，就不会有这幅画的可见性。在这个意义上，这个不可见之物就成为一个支配性的隐秘本体。

也就是说，这幅画表达出了真正的被画对象的不可见性，模特的不可见性，再现根基的不可见性——他们在画面上的真正空缺。但是，如何来评价这种被再现之物的空缺呢？对阿拉斯而言，"一群不同的人物，他们在场景中的布局显然根据某一'客体'的存在而确定——即国王和王后，而这一客体的客观在场却无法被我们所掌握。于是，你也可以说，国王就是该作品的本体：他不是我们感官直觉的客体，它是人们可以进行思考，但无法去了解的事物"[1]。这是什么？这不正是康德的物自体吗？物自体在那里，但是人们无法认知它。隐匿的国王和王后可以看作是康德"物自体"概念一个例证。我们甚至可以将他们看作是柏拉图的理念，镜像的反射不过是这个理念的一个再现。国王和王后作为理念只是通过镜像的方式出现在这幅画中。这理念真实、高贵、隐而不现。它们只能通过表象曲折地现身，而表象总是理念的一个模糊的外在传达，它不是绝对的真实，它是起源的隐约再现。人们看到镜像——这个镜子中的人物——并不真切，毫无疑问，它只是一种真实的模仿，或许正是因为它是对理念的模仿，它才显得模糊不清。

而福柯则对这种空缺提供了另外一种看法。这种空缺意味着再现和再现对象的关系被打断了，再现没有对象。"环绕着场景布置的全部是符号和连续的再现形式，但再现与它的模特

---

[1] 《我们什么也没看见——一部别样的绘画描述集》，第143页。

儿,与它的君主,与它的作者,以及正在接受它的人的双重关系,被打断了。即便在把自身作为一个景观的再现中,这种双重关系也绝不会毫无保留地出现。"[1] 这种关系的打断,在某种意义上,就意味着,符号停止了对对象的深度指涉,再现停留在自己的表面。再现就是再现自己。它并非再现其他东西,或者更恰当地说,因为再现的对象缺席了,再现就只能自我再现。国王和王后——他们既是模特,也是君主——的缺席,就让这些观众,画家,画笔,画布,调色板,全部都自我再现。画中再现的,与其说是要再现的那个对象,不如说是再现本身,再现的诸要素本身,再现技术被分解的各个要素。正是这些再现的要素,构成了"符号和连续的再现形式"。这就是福柯关于《宫娥》的最后结论:"或许,在委拉斯凯兹的这幅作品中,存在着一种对古典再现(classical representan)的再现,一种展示给我们的有关空间的定义。的确,在此,再现所作的就是以其全部要素来再现自己:再现的诸多形象,再现所必须的目光,再现使之可见的面孔,以及使再现得以形成的姿态。但是,在那个在我们面前既组合又扩散的散布中心,在那个无处不在而又迫切显示的散布的中心,是一个基本的虚空:再现根基的必然消失,它要表明相似的那个人的必然消失,那些认为仅仅是一个相似物的人的必然消失。这个主体被抹去了,而再现,一旦从这个威胁它的关系中被解脱出来,它就给自己提供了一个纯粹的再

---

[1] *The Order of Things* p.16.

现形式。"[1]就此,《宫娥》这一17世纪的绘画杰作,就变成了一个对再现进行的再现,这些再现的符号,自己在整个画面上组成了一个系列,它们在画面上被秩序井然地排列在一起,它们不再引向一个深度,引向一个不可见的根基,它们和那个根基的关系被打断了:和模特的关系,观众的关系,和创作主体的关系都被打断了。就此,一旦符号的背后不再有一个根基,符号就是一个单纯的指代,一个单纯的表征,一个单纯的秩序排列。在《宫娥》中,"环绕着画室的是一个巨大的漩涡,从拿着调色板的纹丝不动的正在凝视的画家,到那些完成的绘画,再现在形成,也完成了。但也只是在光中解散。循环完结了"[2]。

古典绘画这样的再现形式并不孤独。福柯在此将古典绘画同这个时期的人文科学的知识型联系起来。或者说,绘画同其他人文学科共享同一知识型。在某种意义上,在17和18世纪的古典时期,所有的人文学科都是如此,语言"在这里之所以如此重要,不是因为它在某种本体上的缠结中构成了世界的一部分(就像文艺复兴时期一样),而是因为它是对世界的再现中的某种秩序的最初草样,因为它是再现各种再现的最初的不可避免的方式。古典知识完全是命名性的"[3]。在《词与物》中,福柯着重分析了古典时期的三门学科:普遍语法,自然历史和财富分析,它们实际上分别是后来(19世纪发展出来的)语文

---

1 *The Order of Things* p.16.

2 *The Order of Things* p.15.

3 《福柯集》第107页。

学,生物学和政治经济学的前史。这三门学科虽然内容和旨趣不同,但是,它们有一个共同的特征,那就是,它们都遵循"再现"这一古典时期的知识型。对普遍语法而言,它关注的是词的线性系列,关注语词的秩序;对自然史而言,它关注自然的外在形象,关注它们的命名、分类表格;对财富分析而言,它关注的是货币与货币之间的交换,关注货币的可逆向关系。词的秩序是普遍语法的语法,生物的分类是自然史的语法,货币的交换则是财富分析的语法。古典时代的三门学科——普遍语法、自然史、财富分析——的共同特征暴露出来:它们都不是像文艺复兴时期那样对深度秘密进行寓言式的纵向挖掘。普遍语法不是挖掘语言下面的深层规律,自然史不是挖掘自然生物的内在构造,财富分析不是挖掘财富的内在价值。它们的研究模式也不是解释和深度评论。它们与再现的命名相关,它们都停留在对象的外部,都试图从外部确立对象的秩序,一种组织性的外在秩序:语词的秩序、分类的秩序、交换的秩序。"古典思想的基本问题就在于命名和秩序的关系:如何发现一套命名术语来构成分类学,或者是,如何建立一套符号系统来透明地表征存在的连续性。"[1]也即是,词以符号表征的方式对物进行命名和分类。根据这种命名和分类,事物的秩序被建立起来,古典时代的知识就是对这种秩序的捕捉。它们指涉的都是表面,都是围绕着自身进行指涉,它们不指涉内部,不指涉深度,不指涉本质。符号指涉的东西是一个基本的空虚。正如宫娥的再

---

[1] *The Order of Things* p.208.

现对象也是一个基本的空虚一样（国王的不在场，画布图像的不在场，起源的不在场）。但是，再现的要素都在，"《宫娥》一画表现了构成再现行为的所有要素：画家、模特、画笔、画布及镜中的映像，它将绘画本身分解为构成再现的各个要素"[1]。但是，这些绘画要素却并不去探究它的对象。这些符号不是去挖掘一个神秘的所指，这些符号仅仅是表面的符号，它们分布在画面中形成一个漩涡，同时，也并不深深地卷入到某种晦暗的秘密之中。这里呈现的是绘画的外在秩序，是绘画的秩序分类，就如同其他的几种学科一样，它们"在透明地表明存在的连续性"。

二

这是福柯对古典时期的绘画的论断。也即是，以《宫娥》为代表的古典绘画同其他同时期的人文科学一样共享了"再现"这一古典时期的普遍知识型。

但是，现代时期的绘画呢？或者说，20世纪的绘画呢？福柯开始提到的是保罗·克利（Paul Klee）："我认为正如委拉斯凯兹之于他的那个时代，克利的绘画之于我们的世纪是最具代表性的。克利把能够构成绘画的所有姿势、动作、笔画、轮廓、线条、平面都植入可见的形式中，这样他就把绘画行动本身变

---

[1] 《福柯集》第83页。

成了绘画本身的绚烂夺目的知识……这些看上去最简单、最自发的要素,这些甚至不会出现也似乎不该出现在画中的要素被克利铺展在他的画面上。"[1]如果说,宫娥画出的是再现的要素,那么,保罗·克利画出的是绘画行动。这二者的差异在于,《宫娥》关注的是画家,画布,模特,观众,镜子乃至画笔,也即是画一幅画所需要的各个绘画要素,这都是绘画再现所必须的条件;《宫娥》省略了再现的内容就是为了将这些绘画要素排列出来。而克利关注的则是另一方面,他关注的不是绘画再现的条件要素,而是绘画的语言,绘画的过程,绘画这一行动本身。克利试图表明的是,绘画是如何进行和完成的?画笔是如何在画布上施展和运作的?"克利编织了一个新的空间,以便在那里安排他的造型符号。"[2]也就是说,画面的空间意义不过是承担着形式化的造型语言,并无内容。对《宫娥》而言,它展示的是,绘画作为一个再现行为,需要什么条件,需要哪些要素?在此,绘画要素出现了,但是,如何绘画则被省略了(人们只看到了画布的背面)。克利刚好反过来,他并不在意绘画的构成要素,他试图表述的是,一幅画是如何被画出来的,画面是如何形成的。也就是说,绘画采用的是哪种语言,是什么样的形与词,是什么样的造型符号,图形与语言有何关系?在这里,我们不仅看到了画面,而且看到了这些画面是如何完成的,是如何被画出来的。绘画过程、绘画语言、造型符号获得了它的自主性,

---

1 《福柯集》第82~83页。

2 福柯《这不是一只烟斗》,邢克超译,漓江出版社2012年,第53页。

获得了自己的物质性，绘画空间仅仅是对语言和造型符号的展示。克利的这一新的绘画方式，恰好是现代知识型的特征。现代的知识型有何特征，尤其是有何语言特征？"自19世纪起，语言向自身折叠起来，它获得了自己的厚度，将仅属于它自己的某种历史、某些规律和某种客观性铺展开来。它变成了一种知识对象。"[1]这不就是福柯所说的克利的"绘画行动本身变成了绘画本身绚烂夺目的知识"的注脚吗？在此，19世纪的现代知识型的语言就是去断言语言"陡峭的存在"，就是让语言一次次地折返自身，"在那里，它要讲的全部东西仅仅是它自身，它要做的全部事情仅仅是在自己的存在的光芒中闪烁不定"[2]。

在福柯看来，克利就是这样将符号作为画面对象的画家。克利的绘画就是让绘画的语言自我闪烁，让绘画语言成为画面的重心，但是它绝非表征的要素。不过，福柯并没有具体地论述克利的绘画（只是在不同的场合提及了克利的重要性），他更多地是讲述马奈的绘画。他将马奈视作是现代绘画的开端。如果说，克利（在某种意义上也包括马格里特和康定斯基）代表二十世纪的话，那么，马奈则代表了19世纪。是马奈首先打破了古典时期的绘画的再现知识型，而克利等不过是马奈的深化和最后完成，他们将马奈的方向和探索带入到二十世纪。

尽管福柯将《宫娥》作为古典时期再现的代表，但是，他也在不同的场合论述了西方自15世纪以来的绘画传统，这个传

---

[1] 《福柯集》第107页。

[2] 《福柯集》第113页。

统正是经由马奈开始打破的。"从 15 世纪意大利文艺复兴以来，西方绘画有这样一个传统，就是试图让人遗忘、掩饰和回避'画是被放置或标志在某个空间部分中'的事实，这个空间可以是一面墙，那就是壁画，或一个木框，一块布，甚至可能就是一张纸。这就是要使人忘记：画是被放在长方形的两维空间之中，并且从某种意义上否认画作所表现的空间就是作画的空间。因此，自 15 世纪意大利文艺复兴以来，这种绘画试图表象的是置放于两维平面上的三维空间。"[1] 也就是说，绘画总是试图让人遗忘它是一个平面空间，一个长方形的二维平面空间。它想尽办法试图让人们觉得这是个真实的深度场景，而不是一个局部的平面的有限的绘画空间，不是一个可以随意挪动的，可以围绕着它不停地变换角度去观看的绘画客体，也不是一个从外部来照亮它的绘画对象。总之，绘画就是要让人忘记它自身的物质性，让人忘记这是一幅画。为此，古典绘画无论是对光的处理，还是对观看角度的处理，甚至乃是对斜线或者曲线的处理，都是为了掩盖绘画的物质性。"绘画这种物质性，这个长方形的、扁平的、被某些光照亮的、人们可以围着它或者面对它可以位移的平面，这一切都被画本身之中所表象的东西掩盖和隐藏。"[2] 而马奈的工作正是对此的颠倒，他所做的就是还原绘画的物质性，将绘画当作一个物来对待，发明一种实物-画，从而将绘画从表象的内容中解脱出来进而获得某种独立性和自主性。也

---

[1] 福柯《马奈的绘画》，谢强、马月译，湖南教育出版社 2009 年，第 15 页。

[2] 《马奈的绘画》第 15 页。

就是说，绘画要回到自身，确认自身为一张画。如果说，在19世纪，语言开始摆脱表述的功能而折返回自身，那么，绘画同样摆脱再现功能而折返回自身，折返绘画自身显而易见的物质性。自15世纪以来，"马奈是在自己的作品中，在作品表现的内容中首次使用或发挥油画空间物质特性的画家"[1]。

大体而言，福柯就是从空间、光照和观看位置三个方面论述了马奈打破古典绘画再现的方式。第一个是从画布空间的角度。传统绘画一旦要表现场景而让绘画被掩饰的话，一定是要遵循空间的透视法。但是，马奈逐渐地放弃了透视，放弃了景深。比如在《歌剧院化妆舞会》中，景深被封闭起来，画的底部被关闭，跳舞的人们在前面挤作一团。空间不是纵深的部署，而是被切成了上下两块，通过上下两个空间中的脚的呼应而完成一种高低空间之间的游戏。同样在著名的《马克西米利安的处决》中，还是一面墙将景深关闭起来，也正是这面关闭的墙，使得画中人物挤在画面的前方，画中的行刑队和被行刑者几乎没有距离，二者之间的枪非常局促，与其说枪在保持距离地射击（有烟雾冒出来），不如说是枪在直接地对身体进行刺杀。行刑者和被行刑者的身材比例也失真了。在《在温室》中，关闭景深的不再是墙，而是画面中茂密的植物。在《吹笛者》中，景深完全消失了。因为景深的消除，画面在这里尽可能地变成了二维平面空间，而不是传统的三维空间，也就是说，它的目标与其说是再现一个场景，不如说在表述这个画作本身，是试图恢复绘

---

[1] 《马奈的绘画》第14页。

画的二维平面空间本性。不仅如此，这个二维空间总是由横线和直线构成，横线和直线相互交叉、错落。比如《波尔多港》《阿让德伊》《在温室》中，画面上出现了大量的水平线和垂直线，这些线一方面是画中内容的表现（它们可能是栏杆，可能是船的桅杆，也可能是裙子的褶皱），但另外一方面它们也是画面中自主而醒目的横线、纵线以及纵横的交织线，它们既可能暗示着画布的纤维肌理，也可能暗示着绘画本身所特有的必不可少的线条，也可能是对平面长方形的提醒，对绘画和画框的指示。绘画就是由线、直角等组成——这是绘画之线和表象之线的巧妙游戏。一旦取消了纵深回到了二维平面空间，绘画的再现场景就削弱了，它的物质性被暴露出来：画布的存在，纵横线的存在，平面绘画的存在，方形或者长方形的存在，绘画空间的存在，绘画—物的存在。

马奈打破古典绘画的第二种方式是对光的使用。对传统绘画而言，画中的光应该来自画面内部，绘画的光亮是被再现的场景的光亮，与外部实光无关。而这种光照通常来自画面底部或者右侧或者左侧，通常通过窗户流泻进来，并且在照亮画中场景的同时还伴随着阴影，仿佛这一切都是画中表现的场景的真实而自然的光影，是场景自身被场景之光所笼罩。但是，马奈却特意强调外部实光，强调画面的光是由外光投射到画面上的。外部实光垂直地毫无阴影地正面照射在《吹笛者》身上，猛烈地照在《草地上的午餐》中的前面坐着的裸女身上，也像一道火炬般地照在《奥林匹亚》的躺着的裸女身上，并使得这所有被强光照耀的人物耀眼醒目，从场景中分离出来。在此，这是一张画，或者更恰当地说，是一个画布，一个长方形的画布被画外的光所照亮。光源在画外，而不是在画中被再现的场景之内。外光照射的是一幅画，而不是画中的场景和人物。外光使得绘画作为一种物质客体原形毕露。

对传统绘画而言，一旦一个场景被设置（被画出来），那么，它就预订了一个观看的位置。对这个场景的观看就必须有一个恰当而固定的位置。这个观看位置和这个场景必须匹配，只有在那个位置才能去看这张画。但是，马奈使用了各种巧计动摇了这个稳定的观看位置。在《弗里-贝尔杰酒吧》中，一个巨大的镜子取消了景深（就像马奈其他的作品一样），将酒吧侍女和她的镜像同时表现在画面上。但是，观众应该怎样去看这幅画？这幅画给他一个什么样的稳定的角度去看？因为这个酒吧女招待同她的反射镜像存在着错觉关系。女招待被外光正面照射（同样是马奈的方式），显然，面前没有任何障碍，没有任何人物，她正面对我们观众，这需要我们去正面看她，这就把我们的位置确定了——我们应该在画的正前方，我们应该直面她。但是，一旦我们看到画中她的背影、她的反射镜像时，我们发现她面前还有一个男人。这个男人贴近她，挡住她并俯视她，显然，女招待和她的镜像之间存在着矛盾。如果她像她的镜像中那样面前有个男人，她就不应该这样毫无障碍地直面观众，她的脸就应该被挡住，她也不应该俯身下看（镜中的男人比她高，在俯视她，她应该往上看）。问题就此出现了，这个男人到底在她面前吗？在这个位置上吗？或者说，这个男人既在她的面前，也不在她的面前。这就要求观众移动位置，转换视角去看这幅画。他既可以正面看这幅画（当看这个女招待的正面肖像时），也可以转身斜视这幅画（当他看这个女人的背影和镜像时），他被指派到不同的位置去看，他随着女招待和她的镜像的变动而转动自己的位置。他甚至不清楚哪种位置最适合他看这张作品。他稳定的位置被弄乱了。他最好的方式就是绕着这张画看——这就马上暴露了这终究是一张画，是可以被人随意从不同角度移位去看的画，而并不是一个实际的场景。福柯也分析了《卖啤酒的女侍》《露台》《铁路》等作品中，马奈经常玩弄的这些诡计。

这就是马奈的发明，他突出了绘画本身的实物性，他画的是实物画。因为"画前移动的观者，用实光直打的画面，经过加强的纵横线条，景深的取消，这些都是油画具有的实际的、物质的甚至物理的特性，这种油画正在出现并在表现技巧中发挥其全部特性"[1]。所有这些，都是绘画语言的自我突出，绘画语言不再是透明的再现，而是一种自主的存在。

三

福柯将马奈看作是第一个打破传统绘画模式的人，但是，马奈还没有完全摆脱再现，他还是一个再现的画家，他只是在再现的同时也暴露了绘画的物质性，他为摆脱再现提供了一个

1　《马奈的绘画》第 43 页。

突破口。而真正地彻底摆脱再现的人是克利，康定斯基以及马格利特。他们三个人各司其责，从不同的角度打破再现的统治。而在这三个人中，福柯着重谈论的是马格利特。

在论述马奈的时候，福柯强调文艺复兴以来的绘画的原则就是要掩盖绘画的物质性。但是，在之前的《这不是一只烟斗》（1968年）中，他从另外的方面强调15世纪以来的绘画的两大原则。"第一个原则是把造型表现（由此导致相似）与语言表现（由此排斥相似）区别开来"。[1]也就是说，在古典的平面空间中（绘画空间），通常出现形象支配文字的方式，也会出现文字支配形象的方式。文字和形象，词汇符号和视觉表现二者之间总是有一个主次之分，它们在画面上或者书籍内不能同等地同时出现。这是个不平等的、有主次之分的图文空间。这个古典绘画的空间是由克利推翻的。克利通过"在一个不确定的，漂浮的，逆转的空间中显示出并置的图形和符号的句法来打破这个原则"。在克利这里，"船、房子和人同时是可以辨识的形象和书写文字的要素"[2]，形象的再现和文字的说明可以交织统合在一起，从而颠倒了要么是图来主宰文，要么是文来主宰图的传统法则。文配图或者图配文的方式被颠倒了。在克利这里，语言符号就是图形，图形就是语言符号。最典型的是克利绘画中反复出现的箭头，它既是表示顺序的图，也是表示相似性的词和符号。它同时是图和文字，同时是造型和语言。

---

1 《这不是一只烟斗》第37页。

2 《这不是一只烟斗》第38页。

古典绘画的第二个原则是"提出一种对等原则,即在事实的相似与对表达上的联系的确认之间有对等"。简单地说,这就是再现原则,人们画了一张画,画出一个图形,只要这个图形与一个物相似,那么,总会有语言上的确认,"你看到的,就是这个"[1]。也就是说,图总是因为它和物的相似,而被确认是这个物。它是对这个物的再现,绘画总是要画出一个物。先是相似,然后是确认。相似和确认不能分开。打破这个原则的是康定斯基。他既不追求相似,也不追求再现。他同时告别了二者。显而易见,康定斯基是对再现的否定——他那些著名的抽象画面上没有任何相似之物,当然也就没有任何可以确认之物。他的原则毋宁是,线条、色彩就是线条和色彩本身,线条和色彩本身就是物,它们就是它们的自我再现,而不是对它物的再现手段。这实际上也是打破古典再现绘画原则的抽象画的开端。

克利和康定斯基分别打破了两个古典绘画原则。那么,马格利特呢?马格利特同克利和康定斯基显而易见不一样。他们的绘画方式相隔很远,甚至是对立的。但是,马格利特用自己的方式来打破传统绘画原则。在反古典再现绘画方面,他又是对克利和康定斯基的补充。

马格利特画过两只烟斗的画。其中的一张是在平面画布上画有一只烟斗,但是,在烟斗的下方,却写着一行字"这不是一只烟斗"。这个烟斗的图形和这行字,这行书写字"这不是

---

1 《这不是一只烟斗》第40页。

一只烟斗"同时处在一个空间内，同时处在一个画布空间内。也就是说，造型表现与语言表现同时出现在一个平面中，这行字就处在图的下方。这是古典绘画的一种典型方式：图和文同时在此（我们且不去管是图决定文，还是文决定图）。按照一般的方式，文是对图的补充、说明、支撑和解释，反过来也是如此。它们以此构成一种"图说"，完满地毫无遗漏地对再现之物进行确认。图和文结成了一种毫无瑕疵的指示、命名、描述、分类等各种关系。这也曾经是福柯所说的图形诗（calligramme）的特征。但是，在马格利特这里，图和文的关系却被高度复杂化了，它们甚至不是简单的矛盾和否定关系（画的是烟斗，文字却说这不是一只烟斗，是对烟斗的否定）。福柯不可思议地分析了这幅画可能包含的多种阐释方式："这不是一只烟斗"有各种各样的读法，图和文之间存在着一系列的交错和误指，它们甚至彼此之间发动了一场战争，这幅画承认文字和图形这"两者之间发动的攻击，向对方目标射出的箭，采取的颠覆和破坏行动，一支支长矛和一处处创伤"[1]。"在这个被打碎并漂移的空间里，结成了一些奇怪的关系。出现了一些僭越，突然的破坏性入侵、图像向词语空间的坠落，以及词语的闪电划破了图画，使之碎片横飞。"[2] 图和词的亲密关系解体了。不仅如此，文字位于图像之下，图像和文字在画面上存在着一个空隙，这是一个不确定的场所，它将上面的烟斗和下面的文字隔开了，

---

[1] 《这不是一只烟斗》第25页。

[2] 《这不是一只烟斗》第45页。

它们可以各行其是，互不相关，各自跌落到自己的领域。文字本身可以是图像（是被画家画出来的），图像也可以是文字（它也像是各种字母按照顺序写出来的）。它们都有属于自己的实体，它们可以被人们分别以异样的眼光去看待。这个空隙意味着它们共同场所的删除。图与形虽然在画面上共存，但是，它们的古老关系，它们的共同空间，却彻底地消失了。如果说，在克利这里，语言和图形交织和重叠在一起，它既毁坏了语言也破坏了造型，从而形成了一个既无名又无形的空间，从而让再现和确认的企图变成妄念的话，那么，马格利特的空间中，图形和语言都存在，它们都各自完美地保留着，古老的再现空间也存在，但是，图形和语言之间的巨大纷争游戏，它们之间的确认性关系的崩溃，它们的稳定和同位关系的解除，还是让这个再现空间分崩离析。

在此，在福柯这里，我们看到了打破绘画再现的四种模式：马奈作为开端，暴露了绘画的物质性，从而将绘画从被再现之物的绝对王权中释放出来；克利将图像和语言合二为一，结果就是，画面既非图像也非语言，既无法配合也无法交流，既无法确认也无法再现。马格利特则相反，他保留了图像和语言，但是让它们大声争吵，相互诋毁，从而将画面撕裂，让任何的再现和确认感到阻力重重。最后，康定斯基则彻底毁掉了图形，他的画面上只有色彩和线条，这些线条和色彩只是在自顾自地跳舞，对现实的再现在那种轻盈的舞蹈中被扔到了脑后。

后记

这本书是我近几年来的一些有关联的论文的合集。就像书名所表明的，它涉及到情动、物质和当代性等几个主题。情动和物质是今天两个竞争性的理论潮流，前者以一种迂回间接的方式重新将目光投向了人和主体这些看上去已经陈旧的概念；而后者则试图更激进地去摧毁人文主义意义上的人和主体，它们是"人之死"更暴躁的版本。这是理论在今天围绕人而出现的一个显而易见的分叉。如今的理论内部充满着各种搏斗，理论靠这些搏斗来繁衍。不过，我的这本书远没有展示今天理论纷争的复杂性。之所以编选这个合集很大程度上是为了和我十几年前的另一个合集《身体、空间与后现代性》相呼应。这两个不同的合集多少也反映了我理论趣味的变化。当然，这并不是说身体和空间这样的主题已经过时了，相反，它们在新的技术条件下出现了新的形态，它们仍旧是这个时代核心性的理论问题——它们被后人类和数字化技术这些更大的理论框架所吸收，在某种意义上，它们也锻造和重塑了这些理论框架。我对它们的新近发展仍旧充满了兴趣。而情动（感）和物质这样的主题已经吸引了我很久——我是在完成了两部小书之后才意识到这一点的：我前几年的《论家用电器》是探讨物质的，刚刚出版的《论爱欲》则是探讨情动（感）的。不过，我并不是受到情动转向和物质转向这样席卷性的理论潮流的挟裹而去写这两本书的，我也没有依照严格的理论模式去从事我的研究。相反，我是出于经验、兴趣以及某种理论直觉去写作的，我也总是试图驯化理论的格栅性——实际上，关于情动和物质的诸种理论本身就各执一词，并不存在一个确定的模型。我并不担心我是否正确地运用和解释了某种理论，我担心的是我在运用和解释某种理论时是否有趣——这本书中肯定有许多不太有趣的东西，但这并不妨碍我抱有的这样一个理想：激活理论，让它流动起来，并且可以到处运转，甚至将它拖到我也无法预料到的地方。我相信，将理论进行封闭性的还原解释实际上是对理论的扼杀。

如果说，《论家用电器》和《论爱欲》这两本书是对（新）物质理论和情动理论的一个直觉式的呼应，那么眼下的这本书就是对我所理解的情动转向和物质转向的解释和运用。如果说身体理论和空间理论是在几十年前的后现代氛围下展开的，那么，情动理论和各种有关物的理论很显然被笼罩在当代性的氛围中——如今，人们好像突然达成了默契似的都不怎么提及"后现代（主义）"这个词了。人们更多愿意用语焉不详的当代性这个概念来命名此时此刻。我在书中也试图解释了何谓当代性。

感谢陈卫的信任，正是他建议我出版这本书；也感谢陈树泳为本书所做的繁琐的编辑工作。我还要特别感谢我的两个学生高畅和王艳秋，她们帮助了我很多。在我的这本书以及我的其他研究中，都留下了她们耐心细致的工作痕迹。

汪民安

2022 年 7 月 26 日